中国法院2023年度案例

国家法官学院　最高人民法院司法案例研究院　/编

执行案例

中国法制出版社
CHINA LEGAL PUBLISHING HOUSE

《中国法院2023年度案例》通讯编辑名单

刘晓虹　北京市高级人民法院
王　凯　北京市高级人民法院
董　扬　天津市高级人民法院
童若涵　河北省高级人民法院
崔铮亮　山西省高级人民法院
杨智勇　内蒙古自治区高级人民法院
周文政　辽宁省高级人民法院
苏　浩　吉林省高级人民法院
王　妍　黑龙江省高级人民法院
牛晨光　上海市高级人民法院
缪　芳　江苏省高级人民法院
左一凡　江苏省高级人民法院
谷昔伟　江苏省南通市中级人民法院
宋婉龄　江苏省无锡市中级人民法院
杨　治　浙江省高级人民法院
李　波　浙江省高级人民法院
刘伟玲　安徽省高级人民法院
杨　宇　福建省高级人民法院
章光园　江西省高级人民法院
李　宁　山东省高级人民法院
张　琦　河南省高级人民法院
宋淼军　湖北省高级人民法院
黄　娅　湖北省宜昌市中级人民法院
唐　竞　湖南省高级人民法院
李　雪　广东省高级人民法院
邹尚忠　广西壮族自治区高级人民法院
韦丹萍　广西壮族自治区高级人民法院
李周伟　海南省高级人民法院
闫帅锋　重庆市高级人民法院
任　梦　四川省高级人民法院
杨俊杰　云南省高级人民法院
石　瑾　云南省昆明市中级人民法院
伍席芳　贵州省高级人民法院
余长智　贵州省贵阳市中级人民法院
王丽萍　西藏自治区高级人民法院
郑亚非　陕西省高级人民法院
张旦旦　甘肃省高级人民法院
王　晶　青海省高级人民法院
康　莹　宁夏回族自治区高级人民法院
石孝能　新疆维吾尔自治区高级人民法院
吉　雄　新疆维吾尔自治区高级人民法院生产建设兵团分院

序

法治是治国理政的基本方式，司法是法治体系的重要基石。党的二十大报告指出，要坚持走中国特色社会主义法治道路，建设中国特色社会主义法治体系、建设社会主义法治国家。加快建设公正高效权威的社会主义司法制度，努力让人民群众在每一个司法案件中感受到公平正义。人民法院始终坚持以习近平新时代中国特色社会主义思想为指导，深入学习贯彻习近平法治思想，围绕"公正与效率"这一主题，践行新时代能动司法理念，把加强司法案例研究作为加快建设公正高效权威社会主义司法制度，坚持为大局服务、为人民司法的重要途径，通过发布具有普遍指导意义的典型案例，统一法律适用，提高审判质效，提升司法公信力，努力让人民群众在每一个司法案件中感受到公平正义。

"中国法院年度案例系列"丛书，是国家法官学院和最高人民法院司法案例研究院精选全国各高级人民法院每年选送的优秀案例，深入挖掘典型案例内在价值编辑的实用精品丛书，旨在总结提炼典型案例的裁判规则和裁判方法，发挥司法规范、指导、评价、引领的重要作用，大力弘扬社会主义核心价值观，增强全民法治意识和法治素养，展现新时代我国司法领域新发展、新成就。

本丛书自2012年编辑出版以来，已连续出版12年，每年年初出版，受到读者广泛好评。本丛书出版之初有15个分册。近年来，为顺应审判执行实践需要，更加全面反映我国司法审判执行工作的发展进程，响应读者需求，2014年度新增金融纠纷、行政纠纷、刑事案例3个分册，2015年度将刑事案例调整为刑法总则案例、刑法分则案例2个分册，2016年度新增知识产权纠纷分册，2017年度新增执行案例分册，2018年度将刑事案例扩充为4个分册，2022年度将土地纠纷（含林地纠纷）分册改为土地纠纷（含环境资源案例）分册。在全国各级人民法院的大力支持下，丛书编委会现编辑出版《中国法院2023年度案例系列》丛书，共23个分册。

"中国法院年度案例系列"丛书以开放务实的态度、简洁明快的风格，追求"好读有用"，主要体现出以下特色：一是选编案例来源广泛、时效性强。

国家法官学院和最高人民法院司法案例研究院每年通过各高级人民法院汇集全国范围内上一年度审结生效的典型案例近万件，使该丛书有广泛的精选基础，可及时、定期提供全国范围内新近发生的多种类型的新型、疑难案例。二是由法官释理说法，全方位深度挖掘案例价值。大多数案例由主审法官撰写“法官后语”，深入阐释案例的裁判思路和相关考量，充分发挥典型案例在司法裁判、类案参考、法学研究、行为指引、宣示教育等方面的价值，力求引发读者的共鸣与思考，为读者提供借鉴和启迪。三是编排依次以案由和法律适用问题为序，方便读者检索。丛书充分体现“以读者为中心”的理念，每册内容主要根据案由分类编排，每个案例主要围绕法律适用问题，用一句话精要概括裁判规则、裁判思路或争议焦点，以其作为主标题，让读者能一目了然，迅速找到所检索的目标案例。四是注重裁判文书再加工，高度提炼案例内容。案例编写突出争议焦点以控制篇幅，剔除无关信息，尽可能在有限的篇幅内为读者提供更多与争议焦点、所查类案相关的有效、有益信息。

中国法制出版社始终全力支持“中国法院年度案例系列”丛书的出版，给了作者和编辑们极大的鼓励。2023年，这套丛书将继续提供数据库增值服务。购买本书，扫描前勒口二维码，即可在本年度免费查阅往年同类案例数据库。我们在此谨表谢忱，并希望通过共同努力，逐步完善，做得更好，真正探索出一条编辑案例书籍、挖掘案例价值的新路径，更好地服务司法审判高质量发展、服务法治社会建设、服务学习研究法律的读者。

“中国法院年度案例系列”丛书既是法官、检察官、律师等法律工作者的办案参考和司法人员培训的实用教材，也是社会大众学法用法的经典案例读本，同时是教学科研机构与人员从事案例研究的良好系列素材。当然，案例作者和编辑在编写、编审过程中也难以一步到位实现最初的愿望，客观上会存在各种不足甚至错误，欢迎读者批评指正。我们愿听取各方建议，不断拓宽深化司法案例研究领域，立足新发展阶段，推动实现中国特色司法案例事业的高质量发展。

国家法官学院

最高人民法院司法案例研究院

2023年5月

目　录

Contents

一、对不动产的执行

1. 案外人基于离婚协议阻碍法院执行查封房产的认定标准 …………………… 1
——赵某诉刘某某案外人执行异议之诉案

2. 没收财产为被执行人家庭唯一住房该如何处理 ……………………………… 8
——刘某琴申请执行异议案

3. 案外人执行异议中，商品房认购书不等同于房屋买卖合同 ……………… 12
——王某案外人执行异议案

4. 当事人不能证明司法拍卖是否损害其权益的情况下，法院无法支持其撤销拍卖的申请 ………………………………………………………… 16
——李某万申请执行人执行异议案

5. 案外人取得已查封的在建建筑物土地使用权后的后续非恶意添附能否对抗强制执行 ………………………………………………………… 20
——甲房地产开发公司诉刘某某案外人执行异议之诉案

6. 满足特定条件的度假房购房人享有物权期待权 …………………………… 25
——某银行高新支行诉李某芳等申请执行人执行异议之诉案

7. 父母因赠与而将案涉房产登记至子女名下并约定可终身居住，其主张排除该房产执行的处理 …………………………………………………… 30
——谭某英诉苌某案外人执行异议之诉案

8. 消费者购买改善性住房可以排除执行 …… 38
——翟某东诉红某创投电子商务股份有限公司案外人执行异议之诉案

9. “借名买房”不能排除强制执行 …… 43
——何某玲诉李某初、何某礼案外人执行异议之诉案

10. 执行裁判程序中“借名买房”的法律效力 …… 48
——王某余、沈某华案外人异议案

11. 拍卖唯一住房后是否需要保留安置费 …… 52
——陈某某执行异议案

二、对动产的执行

12. 挂靠船舶实际所有人的认定标准 …… 57
——俞某文诉中某四航局第二工程有限公司等案外人执行异议之诉案

13. 恢复执行后，执行和解中以物抵债履行部分的依法扣除问题 …… 61
——北京万某商贸有限公司与张某飞等买卖合同案

三、对金钱和账户的执行

14. 未成年子女抚养费执行中对教育费的认定问题 …… 65
——钟某华诉张某军执行异议案

15. 抚养费纠纷执行中被执行人主张债务消灭应提起债务人实体异议而非另诉 …… 70
——宋某某与张某乙执行异议案

16. 金钱之债执行回转返还孳息计算标准 …… 74
——湖南华菱某源钢铁有限公司与江苏玉某钢管股份有限公司执行回转案

17. 财产孳息的范围及财产被占用期间利率的计算 …………………………… 78
——广州医某集团有限公司、广州王某吉大健康产业有限公司诉武汉加某宝饮料有限公司执行回转案

18. 执行回转程序中孳息计算标准的确定 ………………………………………… 86
——刘某亮执行异议案

19. 强制执行程序中基金财产独立性的审查标准 ……………………………… 90
——王某红案外人执行异议案

20. 人民法院有权执行医疗机构的医保基金结算账户 ……………………… 95
——深圳金某融资租赁有限公司与勃某县人民医院执行异议案

21. 案外人能否依据法院冻结案涉款项后另案作出的民事调解书排除执行 ……………………………………………………………………… 99
——张某鸥、张甲诉于鲁乙、张某星案外人执行异议之诉案

四、对债权的执行

22. 到期债权执行 ……………………………………………………………… 104
——华某混凝土（大理）有限公司执行复议案

23. 第三人收到限期履行到期债务通知书后超过指定期限提出异议的法律后果问题 ………………………………………………………… 109
——易某鸿与被执行人田某军等执行复议案

24. 变更申请执行人的程序中，既往债权人不必向法院证明其在转让债权时无作为被执行人的案件 ………………………………………… 114
——东方前某立翔投资管理（杭州）合伙企业（有限合伙）与张某等执行异议案

25. 简易注销登记模式下变更追加股东适用规则的选取 ………………………… 117
——刘甲与崔乙、吴某群执行异议案

26. 未届认缴期限的股东恶意转让股权损害债权人利益的，应在认缴出资范围内对公司债务承担补充赔偿责任 …………………… 122
——韩某娥等诉姚某等执行程序中的异议之诉案

27. 重整计划执行完毕后取得执行依据的破产债权仍应按重整计划确定的标准受偿 ……………………………………………… 126
——云南云某股份有限公司执行监督案

28. 执行程序中追加出资期限尚未届满的股东为被执行人的条件 ………… 131
——中国某长江有限公司张家港分公司诉曹某峰等申请执行人执行异议案

29. 基金管理人以基金产品投资所持股权财产性收益归入基金财产 ……… 136
——姜某某等诉刘某某案外人执行异议之诉案

30. 能否追加出资期限届满前未出资即转让股权的股东为被执行人 ……… 143
——乔某林诉李某恩等执行异议之诉案

31. 案外人对人身保险产品主张实体权利不能阻却执行 …………………… 148
——陈某与陈甲、曾某甲执行异议案

32. 被执行人依据判决生效之前的约定，向判决确认的权利人之外的第三人履行给付义务，不能当然产生债务消灭的法律后果 ………… 152
——北京诚某投资股份有限公司诉蒋某兵执行异议案

33. 到期未出资股东的出资额足以偿还公司债务的，不能追加未届出资期限股东为被执行人 ……………………………………………… 157
——重庆市渝某建筑工程有限公司诉谭某于等申请执行人执行异议之诉案

34. 抵押权人以未包含担保债务的公证债权文书为执行依据申请强制执行应不予受理 ……………………………………………………… 162
——唐某文执行复议案

35. 基于授信合同签订的借款合同是否具有强制执行效力 …………………… 166

——郭某杰诉中某银行股份有限公司北京分行、刘某奎执行异议之诉案

36. 针对全案纠纷形成的和解协议履行完毕后，申请执行人无权主张恢复执行原生效法律文书 ………………………………………………… 172

——陈甲、戈某英执行异议案

37. 执行被继承人债务清偿案件，可将继承公证作为确定继承范围的依据 …………………………………………………………………… 176

——王某执行复议案

五、特殊情况下的执行

38. 被执行人为基金管理人时可作为案外人提出执行异议 …………………… 181

——信某和业（济南）投资管理有限公司执行异议案

39. 被执行人死亡后变更适格主体的审查规则 ……………………………… 186

——某银行申请变更某区民政局为被执行人案

40. 股东知情权执行异议的审查路径 ……………………………………… 190

——吕某执行异议案

41. 股东出资期限加速到期时追加原股东为被执行人的界定标准 ………… 194

——绥芬河江某经贸有限公司诉莫甲等申请执行人执行异议之诉案

42. 竞买人以竞价失败为由对网络司法拍卖提出行为异议时执行法院可要求网络平台书面回复 ……………………………………………… 200

——北京东某国双投资顾问有限公司执行异议案

43. 请求追加“被追加的”被执行人的合伙企业的合伙人无法律依据 …… 205

——边某萍诉冯某恩执行异议之诉案

44. “四步走”评判法则在民生兜底案件中彰显良法善意 ………… 212
——中国邮政储蓄银行股份有限公司永春县支行诉钟某兴案外人执行异议之诉案

45. 执行异议之诉审查标准和审理范围的界定 ………………… 217
——王甲诉张某、秦乙案外人执行异议之诉案

46. 股东提起股东代表诉讼可以自己的名义申请强制执行 ………… 221
——星某科技公司与岭某房地产公司执行复议案

六、执行程序

47. 刑民交叉案件中刑事退赔与民事执行竞合的处理原则 ………… 225
——张某云集资诈骗罪责令退赔执行案

48. 实质审查一定条件下可作为形式审查原则的必要补充 ………… 230
——高甲甲执行复议案

49. 基于行政非诉执行依据申请追加被执行人的裁判认定 ………… 234
——张某琪诉某区市场监督管理局、果某红申请执行人执行异议之诉案

50. 分配方案中程序性异议事项属于执行异议的审查范围 ………… 240
——林某杰、王某蓉对下级法院执行异议裁定的复议案

51. 被执行人有权就已过申请执行时效的债权在执行程序中主张抵销 ……… 245
——蒋某容申请执行冯某明、刘某成强制清算执行案

52. 执行程序中抵销时点的认定 ………………………………… 248
——魏某某与邱某某执行异议案

53. 执行程序中法院裁定受理主债务人破产申请，债权停止计息的效力应及于保证人 …… 252
——韩某执行复议案

54. 执行程序中是否可追加继受股东为被执行人 …… 257
——嘉某勘察公司与川某科技公司执行异议案

一、对不动产的执行

1

案外人基于离婚协议阻碍法院执行查封房产的认定标准

——赵某诉刘某某案外人执行异议之诉案

【案件基本信息】

1. 裁判书字号

北京市第二中级人民法院（2021）京 02 民终 13407 号民事判决书

2. 案由：案外人执行异议之诉

3. 当事人

原告（被上诉人）：赵某

被告（上诉人）：刘某某

第三人：徐某某

【基本案情】

赵某与徐某某于 1987 年 12 月 4 日登记结婚。2003 年 11 月 28 日，徐某某作为乙方与作为甲方的某机关服务中心签订《购房合同》一份，约定徐某某购买涉案房产。2010 年 1 月 4 日，作为乙方的徐某某与作为甲方的某机关服务中心就涉案房产签订《职工购房补充协议》一份，其中约定“甲方按照中央国家机关房改办—房改字［2002］××号文的规定，办理按经济适用住房管理产权证”。2010年12月29日，涉案房产办理所有权证，载明房屋所有权人为徐某某，房屋性质为按经济适用房管理。2013年10月14日，赵某与徐某某签订《离婚协议书》，约定涉案房屋归赵某所有，双方于同日办理离婚登记。赵某自述经房屋管理部门核实，涉案房屋因无法办理产权过户，至今仍登记在徐某某名下，现由赵某与女儿徐甲居住。某居委会于2020年9月22日出具证明一份，载明：兹证明我辖区居民赵某、徐甲长期居住在北京市西城区涉案房屋。2019年6月20日，法院就刘某某与徐某某民间借贷纠纷一案作出民事调解书确认徐某某应于2019年9月20日偿还刘某某借款本金200万元及利息48万元。其后，刘某某向本院申请执行。2020年4月28日，法院对徐某某名下涉案房产予以查封。其后，赵某向本院提出案外人执行异议之诉，要求确认涉案房产归其所有，并要求法院停止执行。刘某某不同意赵某的诉求，认为涉案房屋未办理变更过户，仍属于徐某某所有，应继续执行。

【案件焦点】

1. 赵某能否确认为案涉房产所有权人；2. 赵某对案涉房产是否享有足以排除强制执行的民事权益。

【法院裁判要旨】①

北京市西城区人民法院经审理认为，本案的焦点问题是：（一）赵某能否确认为案涉房产所有权人。法院认为，赵某与徐某某于2013年10月14日协议离婚时，双方在《离婚协议书》中约定，涉案房屋归女方赵某所有，该《离婚协议书》在婚姻登记机关进行了备案登记，无证据证明该离婚协议系虚假或伪造，赵某、徐某某针对案涉房产分割达成的前述协议，对双方均具有法律约束力。由于案涉房产并未办理所有权登记变更手续，目前仍登记在徐某某名下，依照《中华人民共和国物权法》第九条第一款关于“不动产物权的设立、变更、转让和消灭，经依法登记，发生效力；未经登记，不发生效力，但法律另

---

① 本书【法院裁判要旨】适用的法律法规等条文均为案件裁判当时有效，下文不再对此进行提示。

有规定的除外”的规定，本案仅凭案涉离婚协议无法发生讼争房产物权变动效力。但赵某可基于离婚协议对案涉房产归属的约定，向不动产登记机关请求变更登记其为房产所有权人，该请求能否实现，取决于是否有足以阻止该变更登记的情形发生，如房产性质是否可以进行过户变更等，故尚处于不确定状态。因此，现阶段赵某对案涉房产仅享有请求不动产登记机关进行所有权人变更登记的权利，尚不具备直接确认其享有所有权的基础和条件，本院对赵某请求确认对案涉房产享有所有权的上诉请求不予支持。（二）关于赵某对案涉房产是否享有足以排除强制执行的民事权益。综合本案具体情况，赵某虽不能直接确认为案涉房产所有权人，但其对该房产享有变更登记为所有权人的请求权，该请求权可以排除人民法院根据刘某某的申请对案涉房产的强制执行。理由是：一方面，从两种请求权产生的时间来看，赵某对案涉房产享有的请求权是基于2013年与徐某某签订的离婚协议产生，而刘某某享有的请求权是基于2019年6月20日与徐某某达成的调解，并由本院出具的涉案调解书所确认的，且依据刘某某与徐某某的共同确认，调解书所涉债务的实际发生时间亦在赵某与徐某某离婚协议签署之后。赵某的请求权成立在前，其与徐某某不存在通过离婚协议转移、逃避此后徐某某可能发生的担保债务。刘某某的请求权与赵某的请求权相比较，在时间上不具有优先性。另一方面，从两种请求权的性质和内容来看，赵某享有的是针对案涉房产要求变更登记为所有权人的请求权，而刘某某享有的是针对徐某某的一般金钱债权，该金钱债权并非基于对案涉房产公示的信赖而产生。因而，刘某某的金钱债权请求权与赵某某的所有权变更登记请求权比较，在性质和内容上亦不具有优先性。故赵某关于停止对案涉房产强制执行的上诉请求成立，本院予以支持。

综上，依照《中华人民共和国婚姻法》第十七条、第三十九条第一款，《中华人民共和国物权法》第六条、第九条，《最高人民法院关于人民法院办理执行异议和复议案件若干问题的规定》第二十四条、第二十五条第一款，《中华人民共和国民事诉讼法》第二百二十七条，《最高人民法院关于适用〈中华人民共和国民事诉讼法〉的解释》第三百一十二条之规定，作出如下判决：

一、停止对位于北京市西城区涉案房屋的强制执行；

二、驳回原告赵某的其他诉讼请求。

刘某某不服原审判决，提起上诉。北京市第二中级人民法院经审理认为：本案的争议焦点为赵某对涉案房产是否享有足以排除强制执行的民事权益。首先，刘某某主张赵某与徐某某存在通过离婚协议转移、逃避此后徐某某可能发生的债务，根据已查明的事实，徐某某向刘某某借款时间晚于其与赵某离婚时间，可以排除其存在与赵某恶意串通转移财产以逃避涉案债务的可能性；其次，涉案债权属于一般金钱债权，且并非基于对涉案房产公示的信赖而产生，该债权不仅在设立时间上晚于赵某所享有的针对涉案房产要求变更登记为所有权人的请求权，而且在性质上也不具有优先性；再次，刘某某上诉称其曾于徐某某家中见过离婚后的徐某某仍与赵某共同居住在涉案房屋中，但并未提供证据予以证明，本院对该主张不予采信；最后，赵某对于其在离婚后未能就涉案房产办理变更登记之原因进行解释说明，可以看出并非其本人原因所致。

综上，一审法院认定赵某对涉案房屋享有足以排除强制执行的民事权益，并无不当，刘某某的上诉主张，缺乏事实和法律依据，本院不予支持。依据《中华人民共和国民事诉讼法》第一百七十条第一款第一项之规定，判决：

驳回上诉，维持原判。

【法官后语】①

在案外人执行异议案件之中，案外人经常依据离婚协议中关于房产分割的内容，要求确认登记在被执行人名下的房屋归自己所有，据此要求确认其享有所有权并要求停止对该房屋的执行措施。针对上述情况，一般认为离婚协议中关于房产的分割内容，仅是夫妻双方之间的约定，仅对夫妻双方构成约束，并不能对抗第三人，亦不能直接产生物权变动的法律效力，需要经过案外人通过行使要求被执行人登记变更房屋所有人的请求权，才能实现物权的变动，确认

---

① 本书【法官后语】对此类法律问题涉及的法律法规等内容进行了时效性更新，下文不再对此进行提示。

自己对房屋的所有权，也才具有对外公示的效力，从而产生对抗第三人的效力。

基于上述法律逻辑，在执行过程中，被查封的房屋如登记在被执行人名下，则该房屋的所有权应为被登记的被执行人所有，属于被执行人的财产，法院的查封执行并无问题，案外人的异议应被驳回。但若“一刀切”地按照上述的原理处理所有的类案，则容易出现利益失衡和显失公平的处理结果。

案外人执行异议之诉制度的设立，其目的是避免在执行过程中，作为第三人的案外人利益受到不合理或不应有的损害，而为其提供救济渠道。从价值取向上来说，是为了平衡债权人的利益和与被执行的财产有利害关系的案外人的利益，或者在这两个利益中进行取舍。这种平衡和取舍绝不应该是机械的，而应该根据具体情况具体判断，哪种利益更具有正当性或更应该获得保护，且这种判断必须基于案件中的具体情况，而不是仅仅基于物权登记这一外观形式，因为其不可能直接体现出利益的正当性。现行的法律规定其实已经对此有所考虑，比如《最高人民法院关于人民法院办理执行异议和复议案件若干问题的规定》第二十八条规定，金钱债权执行中，买受人对登记在被执行人名下的不动产提出异议，符合下列情形且其权利能够排除执行的，人民法院应予支持：(一) 在人民法院查封之前已签订合法有效的书面买卖合同；(二) 在人民法院查封之前已合法占有该不动产；(三) 已支付全部价款，或者已按照合同约定支付部分价款且将剩余价款按照人民法院的要求交付执行；(四) 非因买受人自身原因未办理过户登记。如果仅从物权变更登记制度和物权公示的角度来说，则登记在被执行人名下的房产应为其个人的财产，法院执行并无不妥，但考虑到买受人的利益，法律作出了例外的规定。

类似本案的纠纷，在现行法律、法规中，并无十分明确的规定，由此导致实践中出现不同观点，亦各有其道理。从便于司法实践的角度来看，对此类案件的规制，最好的方法当然是在规定原则的基础上列明例外的情形，从而达到便于司法判断的目的。因此就本案所涉类案而言，笔者认为原则上应坚持物权变动的法定原则和物权公示的原则，以保护债权人的利益，但应允许在特定情况下，保护案外人的利益，设置相关的例外。

本案的意义即在于对相关的例外情形进行了一种探索，并提炼出了一种相关的例外标准，且这种标准具有普遍的实践性，可以作为司法实践的指导。这种标准具体而言有三点：一是案外人对于涉案房产的变更登记请求权形成于申请执行的债权之前；二是案外人之请求权的形成并非基于案外人与被执行人的恶意串通；三是案外人的请求权的未行使并非由于案外人自身原因而怠于行使。满足以上三点，则可以产生阻却执行的法律效果。

首先，结合本案中的情况，第一，原告与第三人签署离婚协议分割房产，发生在被告与第三人的债务形成确认之前，也即原告基于离婚协议而享有的要求第三人进行房屋权属变更登记的请求权形成于被告对第三人享有的债权之前；第二，本案中未有证据显示离婚协议中的这种财产分割是基于原告与第三人串通逃避债务等主观恶意而形成；第三，本案中因涉案房产具有央产房的性质，其能否过户并不仅取决于原告与第三人本身，原告未能将房屋过户并非自身原因造成。

上述这三点使保护案外人的利益较之保护债权人的利益更具合理性和正当性。其原因在于，首先从法理上来说，一方面享有变更登记为所有权人的请求权和一般的金钱债权请求权，从这两种请求权的性质和内容来看，一般金钱债权并非基于房产公示的信赖而产生，其相对于所有权变更登记请求权，在性质和内容上并不具有优先性。另一方面根据本案的具体情况，从两种请求权产生的时间来看，赵某对案涉房产享有的变更登记请求权是基于2013年与徐某某签订的离婚协议产生，而刘某某享有的请求权是基于其于2019年6月20日与徐某某达成的调解，并由本院出具的涉案调解书所确认的，且依据刘某某与徐某某的共同确认，调解书所涉债务的实际发生时间亦在赵某与徐某某离婚协议签署之后。故从时间上来说，前者的请求权较后者更具优先性。

其次，若仅从上述法理上来处理，仍然是有所欠缺的，因为无可避免地会产生一些道德风险，债务人可能在发生债务前与案外人恶意串通，通过上述形式转移财产，恶意逃避债务，如此则明显有失公平，不应为法律所保护。故为此必须设立第二个条件，即案外人对于涉案房产的过户请求权的形成不能基于案外人与债务人的恶意串通，唯其如此才能规避前述的道德风险。

最后，满足前两点的要求是否案外人就足以排除执行，笔者认为仍然有所欠缺。其一，对于案外人与债务人的恶意串通，因其是案外人和债务人的一种内在思想活动，债权人要想证明颇为不易，法院亦只能通过一些外在的行为表现予以综合判断，易出现判断标准不一的情况，且难免出现偏颇。其二，即便满足上述两点要求，如果案外人一直怠于行使这种权利，亦不具合理性和正当性。从法理上来说，基于保护社会秩序、经济秩序等的稳定性，让权利人积极行使权利，法律制度上对权利的行使作出了相关的时间限制，比如诉讼时效制度、除斥期间制度等，故案外人这种基于房屋过户的请求权的行使亦应在合理期间内行使，否则可能会影响交易活动和经济秩序的稳定性，但如果这种请求权的行使非因案外人自身原因造成，而是客观原因造成，则其具有正当性，不能算是案外人怠于行使权利，法院应予以考虑。本案中，案外人未请求进行房屋过户的原因，是房屋的本身属性为央产房，房屋的特殊性质决定，房屋的过户并非案外人和债务人能自行决定、办理。而从另一方面来说，案外人怠于行使这种权利，可能正是基于与债务人串通的恶意，故该怠于行使的行为在某些情况下可以作为推断恶意的依据。

综上，上述三项标准的设立从法理到情理均具有合理性，且便于司法实践中的操作，可以作为一项司法实践的标准予以确认。

编写人：北京市西城区人民法院　陈访雄

2

没收财产为被执行人家庭唯一住房该如何处理

——刘某琴申请执行异议案

【案件基本信息】

1. 裁判书字号

重庆市第三中级人民法院（2021）渝03执异9号执行裁定书

2. 事由：申请执行异议

3. 当事人

异议人（案外人）：刘某琴

被执行人：谢某生

【基本案情】

在本院执行被执行人谢某生刑事裁判涉财产部分执行一案中，异议人刘某琴对本院执行查封谢某生所有的位于重庆市南川区某房屋（以下简称涉案房屋）提出书面异议。异议人刘某琴称，刘某琴、谢某生原系夫妻，婚生一女谢某雪，涉案房屋是刘某琴一家三口的唯一住房。请求法院解除对涉案房屋的查封，不再执行该房屋。

【案件焦点】

涉案房屋是被执行人家庭唯一住房的，法院是否可以予以没收。

【法院裁判要旨】

重庆市第三中级人民法院经审理认为，《最高人民法院关于刑事裁判涉财产部分执行的若干规定》第九条规定："判处没收财产的，应当执行刑事裁判生效时被执行人合法所有的财产。执行没收财产或罚金刑，应当参照被扶养人住所地政府公布的上年度当地居民最低生活费标准，保留被执行人及其所扶养家属的生活必需费用。”本院（2016）渝03刑初5号刑事判决，判决没收被执行人谢某生的个人全部财产，据前述规定，该刑事裁判生效时谢某生的全部合法所有财产，均属人民法院执行范围，执行保留费用仅为被执行人谢某生及其家属的生活必需费用。因此，涉案房屋虽为谢某生与刘某琴的共有财产，但谢某生对涉案房屋所享有的份额部分仍然属于法院执行的财产范畴。由于涉案房屋属于不可分割的成套住宅，根据《最高人民法院、国土资源部、建设部关于依法规范人民法院执行和国土资源房地产管理部门协助执行若干问题的通知》第十条“人民法院对可以分割处分的房屋应当在执行标的额的范围内分割查封，不可分割的房屋可以整体查封”之规定，法院在执行过程中对涉案房屋予以整体查封，并无不当。至于被执行人谢某生及其被扶养人家属的生活必需费用，在无其他财产可供执行预留的情况下，可在涉案房屋被采取评估、拍卖或变卖等执行措施的变价款中保留，但此事由不能阻止人民法院对被执行人谢某生合法财产予以没收的执行。何况，刘某琴并未提供证据证明其本人或者谢某雪属应由谢某生扶养的家属。故，异议人刘某琴所持异议理由不成立，对其异议请求，本院不予支持。据此，依照《中华人民共和国民事诉讼法》第二百二十五条、《最高人民法院关于刑事裁判涉财产部分执行的若干规定》第十四条规定，裁定如下：

驳回异议人刘某琴的异议请求。

【法官后语】

涉案房屋是被执行人家庭唯一住房的，法院予以强制执行，需注意以下几方面：

一、被执行人家属唯一住房非生活所必需的认定标准

现行法对于超过生活所必需的居住房屋并没有给出明确的认定标准，我们认为，应结合被执行人家属的居住情况、房屋面积、价值、用途等多种因素予以认定：

1. 被执行人家属存在其他稳定的居住来源。实践中存在这样的情况，被执行人名下仅有一套住房，同时基于其他考虑又从第三人处租赁房屋并长期在该租赁房屋内生活居住。对于这种情况，即使该第二处住房并非被执行人名下房产，但鉴于被执行人家属长期居住于承租的房屋，被执行人家属具有稳定的居住来源，故可以认定被执行人名下的唯一住房并非满足其家属生活所必需的居住房屋，法院对该唯一住房可予以执行。

2. 与被执行人共同居住于该唯一住房的其他家庭成员名下有房产。这种情况下，尽管被执行人名下仅有一套住房，但与被执行人共同居住的家庭成员名下有其他房产，故可以认定被执行人名下的唯一住房并非满足其家属生活所必需的居住房屋，法院对该唯一住房可予以执行。

3. 被执行人的唯一住房面积较大。对于被执行人的房屋面积明显超过生活所必需的认定标准，可参照有关规定。故如果被执行人坐拥百余平方米的豪宅，并以该豪宅为其名下唯一住房为由主张执行豁免，法院完全可以参照有关标准认定被执行人名下该唯一房屋已经远超出满足被执行人家属生活所必需的居住标准，对该住房可予以执行。

4. 被执行人的唯一住房市场价值甚高。考虑到我国各地经济发展不均衡的实际情况，对于认定被执行人家属住房是否超过生活所必需的另一判断标准就是房屋的市场价值。执行过程中，法院可以被执行人住房在当地的市场价值作为参考标准。对被执行人名下的唯一住房，根据房屋所处位置、地段、周边配套，经评估机构评估或参照同等条件房屋的市场行情，如果对该房屋予以变现后所得款项满足被执行人家属置换或租赁房屋后仍有剩余，这种情况下法院也可以认定被执行人名下的唯一住房已经超过其家属生活所必需的居住标准。

5. 被执行人的唯一住房并非纯粹用于满足被执行人家属的居住需求。实践中不乏这样的情况，即被执行人名下虽只有一套房屋，但该房屋却并非用于或纯粹用于被执行人家属居住用途。例如该房屋只是用于满足被执行人的子女在附近就读名校而作为学位房使用，被执行人家属另有其他住处；又如，该房屋既有被执行人家属居住，同时被执行人又将房屋的一部分用于对外出租获取收益。如果存在这些情况，均可以认定被执行人名下的唯一住房并非满足其家属生活所必需的居住房屋，法院对该唯一住房可予以执行。

二、被执行人名下唯一住房非其家属生活所必需的认定程序

1. 由被执行人家属提出执行行为异议。当法院收到执行立案申请后，执行法官应当结合案件执行情况对申请人所提申请提请合议庭进行评议。经评议后认为被执行人名下的唯一住房非生活所必需的，应依法作出对该房屋进行评估拍卖的决定，并将该决定通知相关被执行人家属。被执行人家属如对法院的上述决定不服，可以书面形式提出执行异议，附上相应证据材料证明拟处分的该唯一住房属于被执行人家属生活所必需的房屋。

2. 由执行部门另行组成合议庭进行听证审查。对于被执行人家属提出的异议，执行法院应当另行组成合议庭进行审查。经审查后如认定被执行人家属提出的异议理由成立，法院虽可以继续查封该房产，但不得处分；经审查后如认定被执行人家属提出的异议理由不成立，法院应当裁定驳回被执行人家属的异议申请。同时，法院在所作的异议裁定书中应依法赋予当事人向上一级法院申请执行复议的权利。

三、对被执行人家属最低生活标准所必需居住房屋的保障

尊重和维护被执行人家属的合法生存权，最主要就是保障被执行人家属享有最低标准的房屋居住权，而居住权的享有不一定要用自有产权房屋的方式来解决。总结各地法院在这方面的探索和创新，主要有以下几种模式：

1. 置换房屋。概括起来，置换房屋包括“以大换小”“以近换远”“以好换差”“以优换次”等方式。虽然置换房屋是对被执行人家属最有利且最能保障被执行人家属生存权的模式，但在实践中也存在诸多操作上的困难。

2. 租赁房屋。前已论及，对于被执行人家属居住权的保障，并不一定必须用具有所有权的房屋来解决。事实上，被执行人的唯一住房处分后保留被执行人家属租赁房屋所需费用，剩余款项予以没收。通过租赁房屋的方式，同样能够满足被执行人家属最低生活标准所必需的居住需求。

四、关于没收被执行人及其家属唯一住房实际执行中应注意的事项

由于房产往往价值较大，唯一住房又关系到被执行人家属的基本居住权问题，因此在处理过程中一定要非常谨慎，除了要从法律上准确把握“生活所必需的居住房屋”的标准外，在实务操作中还应当注意以下几个方面的问题：

一是在执行“唯一住房”时要做好被执行人家属的心理疏导工作。在强制执行前，要详细告知被执行人家属有关执行房产的法律规定，讲明执行住房的必要性，让当事人对执行有思想准备，尽量缓解其对法院执行的对抗情绪。

二是要保障被执行人家属在执行后的居住问题。在拍卖被执行人的住房前，应当为被执行人家属提供临时周转用房，并给予被执行人家属合理的腾换房屋的时间，人民法院在房产拍卖后，要向被执行人家属返还满足生活需要的房产的价值。

编写人：重庆市第三中级人民法院　汤智纲

3

案外人执行异议中，商品房认购书不等同于房屋买卖合同

——王某案外人执行异议案

【案件基本信息】

1. 裁判书字号

北京市顺义区人民法院（2021）京 0113 执异 978 号执行裁定书

2. 事由：案外人执行异议

3. 当事人

申请执行人：于某平

被申请执行人：王某占、澳某公司

案外人：王某

【基本案情】

于某平与澳某公司、王某占民间借贷纠纷一案，北京市顺义区人民法院于2020年3月24日作出（2019）京0113民初29714号民事调解书。

于某平以澳某公司、王某占未履行生效调解书确定的内容为由，向本院申请执行，顺义法院依法予以立案执行，执行案号为（2020）京0113执4178号。

案外人王某称：法院在执行于某平与澳某公司、王某占一案过程中，裁定拍卖位于北京市顺义区某园三区16号楼-1层至3层01号房屋。我方已于2017年3月18日与澳某公司签订了《北京市商品房认购书》；我方已交付全部房款，澳某公司已将房屋交付我方占有，尚未完成过户并非我方的原因。上述房产已属于我方所有。故依据《最高人民法院关于人民法院办理执行异议和复议案件若干问题的规定》第二十八条之规定提出案外人异议，请求法院中止对北京市顺义区某园三区16号楼-1层至3层01号房屋的执行。

【案件焦点】

案外人执行异议中，商品房认购书能否认定为合法有效的书面买卖合同。

【法院裁判要旨】

北京市顺义区人民法院经审理认为：执行过程中，案外人对执行标的主张所有权或者其他足以排除执行标的转让、交付的实体权利的，可以向执行法院提出案外人异议，已登记的不动产，按照不动产登记簿判断权属。根据《最高人民法院关于人民法院办理执行异议和复议案件若干问题的规定》第二十八条的规定，金钱债权执行中，买受人对登记在被执行人名下的不动产提出异议，符合下列情形且其权利能够排除执行的，人民法院应予支持：（一）在人民法院查封之前已签订合法有效的书面买卖合同；（二）在人民法院查封之前已合法占有该不动产；（三）已支付全部价款，或者已按照合同约定支付部分价款且将剩余价款按照人民法院的要求交付执行；（四）非因买受人自身原因未办理过户登记。

本案中，王某与澳某公司签订的《北京市商品房认购书》系双方就房屋购买问题所达成的意向约定，不是正式的书面买卖合同。王某所提供的证据不能证明其对北京市顺义区某园三区 16 号楼-1 层至 3 层 01 号房屋享有排除执行之权利，故本院对王某的异议请求无法支持。依照《中华人民共和国民事诉讼法》第二百二十七条、《最高人民法院关于人民法院办理执行异议和复议案件若干问题的规定》第二十五条第一款第一项之规定，裁定如下：

驳回案外人王某的异议请求。

【法官后语】

本案争议的焦点在于案外人执行异议中，商品房认购书能否认定为合法有效的书面买卖合同。商品房认购书一般发生在商品房购房合同签订之前，是对即将签订的商品房销售、预售合同基本内容的初步确定，其内容一般是描述商品房位置坐落、面积等。从商品房认购书的功能上看，认购书符合民法理论中预约合同的特征，其成立和生效，独立于后期的商品房买卖合同（即本约）。

但在实践操作过程中，因商品房认购书具体内容不同，其相应的法律定性也有所不同：（1）商品房认购书约定内容不具体、权利义务不明确，此时应将其视为意向书，违反则应承担相应的缔约过失责任。（2）商品房认购书对即将签订的商品房买卖合同等事宜做了较为明确的约定，根据《中华人民共和国民法典》第四百九十五条第一款关于预约合同的规定，当事人约定在将来一定期限内订立合同的认购书、订购书、预订书等，构成预约合同。《最高人民法院关于审理商品房买卖合同纠纷案件适用法律若干问题的解释》第四条规定，出卖人通过认购、订购、预订等方式向买受人收受定金作为订立商品房买卖合同担保的，如果因当事人一方原因未能订立商品房买卖合同，应当按照法律关于定金的规定处理；因不可归责于当事人双方的事由，导致商品房买卖合同未能订立的，出卖人应当将定金返还买受人。（3）商品房认购书对购房事宜约定很明确、内容较为全面，此时应当视为商品房购房合同草签形式，实质就是商品房购房合同，根据《最高人民法院关于审理商品房买卖合同纠纷案件适用法律若干问题的解释》第五条的规定，商品房的认购、订购、预订等协议具备《商品房销售管理办法》第十六条规定的商品房买卖合同的主要内容，并且出卖人已经按照约定收受购房款的，该协议应当认定为商品房买卖合同。

本案中，案外人王某向法院提交的《北京市商品房认购书》载明，经王某与澳某公司双方协商一致，签订本认购书，在此基础上，双方依法合规正式签订北京市商品房买卖合同，实际上双方一直未签订合法有效的书面买卖合同且认购书的内容也达不到房屋买卖合同标准，应认定为预约合同。根据《最高人民法院关于人民法院办理执行异议和复议案件若干问题的规定》第二十八条的规定，作为物权期待权所依据的基础法律关系必须是合法有效的书面买卖合同，要求必须在法院查封前签订，否则不构成《最高人民法院关于人民法院办理执行异议和复议案件若干问题的规定》第二十八条所保护的基础要件。本案中，王某与澳某公司签订的《北京市商品房认购书》系双方就房屋购买问题所达成的意向约定，不是正式的书面买卖合同，依法应驳回案外人王某的异议请求。

此外，还需要说明的是物权期待权所依据的基础法律关系必须合法有效，即书面买卖合同必须是合法有效的，根据《商品房销售管理办法》第六条、第七条的规定，预售商品房需取得预售许可证，现售房屋也需符合相应资质条件，人民法院在审查房屋买卖合同形式要件的同时，也需把握合法有效这一实质要件。

编写人：北京市顺义区人民法院　王咏吉　李维

4

当事人不能证明司法拍卖是否损害其权益的情况下，法院无法支持其撤销拍卖的申请

——李某万申请执行人执行异议案

【案件基本信息】

1. 裁判书字号

天津市第一中级人民法院（2021）津01执复62号执行裁定书

2. 事由：申请执行人执行异议

3. 当事人

申请执行人：李某万

被申请执行人：高某、何某芸

【基本案情】

申请执行人李某万与被执行人高某、何某芸民间借贷纠纷一案，天津市南开区人民法院于2020年12月2日作出（2020）津0104执3141号执行裁定书，裁定拍卖、变卖被执行人高某名下房产。在自2021年1月1日10时起至2021年1月12日止的第一次网络司法拍卖流拍后，法院于2021年2月22日进行第二次网络司法拍卖。在第二次网络司法拍卖前，法院没有按照法定程序告知异议人李某万，直至2021年2月23日11：39：45第二次拍卖结束，异议人李某万均不知情。执行法院的行为违反了《最高人民法院关于人民法院网络司法拍卖若干问题的规定》第十六条之规定，异议人李某万认为严重侵害了其合法权益，按照《最高人民法院关于人民法院网络司法拍卖若干问题的规定》第三十一条第六项“其他严重违反网络司法拍卖程序且损害当事人或者竞买人利益的

情形”，应撤销该网络司法拍卖结果，重新启动司法拍卖程序。综上，异议人李某万根据《中华人民共和国民事诉讼法》第二百二十五条提出执行异议，请求撤销（2020）津0104执3141号案件对被执行人高某名下的房屋（以下简称案涉房屋）的第二次网络司法拍卖。

【案件焦点】

未通知申请执行人李某万的情况下，司法拍卖案涉房屋是否有效。

【法院裁判要旨】

法院生效裁判认为，《中华人民共和国民事诉讼法》（2017年）第二百四十四条规定：“被执行人未按执行通知履行法律文书确定的义务，人民法院有权查封、扣押、冻结、拍卖、变卖被执行人应当履行义务部分的财产……”被执行人高某未按执行通知履行法律文书确定的义务，人民法院有权拍卖被执行人高某应当履行义务部分的财产。《最高人民法院关于人民法院网络司法拍卖若干问题的规定》第十六条规定，网络司法拍卖的事项应当在拍卖公告发布三日前以书面或者其他能够确认收悉的合理方式，通知当事人、已知优先购买权人。法院在案涉房屋第二次网络司法拍卖的拍卖公告发布前，未能以书面或者其他能够确认收悉的合理方式通知申请执行人、被执行人，确有违反相关法律规定的情形。而关于未通知当事人可否成为撤销司法拍卖事由的问题，《最高人民法院关于人民法院网络司法拍卖若干问题的规定》第三十一条规定，当事人、利害关系人提出异议请求撤销网络司法拍卖，符合下列情形之一的，人民法院应当支持：……（六）其他严重违反网络司法拍卖程序且损害当事人或者竞买人利益的情形。《最高人民法院关于人民法院办理执行异议和复议案件若干问题的规定》第二十一条第一款规定，当事人、利害关系人提出异议请求撤销拍卖，符合下列情形之一的，人民法院应予支持：……（五）其他严重违反拍卖程序且损害当事人或者竞买人利益的情形。本案中，申请执行人、被执行人同意并申请对案涉房屋进行第二次网络司法拍卖，在对案涉房屋的第二次网络司法拍卖程序中，申请执行人非优先购买权人，法院未在第二次网络司法拍卖公告发布三日前将网络司法拍卖的事项通知当事人，属于执行行为存在瑕疵。在执行程序中，异议人李某万仅以没有接到司法拍卖通知导致其利益受损害为由，要求撤销对案涉房屋的第二次公开网络司法拍卖程序，法院不予支持。

天津市南开区人民法院依照《中华人民共和国民事诉讼法》第二百二十五条，《最高人民法院关于人民法院办理执行异议和复议案件若干问题的规定》第十七条第一项规定，作出如下裁定：驳回异议人李某万的异议请求。

【法官后语】

上述执行异议案件中，异议人（申请执行人）李某万对（2020）津0104执3141号案件案涉房屋的第二次网络司法拍卖不服，向法院提出书面异议。与该案相关联的另一执行异议案件中，异议人（被执行人）高某也对同样的执行行为提出书面异议。两个执异案件的当事人即同一执行案件的申请执行人和被执行人，对同一执行行为提出异议，均称法院在淘某网司法拍卖网络平台上发布关于案涉房屋拍卖（二拍）的拍卖公告之前、之中和之后，均未通知双方当事人网络司法拍卖事宜。请求均为因为法院的执行行为违反《最高人民法院关于人民法院网络司法拍卖若干问题的规定》第十六条的规定，按照《最高人民法院关于人民法院网络司法拍卖若干问题的规定》第三十一条第六项规定，其他严重违反网络司法拍卖程序且损害当事人或者竞买人利益的情形，应撤销该网络司法拍卖结果，重新启动司法拍卖程序。

经当事人举证及法院调证，没有任何证据能证明法院以书面或者其他能够确认收悉的合理方式将案涉房屋第二次网络司法拍卖事宜通知了申请执行人、被执行人，综合考虑两个执异案件中当事人的陈述情况，执行异议案件认定法院的执行行为确有违反《最高人民法院关于人民法院网络司法拍卖若干问题的规定》第十六条“网络司法拍卖的事项应当在拍卖公告发布三日前以书面或者其他能够确认收悉的合理方式，通知当事人、已知优先购买权人”的规定，属于执行行为存在瑕疵。

关于没有通知当事人网络司法拍卖的事项，是否能够依照《最高人民法院关于人民法院网络司法拍卖若干问题的规定》第三十一条第六项的规定撤销网络司法拍卖的问题。第一，《最高人民法院关于人民法院网络司法拍卖若干问题的规定》第三十一条和《最高人民法院关于人民法院办理执行异议和复议案件若干问题的规定》第二十一条第一款规定的撤销司法拍卖的情形，第三十一条前五项和第二十一条第一款前四项规定的具体情形都是严重失实、恶意串通等具有一定严重程度的情形，比照前五项，第六项规定的"其他严重违反网络司法拍卖程序且损害当事人或者竞买人利益的情形"应该是严重违法的执行行为，执行行为存在瑕疵不属于严重违法的执行行为。第二，第六项规定的"其他严重违反网络司法拍卖程序且损害当事人或者竞买人利益的情形"应有损害当事人利益的情形，本案中被执行人未按执行通知履行法律文书确定的义务，人民法院有权拍卖被执行人名下的案涉房屋，拍卖房屋的起拍价经过双方当事人协商同意选取网络询价的方式以及选取最终的参考价，经过公开的网络司法拍卖，并没有损害被执行人利益的情形。关于申请执行人，相关法律规定并未限制申请执行人参与网络司法拍卖竞买，申请执行人有权和其他参与竞买者共同参与竞买，但是申请执行人并不享有优先购买权，且法院在一拍流拍后曾询问申请执行人是否流买，申请执行人当时没有同意接受以物抵债，故在二拍中，申请执行人与其他参与竞拍者享有的是同样的竞买权利。法院没有通知申请执行人二拍的时间，申请人没有参与二拍，对于申请人的利益有一定影响，但是案涉房屋拍卖已经成交，申请执行人的债权是能够实现的，故没有损害申请执行人依据生效法律文书取得的债权。第三，对案涉房屋的拍卖已经是第二次网络司法拍卖，双方当事人对于第一次网络司法拍卖是知晓的，在淘某网公开发布的拍卖公告经过查询是可以看到的，所以法院通知当事人二拍时间并不是当事人获知二拍事宜的唯一途径。第四，案涉房屋第二次网络司法拍卖已经成交，目前在淘某网平台上公开对案涉房屋进行的二拍没有任何违法之处，买受人经过公开报名、交纳保证金、公开竞价到竞拍成功，买受人对案涉房屋也有合法的权益。在本案没有损害申请执行人债权的情况下，如果仅因为法院没有通知当事人网络司法拍卖时间而撤销网络司法拍卖，会损害买受人的利益。

综上，结合执行案件中案涉房屋第二次网络司法拍卖已经成交和比例原则，执行异议案件认为在执行程序中，申请执行人、被执行人仅以没有接到司法拍卖通知导致其利益受损害为由，要求撤销对案涉房屋的第二次公开网络司法拍卖程序，不符合《最高人民法院关于人民法院网络司法拍卖若干问题的规定》第三十一条第六项的规定，因此依法驳回异议人提出的异议请求。

编写人：天津市南开区人民法院　陈伟航

5

案外人取得已查封的在建建筑物土地使用权后的后续非恶意添附能否对抗强制执行

——甲房地产开发公司诉刘某某案外人执行异议之诉案

【案件基本信息】

1. 裁判书字号

河南省平顶山市中级人民法院（2021）豫04民终3735号民事判决书

2. 案由：案外人执行异议之诉

3. 当事人

原告（上诉人）：甲房地产开发公司

被告（被上诉人）：刘某某

第三人：乙房地产开发公司

【基本案情】

乙房地产开发公司和某煤矿机械有限责任公司（以下简称某煤机公司）联合开发绿某花苑旧城改造项目。随后，平顶山市城市建成区村庄开发改造和旧城改造联系会议办公室印发文件，同意该项目开工。

刘某某诉乙房地产开发公司等民间借贷纠纷一案，平顶山市湛河区人民法院于2016年11月8日裁定对乙房地产开发公司开发的绿某花苑项目临南环路第一幢（主体已完工）楼房的1层底商（限额800万元）予以查封。2018年，刘某某又就上述借款的利息提起诉讼，法院裁定将绿某花苑项目临南环路第一幢（主体已完工）楼房的1层、2层底商（限额500万元）予以查封。后刘某某申请强制执行。

因乙房地产开发公司资金链断裂，项目未能完成。后该项目在政府主导下，平顶山市湛河区问题楼盘协调服务工作领导小组办公室于2018年8月25日与甲房地产开发公司签订《问题楼盘委托管理人协议》，委托甲房地产开发公司作为乙房地产开发公司开发的绿某花苑问题楼盘管理人。2019年4月29日，甲房地产开发公司与乙房地产开发公司签订《绿某花苑项目资产交接清算协议》，甲房地产开发公司以承债式接收乙房地产开发公司该项目全部资产和权益。2019年7月22日，在国有建设用地使用权网上挂牌出让活动中，甲房地产开发公司竞得绿某花苑项目的建设用地编号南环路西段南侧A01-2地块的国有建设用地使用权，2019年8月29日，平顶山市城乡规划局为甲房地产开发公司绿某花苑项目的上述土地核发建设用地规划许可证。

因本案所涉商铺流拍，刘某某申请将流拍财产以物抵债，平顶山市湛河区人民法院于2019年11月25日裁定绿某花苑项目临南环路第一幢（主体已完工）楼房的1层、2层底商商铺作价1068万元交付申请执行人刘某某抵偿本案债务。

2020年12月16日，甲房地产开发公司取得上述土地的建设用地使用权证。2019年11月29日，甲房地产开发公司不服平顶山市湛河区人民法院（2018）豫0411执943号之三以物抵债裁定，向平顶山市湛河区人民法院提出执行异议。平顶山市湛河区人民法院作出（2020）豫0411执异41号执行裁定，裁定驳回甲房地产开发公司的异议请求。甲房地产开发公司不服该执行异议裁定，提起本案执行异议之诉。

【案件焦点】

1. 土地使用权人与地上建筑物权利人不同时，法院查封效力所及标的如何认定；2. 对被查封财产所作的权利转移行为以及非恶意添附行为，能否对抗执行。

【法院裁判要旨】

河南省平顶山市湛河区人民法院认为：1. 法院查封时间远早于甲房地产开发公司的成立时间，且在审理和执行中多次对绿某花苑项目1、2层底商查封，因房产性质未办理查封登记，但已公示。而甲房地产开发公司与乙房地产开发公司的所有交接行为均是发生自查封期间，故对已查封财产的处置非法，不能对抗申请人。2. 甲房地产开发公司对案涉商铺是否设立抵押或者被查封应尽到注意义务而未尽到，应推定为不构成善意，即使取得国有建设用地使用权证也不得对抗执行。3。在执行过程中已裁定将案涉商铺交付刘某某抵偿债务。该以物抵债裁定导致物权已经发生变动。综上所述，甲房地产开发公司就本案执行标的不享有足以排除强制执行的民事权益。遂判决：驳回甲房地产开发公司的诉讼请求。

河南省平顶山市中级人民法院经审理认为：1. 平顶山市湛河区人民法院对案涉商铺未办理查封登记。且甲房地产开发公司竞得案涉房屋国有建设用地使用权，刘某某并未在挂牌出让活动中提出异议。且甲房地产开发公司已经完成了不动产登记。未有证据证明甲房地产开发公司此前对案涉商铺已被查封的事实知情，故应认定甲房地产开发公司为善意。甲房地产开发公司对案涉商铺所占土地使用权价值具有排除强制执行的权利。2. 案涉商铺系由乙房地产开发公司建造，但甲房地产开发公司接手绿某花苑项目后，对案涉商铺进行了后期工程施工，其主观并不存在恶意，故添附部分系属甲房地产开发公司财产，具有排除强制执行的权利。3. 关于案涉商铺房屋及土地使用权价值如何确定的问题。资产评估结论有效期1年，目前已失效。且案涉商铺被查封时土地性质为划拨土地，现为国有建设用地，土地性质发生变化，案涉商铺价值也发生了变化，故应重新评估案涉商铺查封时房屋已完工部分价值、甲房地产开发公司对房屋添附部分价值、案涉商铺所占土地使用权价值。遂判决：

一、撤销河南省平顶山市湛河区人民法院（2021）豫0411民初1605号民事判决；

二、不得执行某煤机公司南环路生活区（南环路2号院）绿某花苑项目临南环路第一幢（主体已完工）楼房的1层、2层底商商铺中该商铺所占土地使用权价值部分及甲房地产开发公司对该商铺房屋添附价值部分；

三、驳回甲房地产开发公司的其他诉讼请求。

【法官后语】

法院查封在建建筑物时，涉及房屋产权人、土地所有权人等众多人的合法权益，特别涉及联合建房时，情况往往更加复杂，所引起的法律问题颇多，给审判执行工作带来较大挑战。本案在审理中的重点和难点是，在被查封标的的土地使用权和在建建筑的权利分别属于不同权利人的情况下，法院查封的效力所及于的标的范围如何认定；未进行登记的在建建筑的查封效力是否及于后续权利人的非恶意续建行为。

一、案外人在法院查封后取得土地使用权并对原有建筑非恶意添附，能够排除非恶意添加部分的执行

1. 土地使用权与地上建筑物的所有权分属被执行人与他人的，对地上建筑物的查封效力不及于土地使用权。《中华人民共和国民法典》第二百零九条第一款规定，不动产物权的设立、变更、转让和消灭，经依法登记，发生效力；未经登记，不发生效力，但是法律另有规定的除外。第二百一十四条规定，不动产物权的设立、变更、转让和消灭，依照法律规定应当登记的，自记载于不动产登记簿时发生效力。本案中虽然乙房地产开发公司与某煤机公司签订联合开发协议，但是案涉房屋被查封前案涉土地使用权始终登记在某煤机公司名下，案涉土地使用权应归属于某煤机公司。案涉房屋查封前系乙房地产开发公司根据其与某煤机公司签订的合作协议投资、建设，乙房地产开发公司对案涉房屋享有权利。根据查封时施行的《最高人民法院关于人民法院民事执行中查封、扣押、冻结财产的规定》第二十一条规定，查封地上建筑物的效力及于该地上建筑物使用范围内的土地使用权，查封土地使用权的效力及于地上建筑物，但土地使用权与地上建筑物的所有权分属被执行人与他人的除外。地上建筑物和

土地使用权的登记机关不是同一机关的，应当分别办理查封登记。法院对案涉房屋进行查封时，案涉房屋并无权属登记，法院以张贴查封公告的方式进行公示，而对土地使用权，法院并未在登记机关进行查封登记，故该查封行为的效力不及于案涉土地使用权。后甲房地产开发公司通过招拍挂程序依法取得了案涉土地建设用地使用权，并办理国有建设用地使用权证，故对法院查封的案涉房屋所占土地使用权，甲房地产开发公司享有排除执行的权利。

2. 对已查封的财产所作的转移行为，不得对抗申请执行人。案涉房屋查封前系乙房地产开发公司建设，乙房地产开发公司对查封前意见的房屋享有权利，甲房地产开发公司与乙房地产开发公司签订协议约定甲房地产开发公司接收乙房地产开发公司该项目全部资产和收益，但该协议系在案涉房屋被法院查封之后签订。根据《最高人民法院关于人民法院民事执行中查封、扣押、冻结财产的规定》第二十四条第一款规定，被执行人就已经查封、扣押、冻结的财产所作的移转、设定权利负担或者其他有碍执行的行为，不得对抗申请执行人。对本案中查封时已建的房屋部分，双方虽然协议约定由甲房地产开发公司承接财产，但该约定不能对抗本案申请执行人。

3. 土地使用权人对被查封建筑物的非恶意添附部分享有排除执行的权利。《中华人民共和国民法典》第三百五十二条规定，建设用地使用权人建造的建筑物、构筑物及其附属设施的所有权属于建设用地使用权人，但是有相反证据证明的除外。本案甲房地产开发公司接手案涉项目是在政府为了化解问题楼盘、解决社会矛盾的背景之下，甲房地产开发公司依照公开的法定程序取得了案涉项目土地国有建设用地使用权，此后其对包括案涉房屋在内的案涉项目进行了施工建设，本案中并无证据证明甲房地产开发公司在此过程中对案涉房屋已被查封的事实知情且其后续建设行为系基于解决案涉项目烂尾问题，其不存在主观恶意，故甲房地产开发公司作为案涉土地使用权人对案涉房屋查封后建造的部分享有权利，能够排除强制执行。

二、关于本案的特殊处理

综上所述，甲房地产开发公司仅对案涉土地使用权及其对案涉房屋查封后添附部分的建筑物享有排除执行的权利，如果将案涉房屋的土地与地上建筑分割，并将查封时已建部分与后续建设部分分割，那么本案就不具有执行的可操作性并且违反“房地一体”的原则，为了实质地解决问题并保障各方权利，本案在判决时按照案外人甲房地产开发公司与申请执行人分别对案涉房屋现状应享有的价值进行分割，判决确定各方应享有的价值部分，再在执行过程中，评估确定各部分具体价值之后，通过协议案涉房屋归一方所有，另一方补偿货币；或双方根据各自享有的价值比例，折算为面积予以执行。该判决“价值”分割方式，既符合物权“房地一体”的原则，又能更加客观公正地维护各方的实质利益。

编写人：河南省平顶山市中级人民法院　郭亚丹　杜伟杰

6

满足特定条件的度假房购房人享有物权期待权

——某银行高新支行诉李某芳等申请执行人执行异议之诉案

【案件基本信息】

1. 裁判书字号

重庆高级人民法院（2021）渝民终758号民事判决书

2. 案由：申请执行人执行异议之诉

3. 当事人

原告（上诉人、申请执行人）：某银行高新支行

被告（被上诉人、被执行人）：李某芳、普某公司、叙某公司、左某公司、利某公司、应甲、杨某铭、应乙、李某

【基本案情】

某银行高新支行与叙某公司等金融借款合同纠纷一案①，经重庆仲裁委员会仲裁，裁决某银行高新支行对普某公司所有的包括案涉位于重庆市武隆区某幢 2 单元 1–3 号房屋在内的 15 套房屋享有抵押权。某银行高新支行与普某公司就案涉房屋签订《抵押合同》的时间是 2017 年 3 月 2 日，办理抵押登记的时间是 2017 年 3 月 10 日。仲裁期间，某银行高新支行于 2019 年 10 月 8 日申请财产保全，重庆仲裁委员会向重庆市武隆区人民法院开具保全函，该院于 2019 年 10 月 17 日作出执行裁定书，对申请财产（包括案涉房屋）予以查封、冻结。

2018 年 8 月 31 日，普某公司与李某芳就案涉房屋签订《重庆市商品房买卖合同》，合同第十一条载明“本商品房已经设定抵押权”。合同约定，房屋建筑面积 52.09 平方米，建筑面积单价 5836.05 元/平方米，总金额 304000 元。李某芳提交了银行转款记录、物业费收据、装修合同、购买装修材料和家电的单据、气费收据等，可以证明李某芳已经支付了购房款并占有使用案涉房屋。李某芳还提交了重庆市武隆区不动产登记中心出具的其在重庆市武隆区无住房的《无房证明》。

另查明，由于叙某公司未还款，某银行高新支行向重庆市第三中级人民法院申请执行，重庆市第三中级人民法院作出查封评估拍卖公告，对案涉房屋进行评估拍卖。李某芳向重庆市第三中级人民法院提出执行异议，重庆市第三中级人民法院作出（2020）渝 03 执异 55 号执行裁定书，认为李某芳对案涉房屋享有消费者物权期待权，足以阻却执行，裁定中止对案涉房屋的执行。某银行高新支行遂提起本案执行异议之诉。

【案件焦点】

度假房购房人是否享有优先于抵押权的消费者物权期待权。

---

① （2019）渝仲字第 2980 号。

【法院裁判要旨】

重庆市第三中级人民法院审理后认为：李某芳系直接从房地产开发企业普某公司购房，应适用《最高人民法院关于人民法院办理执行异议和复议案件若干问题的规定》第二十九条的规定。

根据案件查明的事实以及相关法律，李某芳能够排除对案涉房屋的执行，理由如下：一、普某公司与李某芳于 2018 年 8 月 31 日就案涉房屋签订了《重庆市商品房买卖合同》，法院查封案涉房屋的时间是 2019 年 10 月 17 日，在法院查封之前李某芳与普某公司已经签订了合法有效的书面买卖合同；李某芳提交了已占有使用案涉房屋以及其在重庆市武隆区无其他住房的《无房证明》等证据，符合所购商品房系用于居住且买受人名下无其他用于居住的房屋的条件；李某芳已经提交了证据证明其支付了全部房屋价款，符合已支付的价款超过合同约定总价款的百分之五十的条件。二、虽然李某芳在与普某公司就案涉房屋签订《重庆市商品房买卖合同》前，该房屋已经办理了抵押，合同中也进行了告知，但商品房预售不规范的不利后果不应让商品房消费者承担，即使明知存在抵押权也不能对其过于苛责。对于已经交付全部或者大部分款项的商品房消费者的权利应优先于抵押权人的抵押权。三、李某芳所购商品房系用于居住，且所购房屋面积只有几十平方米，房屋价款只有 30 多万元，不属于高消费的豪宅，现也没有证据证明李某芳属于投资购房，应当认定李某芳所购房屋属于消费者购房。因此，李某芳所购房屋符合《最高人民法院关于人民法院办理执行异议和复议案件若干问题的规定》第二十九条规定的情形，可以排除执行。依照《最高人民法院关于人民法院办理执行异议和复议案件若干问题的规定》第二十九条、《中华人民共和国民事诉讼法》第一百四十四条、《最高人民法院关于适用〈中华人民共和国民事诉讼法〉的解释》第三百一十三条第二项规定，并经院审判委员会讨论决定，判决如下：

驳回某银行高新支行的全部诉讼请求。

某银行高新支行不服一审判决，提起上诉。

重庆市高级人民法院经审理后认为，上诉期间，普某公司已进入破产重整程序，其上诉理由不能成立。一审判决认定事实清楚，适用法律正确，应予维持。据此，重庆市高级人民法院依照《中华人民共和国民事诉讼法》第一百七十条第一款第一项规定，判决如下：

驳回上诉，维持原判。

【法官后语】

《全国法院民商事审判工作会议纪要》（以下简称《九民纪要》）第一百二十六条规定，能够优先于抵押权的商品房消费者权利是针对实践中存在的商品房预售不规范现象为保护消费者生存权而作出的例外规定，虽然该项说明并未明确表明在此保护的生存权是“居者有其屋”的基本生存权，还是在基本生存权的基础上增加“体面地生存的权利”即尊严权以及“追求更好生存的权利”即发展权的进阶版生存权，但依据《九民纪要》第一百二十五条[①]以及（2020）最高法民终1203号裁判案例说理部分[②]可推知，目前司法实务中，对于消费者生存权的外延仍限定在基本生存权附加尊严权，排除发展权的范畴。笔者也赞成这一界限的划分，虽然在理论上“生存权可以确定生存的最低标准，而它却不反对社会强者对社会适应的更高追求”[③]，但是在突破民法理论体系的特殊背景下，为了追求普遍的、实质的正义，还是需要对生存权保护的范畴进行严格的限制，防止滥用，侵害已经公示公信的抵押权人的利益。此外，注重追求发展权的购房人，其自身经济条件、理性审慎程度及法律维权意识等往往高于一般买受人，具备一定的抗风险能力，裁判结果不会严重影响个人生

① 《九民纪要》第一百二十五条：“……‘买受人名下无其他用于居住的房屋’，可以理解为在案涉房屋同一设区的市或者县级市范围内商品房消费者名下没有用于居住的房屋。商品房消费者名下虽然已有1套房屋，但购买的房屋在面积上仍然属于满足基本居住需要的，可以理解为符合该规定的精神……”

② （2020）最高法民终1203号判决认为“对于购买度假型、豪华型房屋，或者投资型、经营型房屋，以及基于消灭其他债权债务关系而形成的以房抵债等的，均不属于生存权特别保护的范畴”。

③ 徐显明：《生存权论》，载徐显明主编：《山大法学集萃——山东大学法学学科复办40周年纪念文集》，法律出版社2020年版。

存和社会的稳定。

现实案情复杂多变，对于司法实践中购买度假房的购房者是否享有物权期待权，还需要具体问题具体分析，故在裁判实务中还需要注意以下几点：

一是应当以购买度假房是否系“生活消费需要”来判断是否属于商品房消费者。房屋消费者物权期待权的权利主体只能是为生活消费需要直接从房地产开发企业名下购买商品房的自然人。商品房消费者购房的主观目的是用于居住，但司法裁判中形成了以房屋的性质是居住用房还是经营用房①来区分是不是消费者的所谓“客观标准”②。笔者认为这一标准过于僵化，未考虑到社会生活的复杂性和生存权保护的与时俱进性③。生存权作为人在一定历史条件下和社会关系中最基本的权利，与所在时代、所处社会的生产力发展有着天然而直接的联系。实践中购买度假房用于出租、投资经营、休闲避暑、度假旅游等季节性、旅游性短暂居住的，自然不属于商品房消费者；但为满足养病、养老、生活居住等特殊需求购买度假房，长期稳定居住的，应当属于商品房消费者。

二是应当以案涉度假房是否涉及商品房消费者生存权判断能否优先于抵押权。房屋消费者物权期待权设立初衷是保护购房者生存权，在适用该理论时应严格把控，防止期待权泛化和滥用，肆意损害抵押权人利益。《九民纪要》对房屋消费者物权期待权进行了限缩，要求在案涉房屋同一设区的市或者县级市范围内，商品房消费者名下没有用于居住的房屋或虽然已有1套房屋，但购买的房屋在面积上仍然属于满足基本居住需要。因此，法官在审理案件时需要注

---

① 《城乡用地分类与规划建设用地标准》中将城市建设用地分为9大类（居住用地、公共管理与公共服务设施用地、商业服务业设施用地、工业用地、物流仓储用地、道路与交通设施用地、公用设施用地、绿地与广场用地、待深入研究用地）、36中类、47小类。其中度假房属于商业用地。

② 刘贵祥、范向阳：《〈关于人民法院办理执行异议和复议案件若干问题的规定〉的理解与适用》，载《人民司法》2015年11月。此外，最高法民申4896号案件中，法院认为消费者物权期待权中消费者购房的房屋性质应当限定于居住用房，商业用房不在保护之列。

③ 汪进元：《论生存权的保护领域和实现途径》，载《法学评论（双月刊）》2010年第5期，第14页。其主张生存权的权域范围和保护领域是不断扩大的，并提出了“三代生存权”的观点，即生命本位的第一代生存权、尊严本位的第二代生存权和安全本位的第三代生存权。

重对购房者及其实行夫妻财产共同制的配偶、未成年子女名下，在案涉房屋所在地及经常居住地的住房调查。综合所购房屋的面积大小、住房种类、地理位置、购房款数额等因素判断是否涉及消费者生存权，而不能仅依据所购房屋属于“度假型”房屋或“豪华型”房屋就直接判定购房者不应享有消费者物权期待权。我们不可否认，当前社会存在发展不平衡、不均衡现象，在部分沿海或发达地区房价畸高，即使在此就业的部分人群收入水平较高，仍难以负担当地房价，为了追求生活品质或为了将来颐养天年，而购买异地度假房或豪华房。对于此类购房人若其名下无房，则可认为所购房屋属于满足基本居住需要，应享有消费者物权期待权。

编写人：重庆市第三中级人民法院　伍柯聿

7

父母因赠与而将案涉房产登记至子女名下并约定可终身居住，其主张排除该房产执行的处理

——谭某英诉苌某案外人执行异议之诉案

【案件基本信息】

1. 裁判书字号

广东省深圳市中级人民法院（2021）粤 03 民终 5313 号民事判决书

2. 案由：案外人执行异议之诉

3. 当事人

原告（被上诉人）：谭某英

被告（上诉人）：苌某

第三人：刘某桦、吴某冬

【基本案情】

原告谭某英和案外人刘某全系第三人刘某桦的母亲和父亲。2004 年 12 月 28 日，原告谭某英和案外人刘某全将其唯一一套郑州市金水区某房屋（以下简称案涉房产）赠与女儿刘某桦，即本案的第三人。三方同时签订了《房产赠与合同及附加条件》，并约定“谭某英有终身在此房产居住的权利”。之后，案涉房产过户至女儿刘某桦名下。2015 年 10 月 26 日，第三人刘某桦与谭某英又签订了《存量房买卖合同》，约定第三人刘某桦自愿将案涉房产转回至原告谭某英名下，并约定案涉房产买卖成交价为 500 元，并过户登记至原告谭某英名下。原告谭某英此后一直居住在案涉房产中，直到 2019 年被诊断出患有阿尔茨海默病。

因执行苌某与吴某冬、刘某桦民间借贷纠纷一案①，被告苌某作为申请执行人申请执行包括原告谭某英名下案涉房产在内的第三人吴某冬、刘某桦的财产。一审法院于 2018 年 12 月 13 日作出（2018）粤 0303 执恢 757 号执行裁定，查封了案涉房产。后原告谭某英提出执行异议，请求不予执行或终止执行（2018）粤 0303 执恢 757 号中谭某英名下的案涉房产。一审法院经审查，于 2019 年 12 月 10 日作出（2019）粤 0303 执异 584 号执行裁定，裁定：驳回案外人谭某英的异议请求。该裁定送达后，原告谭某英向一审法院提起案外人执行异议之诉，请求：1. 停止对案涉房产的执行，解除对上述房产的查封；2. 确认被告申请执行的案涉房产的所有权归原告所有；3. 被告承担本案受理费用。

另查明，在苌某与吴某冬、刘某桦民间借贷纠纷一案审理过程中，苌某因刘某桦与谭某英签订的上述《存量房买卖合同》及过户行为，在河南省郑州市金水区人民法院提起债权人撤销权纠纷诉讼，其诉讼请求为：1. 依法判令撤销刘某桦和谭某英于 2015 年 10 月 26 日签订的关于案涉房产的买卖合同；2. 依法判令刘某桦和谭某英将案涉房产登记到刘某桦名下；3. 诉讼费由刘某桦和谭某英共同承担。2016 年 12 月 27 日，河南省郑州市金水区人民法院作出（2016）

---

① 一审案号：（2015）深罗法民一初字第 5388 号；二审案号：（2016）粤 03 民终 12066 号。一审于 2015 年 11 月 24 日立案，二审于 2016 年 11 月 21 日结案。

豫0105民初4004号民事判决，判决："一、撤销被告刘某桦和第三人谭某英于2015年10月26日签订的关于郑州市金水区某房屋的房屋买卖合同。二、驳回原告苌某的其他诉讼请求。案件受理费2520元，由被告刘某桦负担。"苌某、谭某英均不服该判决，上诉于河南省郑州市中级人民法院，案号为（2017）豫01民终10509号。2017年9月11日，河南省郑州市中级人民法院作出（2017）豫01民终10509号民事判决，认定了上述事实，并认为："债务人以明显不合理的低价转让财产，对债权人造成损害并且受让人知道该情形的，债权人可以请求人民法院撤销债务人的行为。刘某桦作为债务人在债务未清偿的情况下以极低价格转让自己的财产，侵害了债权人苌某的权益，苌某有权要求撤销该转让行为。谭某英上诉称刘某桦未履行法定赡养义务并实施侵害谭某英利益的行为，其有权行使法定撤销权撤销赠与，但其并未提交有效证据证明其该主张，其上诉理由没有事实依据。在刘某桦与谭某英之间的房屋买卖合同被依法撤销之后，行政机关作出的房屋登记行为的基础已经不存在，苌某可另行依法向行政机关主张其权利"，判决：驳回上诉，维持原判。

【案件焦点】

父母因赠与而将唯一房产登记至子女名下，并约定可一直居住。之后子女成为被执行人，且为规避执行，又把房产通过买卖合同以不合理的低价过户回母亲。另案中已判决该低价过户所依据的买卖合同被依法撤销，但指引债权人通过行政诉讼的方式主张登记回转以维护权益。在此情况下，母亲能否排除该房产的执行？能否主张确权及解除查封？

【法院裁判要旨】

广东省深圳市罗湖区人民法院经审理认为，本案为案外人执行异议之诉纠纷。

一、关于能否执行案涉房产的问题

首先，《最高人民法院、国土资源部、建设部关于依法规范人民法院执行和国土资源房地产管理部门协助执行若干问题的通知》第七条规定："登记在案外人名下的土地使用权、房屋，登记名义人（案外人）书面认可该土地、房屋实际属于被执行人时，执行法院可以采取查封措施。如果登记名义人否认该土地、房屋属于被执行人，而执行法院、申请执行人认为登记为虚假时，须经当事人另行提起诉讼或者通过其他程序，撤销该登记并登记在被执行人名下之后，才可以采取查封措施。”另案中，苌某提起债权人撤销权纠纷诉讼，请求为撤销刘某桦和谭某英间于2015年10月26日签订的关于案涉房产的买卖合同并将案涉房产登记到刘某桦名下。但是，河南省郑州市中级人民法院在（2017）豫01民终10509号民事判决中认为，苌某对于行政机关作出的房屋登记行为可依法向行政机关主张权利，且驳回了案涉房产登记至刘某桦名下的诉讼请求。因此，在谭某英仍为案涉房产登记名义人且否认案涉房产属刘某桦以及苌某未到庭参加诉讼并提交相关证据以佐证其答辩意见的情况下，一审法院认为，苌某应依据上述法律规定另行提起诉讼或通过其他程序，在撤销案涉房产登记并登记回转至被执行人刘某桦名下之后，方可继续申请执行案涉房产。

其次，《中华人民共和国合同法》[①] 第四十五条规定：“当事人对合同的效力可以约定附条件。附生效条件的合同，自条件成就时生效。附解除条件的合同，自条件成就时失效。当事人为自己的利益不正当地阻止条件成就的，视为条件已成就；不正当地促成条件成就的，视为条件不成就。”本案中，原告提交的《房产赠与合同及附加条件》中约定，谭某英在其夫妇将案涉房产赠与刘某桦后有案涉房产的终身居住权利，该证据可与原告提交的其他证据的时间、情况相印证。因此，在苌某亦未提交证据以否定该证据的证明效力的情况下，综合谭某英夫妻于2004年无偿将案涉房产赠送给其女儿刘某桦以及其年逾八旬且患病病症包括记忆减退等情况的事实，一审法院对上述证据的真实性予以确认。退言之，即使该证据为虚假，在已查明案涉房产现为谭某英、刘某全唯一住房且无偿赠与其女儿刘某桦的情况下，亦可推知谭某英、刘某全作为父母将其房产赠与子女系其对子女疼爱的表现，受赠子女以案涉唯一房产供父母居住安享晚年亦为案涉房产赠与的应有之义。因此，一审法院认为，案涉赠与合同系

① 本法已被废止。

附生效条件的合同，受赠人刘某桦有保证赠与人谭某英房屋居住需要的义务。虽然案涉赠与合同已生效，并办理了过户手续，但刘某桦对案涉房屋所有权因赠与人享有居住权而受到限制。因此，一审法院认为案涉执行暂未达到可执行的条件。

最后，虽然案涉执行未达到可执行的条件，但是，苌某可待具备执行条件时，另行申请恢复执行，亦可在另案维护自身权益时，在符合法定条件的情况下对案涉房产予以保全。因此，在本案中一审法院对谭某英停止执行的主张予以支持。

二、关于能否支持谭某英确认案涉房产权属的主张的问题

一方面，《中华人民共和国物权法》第十七条规定："不动产权属证书是权利人享有该不动产物权的证明。不动产权属证书记载的事项，应当与不动产登记簿一致；记载不一致的，除有证据证明不动产登记簿确有错误外，以不动产登记簿为准。"本案中，谭某英已将案涉房产赠与刘某桦并办理了过户登记。虽然案涉房产现又登记回至谭某英名下，但是，其登记回至谭某英名下的原因行为即将案涉房产过户谭某英名下的其与刘某桦签订的房屋买卖合同已被生效判决撤销。因此，在谭某英未提交有效证据以证明案涉房产赠与协议无效的情况下，一审法院依据上述法律规定对其确权主张不予支持。

另一方面，《中华人民共和国物权法》第三十三条规定"因物权的归属、内容发生争议的，利害关系人可以请求确认权利"。另案中，河南省郑州市中级人民法院在（2017）豫01民终10509号民事判决中认为，苌某对于行政机关作出的房屋登记行为可依法向行政机关主张权利。若此后苌某未行使上述权利，则案涉房产事实上不存在争议。因此，在此情况下，案涉房产则不存在需要通过民事诉讼程序进行审理和裁判的物权纠纷，故谭某英关于确认案涉房产权属的主张亦应当依据上述法律规定予以驳回。

三、关于能否解除案涉房产查封的问题

《最高人民法院关于人民法院民事执行中查封、扣押、冻结财产的规定》（2008年）第三十一条第一款第一项规定："有下列情形之一的，人民法院应当作出解除查封、扣押、冻结裁定，并送达申请执行人、被执行人或者案外人：

(一) 查封、扣押、冻结案外人财产的。”如前所述，谭某英主张确认案涉房产为其所有的主张不能得到支持，故案涉房产是否系谭某英所有不能在本案中予以确认，因此，谭某英关于解除案涉房产查封的主张不符合上述法律规定中的解除条件。同时，为避免解除查封后给案涉权利人造成不可逆转的损失，故一审法院对谭某英的上述主张亦不予支持。

综上所述，依照《中华人民共和国物权法》第十七条、第三十三条，《中华人民共和国合同法》第四十五条，《最高人民法院关于人民法院民事执行中查封、扣押、冻结财产的规定》第三十一条第一款第一项，《最高人民法院、国土资源部、建设部关于依法规范人民法院执行和国土资源房地产管理部门协助执行若干问题的通知》第七条，《中华人民共和国民事诉讼法》第六十四条第一款、第一百四十四条之规定，判决如下：

一、一审法院不得执行案涉房产；

二、驳回原告谭某英的其他诉讼请求。

被告苌某不服原审判决，提起上诉。深圳市中级人民法院经审理认为：本案系案外人执行异议之诉，一审法院驳回谭某英关于确认涉案房产的所有权归其所有以及解除涉案房产查封的请求，各方当事人均未对此提起上诉，二审法院依法予以维持。本案的二审争议焦点为人民法院能否执行涉案房产的问题。二审法院认为，另案河南省郑州市中级人民法院（2017）豫01民终10509号生效民事判决中，人民法院驳回了苌某关于将涉案房产登记至刘某桦名下的诉讼请求，现涉案房屋仍登记在谭某英名下，故尚无充分有效的证据足以证实涉案房产的所有权归被执行人刘某桦所有，苌某以涉案房产系被执行人刘某桦的财产为由主张对涉案房产进行强制执行，依据不足，二审法院难以支持，苌某可按照法律规定及另案生效民事判决指引，另寻法律途径解决。综上所述，苌某的上诉请求不能成立，应予驳回。一审判决认定事实清楚，适用法律正确，二审法院予以维持。依照《中华人民共和国民事诉讼法》第一百七十条第一款第一项规定，判决如下：

驳回上诉，维持原判。

【法官后语】

现行法律、司法解释对于案外人执行异议之诉的规定较为原则，因此，本案对于总结涉父母居住权益情况下的执行异议之诉裁判规则具有典型意义。同时，本案涉及父母将房产赠与子女后居住权益的处理问题，因此，本案对于维护、弘扬社会主义核心价值观也具有典型意义。

详言之，在本案中，由于子女规避执行而将其受父母赠与的房产又转回母亲名下的原因行为被另案撤销，因此，案涉的核心问题实质成了“在父母因赠与而将案涉房产登记至作为被执行人子女名下，并约定可终身居住，其主张排除该房产执行的主张能否支持?”的问题。而判断能否排除执行，则应对相关当事人对于案涉执行房产的民事权利的性质和效力等作出认定。

首先，应以法律规定为基础综合评判。在现行法律规定中，对于何谓“足以排除强制执行的民事权益”并无明确规定，仅在《最高人民法院关于人民法院办理执行异议和复议案件若干问题的规定》《最高人民法院关于人民法院民事执行中查封、扣押、冻结财产的规定》中对相关民事权益作了部分列举和规定，且并未涵盖本案情形。因此，在本案处理中，则应当在依据排除执行民事权利的相关法律、司法解释的基础上，探索法律规范背后的价值以及立法的目的，并结合案件中的当事人身份、执行标的上所附相关权利，以及对于社会秩序的影响、相关当事人基本生活保障等具体情况，综合作出判断。

其次，保障案涉居住权利具有正当性。从受赠子女的角度来看，《中华人民共和国民法典》第六百六十一条规定：“赠与可以附义务。赠与附义务的，受赠人应当按照约定履行义务。”父母作为赠与人在房产赠与合同中为子女设定了可“终身居住”的义务，这属于附义务赠与合同。子女作为受赠人完成过户登记之后，就应当依据上述法律规定履行赠与合同中约定的义务，同时，子女对受赠房屋的所有权也因该义务而受限。从父母赠与房产的角度来看，父母将唯一房产赠与子女，固然是出于对子女的疼爱与信任，但更希望自己能够老有所居，安享晚年。这事实上起到了当时法律应提供却未提供的居住权制度所应起的保障作用。从债权人的角度来看，并无证据证明其债权系基于对案涉房产的权利状态的信赖而形成，而且，在居住人去世后其仍可申请执行，保障原告的居住权最终并不会影响其债权的实现。因此，在本案执行中，保障赠与房产老人在该房产中的居住权具有相当的正当性和合理性。

再次，在具体裁判方式上考虑。承前所述，在本案中处理确认“足以排除强制执行的民事权益”时，即判断在债权人的债权以及赠与人居住权两者权利何者优先时，应对作为父母的赠与人的居住权予以保障。而具体在裁判时有两种裁判方式：一种是本案的裁判思路，即认定案涉房产并未达到可执行的条件，并应当告知债权人在具备执行条件时可再行申请恢复执行；另一种是作出附条件的判决，判决至原告去世后可执行案涉房产。但是，考虑到本案涉及另案裁判中指引当事人向行政机关主张权利的情况，这可能导致在未来的执行阶段发生执行不明、执行不能等不确定问题，因此本案采用了第一种裁判方式。

最后，排除执行亦符合诚信友善的社会主义核心价值观。父母晚年将房产赠与子女，是对子女疼爱的表现，而子女以该房产供父母居住并赡养父母安享晚年也是接受赠与的应有之义。在这种情况下，让父母能够一直住有所居，也是维护良好社会和谐风尚的具体体现。支持排除执行并指引债权人在具备执行条件时再次申请恢复执行，既体现了情理法的有机融合，也维护了孝老爱亲的中华传统美德。

编写人：广东省深圳市罗湖区人民法院　耿利君　霍哲弘

8

消费者购买改善性住房可以排除执行

——翟某东诉红某创投电子商务股份有限公司案外人执行异议之诉案

【案件基本信息】

1. 裁判书字号

河南省高级人民法院（2021）豫民终 839 号民事判决书

2. 案由：案外人执行异议之诉

3. 当事人

原告（上诉人、案外人）：翟某东

被告（申请执行人）：红某创投电子商务股份有限公司（以下简称红某创投公司）

第三人（被执行人）：济源市翰某置业有限公司（以下简称济源翰某公司）

【基本案情】

2015 年 6 月 23 日，翟某东与济源翰某公司签订《商品房买卖合同》，购买了涉案星某小区某号楼西单元 5 层西户房屋，面积为 155.81 平方米，房款 562500 元，同日翟某东已将全部房款付清，并缴纳契税 22500 元。该房屋于 2015 年交付，后翟某东已装修入住。焦作中院经向济源市不动产中心查询，除涉案星某小区房产外，翟某东名下在济源市另有二套住房。

2016 年 9 月 18 日，红某创投公司与济源翰某公司、付某全、宋某伟、屈某卫、付某霞、焦作某股份有限公司金融借款合同纠纷一案，经焦作中院审理后作出（2016）豫 08 民初 60 号民事判决：一、济源翰某公司于本判决生效之日起十日内向红某创投公司偿还借款本金人民币30000000元及利息、罚息（计算方法略）。二、红某创投公司对济源翰某公司抵押的在建未售房产及土地使用权享有优先受偿权。三、红某创投公司对付某全、宋某伟质押的济源翰某公司100%的股权享有优先受偿权。四、付某全、宋某伟、屈某卫、付某霞对上述借款本息承担连带清偿责任。五、驳回红某创投公司的其他诉讼请求。因济源翰某公司未自觉履行生效判决，红某创投公司向焦作中院申请执行。2017年9月19日焦作中院作出（2017）豫08执字第149号之一执行裁定：查封济源翰某公司所有的位于济源市星某住宅小区房产139套，并于当日查封了翟某东购买的涉案星某小区某号楼西单元5层西户房屋，查封期限：2017年9月19日至2020年9月18日，后又续封。后翟某东提出执行异议，焦作中院于2020年12月25日作出（2020）豫08执异343号执行裁定：驳回翟某东的执行异议。翟某东不服，向焦作中院提起案外人执行异议之诉。

【案件焦点】

案外人翟某东是否享有足以排除强制执行的民事权益。

【法院裁判要旨】

河南省焦作市中级人民法院审理认为，关于翟某东是否享有足以排除强制执行的民事权益，《最高人民法院关于人民法院办理执行异议和复议案件若干问题的规定》（以下简称《执行异议和复议规定》）第二十七条规定："申请执行人对执行标的依法享有对抗案外人的担保物权等优先受偿权，人民法院对案外人提出的排除执行异议不予支持，但法律、司法解释另有规定的除外。"该规定第二十九条即属于该但书条款的例外情形，即符合条件的房屋消费者可以排除担保物权等优先受偿权的执行。在本院2017年9月19日查封涉案星某小区房产前，翟某东虽然已于2015年6月23日签订了买房合同，且已支付全部购房款，但在济源市其名下另有其他用于居住的房屋两套，不符合《执行异议和复议规定》第二十七条、第二十九条的规定，不能排除人民法院的执行。该院于2021年9月29日作出（2021）豫08民初55号民事判决：驳回翟某东的诉讼请求。后翟某东不服，提起上诉。

河南省高级人民法院认为，本案的争议焦点为翟某东是否享有足以排除强制执行的民事权益。根据《最高人民法院关于适用〈中华人民共和国民事诉讼法〉的解释》（2020年修正）第三百一十一条规定，“案外人或者申请执行人提起执行异议之诉的，案外人应当就其对执行标的享有足以排除强制执行的民事权益承担举证证明责任”。《执行异议和复议规定》第二十九条规定：“金钱债权执行中，买受人对登记在被执行的房地产开发企业名下的商品房提出异议，符合下列情形且其权利能够排除执行的，人民法院应予支持：（一）在人民法院查封之前已签订合法有效的书面买卖合同；（二）所购商品房系用于居住且买受人名下无其他用于居住的房屋；（三）已支付的价款超过合同约定总价款的百分之五十。”本案中，翟某东于2015年6月23日与济源翰某公司签订《商品房买卖合同》，同日已将所有562500元房款付清，并缴纳契税22500元。上述签订合同的时间以及支付购房款的时间均在2017年9月19日法院查封之前，应当认定为翟某东在法院查封之前签订了合法有效的书面买卖合同，其已经支付了全部购房款。不动产登记中心出具的房屋查询信息显示翟某东名下另有住房，但翟某东夫妻、父母及子女共六口人，上述房屋尚不能满足翟某东夫妻、父母及子女三代人正常的居住需求，翟某东购买案涉房屋系用于居住的改善性消费之需，符合买受人名下无其他用于居住的房屋的要求，对于满足其公民居住权的行为应当优先予以保障。现有证据能够证明翟某东符合《执行异议和复议规定》第二十九条之规定，其对案涉房屋享有足以排除强制执行的民事权益。该院于2021年9月29日作出（2021）豫民终839号民事判决：一、撤销河南省焦作市中级人民法院（2021）豫08民初55号民事判决；二、不得执行位于济源市星某小区某号楼西单元5层西户房屋。

【法官后语】

本案系案外人执行异议之诉，焦作中院以翟某东在济源市另有其他用于居住的两套房屋为由，判决驳回其诉讼请求；二审法院则认为翟某东购买案涉房屋系用于居住的改善型消费之需，符合“买受人名下无其他用于居住的房屋”之要求，对于满足其公民居住权的行为应当优先予以保障，遂改判不得执行案涉房屋。对此，本案需要解决的核心问题是案外人购买的改善性住房是否可以排除执行。

一、《执行异议和复议规定》第二十九条之法理基础

1. 商品房消费者阻却执行之主要争议。《执行异议和复议规定》第二十九条明确规定，金钱债权执行中，买受人对登记在被执行的房地产开发企业名下的商品房提出异议，符合下列情形且其权利能够排除执行的，人民法院应予支持：第一项为“在人民法院查封之前已签订合法有效的书面买卖合同”；第三项为“已支付的价款超过合同约定总价款的百分之五十”；争议较大的是对于第二项“所购商品房系用于居住且买受人名下无其他用于居住的房屋”之理解。按照文义解释，若购房人在案涉房屋所在地有其他房产，就不符合“无房”条件。但现实情况往往复杂多样，购房人购买商品房有的是为了解决居住问题，即刚需购房；也有的是为了改善居住条件。此时，若还坚持“一套房”原则就不尽合理。

2. 物权期待权之保护需要。物权期待权保护是指不动产买受人支付一定数额的价款后，法律规定突破传统债权相对性原理，使买受人的债权请求权物权化，获得一定的物权效力。由于我国采取房产登记制度，购房人取得房屋所有权总会滞后于债权合意。在此期间，若将其当作普通债权人，由于债权的相对性，其对房屋的登记或交付请求权将不能阻却卖房人的其他金钱债权人之受偿请求，进而将面临该不动产被其他债权人请求变价的风险，有违民法之公平理念。故当购房人对不动产享有的预期物权与申请执行人的一般金钱债权发生冲突时，法律优先保护前者。

3. 消费者权益之保护需要。根据《中华人民共和国消费者权益保护法》第二条规定，消费者为生活消费需要购买、使用商品或者接受服务，其权益受消费者权益保护法保护。该条中的“为生活消费需要”实际上就是购房人的居住和生存需求。因此，购房人必须以居住生活为目的购买商品房，才符合《执行

异议和复议规定》第二十九条第二项规定。如果是为了生产经营活动而购置房屋，则不能适用该条来阻却执行。

二、从居住生存权益角度理解“无其他用于居住的房屋”

1. 购房人的生存权益应当优先于普通债权。大多数购房者需要付出一代人甚至两代人的收入代价才能购得适宜的居住场所，因此保护购房人居住生存权益的价值应获取广泛的社会支持与理解，赋予购房人优先于其他普通债权的物权期待权，也充分体现了法律对生存权这一更高价值的维护。鉴于此，保障居住和生存权益应是《执行异议和复议规定》第二十九条的核心价值。

2. “有房”不等于满足生存和居住需求。《执行异议和复议规定》第二十九条所要保护的是购房人作为消费者的基本权益及其所享有的居住权益，出发点是对公民基本生活和生存需要的保障。而房屋的居住功能又与购房人家庭成员及房屋本身状况密切相关，并非房屋套数所能决定。如最高人民法院（2018）最高法民再450号民事判决书指出，对于《执行异议和复议规定》第二十九条第二项规定中的“买受人名下无其他用于居住的房屋”不应机械限于房屋套数之理解。如原有住房不能满足现有家庭成员居住要求，再购买房屋是为了对居住环境进行必要改善的，仍属于满足生存权的合理消费范畴。又如最高人民法院（2019）最高法民再255号民事判决指出，本案已查明叶某名下虽登记有一套住房，但该房屋建于1995年，年代久远，且房屋面积仅为49.27平方米，长期由其母亲居住，尚无法满足叶某及其母亲、儿子三代人正常的居住需求，而对于公民的居住权应当优先予以保障。原审判决认定叶某不符合《执行异议和复议规定》第二十九条规定的可以排除执行的情形错误，本院予以纠正。因此，“有无其他用于居住的房屋”应理解为“有无能够满足当前合理居住需求的房屋”。故即使买受人还有其他房产，但该房屋的面积、功能、环境、本身质量、生活设施等已无法满足购房人及其家庭成员现有居住需求的，可以突破房屋套数之限制，从实现个案正义和实质正义的角度进行判定。

3. “无房”的主体还应扩展至买受人的家庭成员。《执行异议和复议规定》

第二十九条只提到了买受人，并未明确规定包含买受人的其他家庭成员。从文义角度理解，只需审查买受人名下有无其他房产登记即可，其家庭成员并不在考察之列。司法实践中，有些法院则将房产登记的审查范围扩展至买受人的家庭成员。如比较典型的是江苏省、广东省高级人民法院的规定，均将“无房”的主体扩大至买受人配偶及未成年子女。笔者认为《执行异议和复议规定》第二十九条保护的是商品房消费者居住和生存的权利，第二十九条的立法目的和精神相一致，应当值得借鉴。

编写人：河南省焦作市中级人民法院　曹艳娜

9

“借名买房”不能排除强制执行

——何某玲诉李某初、何某礼案外人执行异议之诉案

【案件基本信息】

1. 裁判书字号

广东省佛山市中级人民法院（2022）粤06民终648号民事判决书

2. 事由：案外人执行异议之诉

3. 当事人

原告（上诉人、案外人）：何某玲

被告（被上诉人、申请执行人）：李某初

第三人（被执行人）：何某礼

【基本案情】

2013年7月17日，何某玲向肇庆市顺某房地产发展有限公司（以下简称顺某公司）购买涉案房屋，并刷卡支付部分款项20000元，双方没有签订买卖

合同。之后何某玲以及王某顺分三次向顺某公司支付购房款项349321元。2015年9月7日，何某礼与何某玲签订《借名买房协议书》，载明因何某玲在银行有贷款，不能办理按揭贷款，故借何某礼名义购房涉案房屋，约定涉案房屋名义上由何某礼购买，但实际上房屋产权归何某玲所有，何某礼无权干涉，也不能用该房抵其自身债务；银行贷款还清后，何某礼无条件给何某玲办理房屋产权过户登记。2015年9月7日，何某礼作为买受人与出卖人顺某公司签订《商品房买卖合同》，约定将涉案房屋出售给何某礼，价款1209320元，买受人已付首期款369321元，余款840000元办理银行按揭等内容。次日，顺某公司开具发票，载明收到何某礼购房款369321元。2015年9月21日，中国建设银行股份有限公司肇庆市分行向何某礼发放个人贷款840000元，款项支付至顺某公司账户。同年9月23日，顺某公司出具发票，载明收到何某礼购房款840000元。何某礼名下中国建设银行账户2015年6月22日至2019年12月31日的交易明细清单显示，该账户用于支付个人贷款还款等，其中从2015年10月起基本每月21日扣款"个贷系统平账专户A户"7000多元至8000多元，何某玲、何某礼均多次向该账户转入款项。何某玲基本每月定期向何某礼的上述账户转款，金额大多为7000多元至8000多元。2019年10月21日，何某礼就其购买的涉案房屋办理产权登记，登记权利人为何某礼。2021年1月30日，何某玲作为何某礼的代表人与顺某公司就前述房屋签订《临时管理规约》《前期物业管理服务协议》。同日，何某玲通过银行转账向顺某公司支付物业管理费22795.67元。何某玲自认其与何某礼是姐弟关系。由于何某礼不履行生效法律文书确定的所欠李某初的债务，李某初依法申请强制执行。执行过程中法院依法查封了涉案房屋，何某玲提出执行异议被驳回后，提起了本案诉讼。

【案件焦点】

何某玲借用何某礼名义购买涉案房屋能否排除本案强制执行。

【法院裁判要旨】

广东省佛山市中级人民法院经审理认为：基于法律行为发生不动产物权

变动的必备生效要件是完成不动产登记。本案中，涉案房屋登记在何某礼名下，根据《中华人民共和国物权法》第九条、第十六条的规定，应认定何某礼为该房屋的所有权人。虽然何某玲与何某礼签订了《借名买房协议书》，但该协议只在其内部产生债权债务关系，并不发生物权变动的效果。作为借名人的何某玲可以依据双方实质上的代持关系要求何某礼将房屋过户至其名下，但此项权利系基于合同关系所产生的债权请求权，在经法定变更登记程序完成物权公示之前，何某玲尚不能依据借名买房的合同关系直接被确认为房屋所有权人，其所享有的债权请求权也不具有对世效力、排他效力和绝对效力，并不足以排除本案强制执行。《最高人民法院关于适用〈中华人民共和国物权法〉若干问题的解释（一）》第二条主要适用于利用虚假资料骗取登记、登记机关人员错误登记、非基于法律行为导致物权变动后未及时更正登记等情况下，已经过法定程序取得权利的真实权利人与登记簿记载不一致导致登记错误的情形。本案中，何某玲借用何某礼名义购买房屋，故意将涉案房屋登记在何某礼名下，因此，经过法定程序取得权利的真实权利人和登记簿记载的权利人并未发生错位，均显示是何某礼，并不存在登记错误的情况，显然不属于前述司法解释适用的情形。何某玲主张适用前述司法解释的规定确权，缺乏依据。本案诉讼中，何某玲自认其借名买房的原因在于规避信贷政策，通过借用何某礼名义办理按揭贷款，可见何某玲的借名买房行为本身带有非法目的，事实上也损害了银行等民事主体的合法权益，破坏了正常的交易秩序和市场监管秩序，有违诚实信用原则，不符合社会主义核心价值观，并非值得鼓励和支持的行为。

综上，上诉人何某玲的上诉理由不成立，其诉讼请求缺乏事实和法律依据，本院均不予支持。一审判决认定事实清楚，适用法律正确，本院予以维持。依照《中华人民共和国民事诉讼法》第一百七十七条第一款第一项、第一百八十二条的规定，判决如下：

驳回上诉，维持原判。

【法官后语】

对于案外人以“借名买房”为由主张排除强制执行的案件，法院在审理中仍应当坚持案外人执行异议之诉的一般审理思路，先对借名买房人享有的权利性质作出界定，再对该权利与申请执行人享有权利进行衡量，最终确定是否能够排除执行。

一、借名买房人所享有民事权益的性质认定

1. 借名买房人所享有的民事权益不是物权

我国实施物权法定原则，物权的种类、内容、取得方式等都由法律规定而来，法律上并未设定借名买房人有持协议即可成立的物权，因此，不能直接认定借名买房人对房屋享有物权。不动产上的法律物权是指以不动产登记簿载明的权利，该权利经法定公示，被推定为具有正确性的物权。而事实物权是与法律物权对应存在的概念，是指和法律物权相分离且在无交易第三人时能够对抗法律物权的物权。为了维护社会秩序、交易安全，事实物权理论适用的空间应仅限定在不直接涉及第三人利益的场合，这样一来，事实物权显然就没有完全的对外排他效力，这与被称为对世权的物权有着本质的区别。另外，事实物权理论的适用因为会直接导致否定向社会公示的不动产登记信息，即法律物权，所以其适用范围应当严格予以控制，适用条件也应当谨慎把握。根据《最高人民法院关于适用〈中华人民共和国民法典〉物权编的解释（一）》第二条的规定，在不动产登记簿载明的权利与真实权利状态不相符的时候，真实权利人可请求更正不动产登记簿中错误的记载，以回归真实权利状态。但是这一规定在借名买房的情境下并不能予以适用。分析前述规定的立法背景可知，主要适用的是利用虚假资料骗取登记、登记机关工作人员错误登记、非基于法律行为导致物权变动后未及时更正登记等情况下，已经过法定程序取得权利的真实权利人与登记簿记载不一致导致的登记错误情形。而借名买房情境下，借名买房人是自愿甚至是故意隐名而将房屋登记在出名人名下的，不动产登记簿上载明出名人为房屋所有权人并无错误，显然不符合前述登记错误的情形。

2. 借名买房人所享有的民事权益是债权

我国在不动产物权变动问题上采取的是债权形式主义原则，因此法律行为引起的物权变动必须满足意思表示和对外公示两个要件，缺一不可。《中华人民共和国民法典》第二百零九条规定就是该原则的体现。借名买房人与出名人虽然在借名买房协议中有房屋归属于借名买房人的意思表示，但是在房屋仍登记在出名人名下的情况下，并不能发生该房屋物权变动的效力，借名买房人在法律上对该房屋并不享有所有权。借名买房人仅有依据借名买房协议要求出名人将房屋过户到其名下的请求权，该请求权虽然与涉案房屋密切相关，但它本质上就是债权。

3. 借名买房人所享有的民事权益不是物权期待权

物权期待权本质上是债权，但是由于它已经具备取得物权的绝大部分要件，其也具备一定的物权特征。《中华人民共和国民法典》中并未明确设定该类权利，但为了在实务中对某些特殊权利进行保护，最高人民法院在某些司法解释中作出了特殊规定。有些法院在处理借名买房问题时，参照适用《最高人民法院关于人民法院办理执行异议和复议案件若干问题的规定》第二十八条无过错买受人物权期待权保护规定，但笔者认为并不妥当，因为借名买房人并不像正常买房人一样有积极追求将房屋登记至其名下的主观意愿，造成登记权利人与实际权利人错位局面本身就是其追求的结果，其离取得房屋权属还有很长的距离，并不满足保护其物权期待利益的正当性。

二、借名买房人的民事权益能否排除申请执行人的强制执行

1. 一般规则

如前所述，借名人因“借名买房”协议享有民事权益既不是物权，也不是物权期待权，而是债权，从“债权平等受偿”原则、信赖利益保护需求、行为人过错责任以及社会主义核心价值观的引导的角度出发，处理此类案件一般的规则应当是不予支持借名买房人排除强制执行的申请。

2. 特殊利益的衡量

借名买房人提起的案外人执行异议之诉当中，因目的、方式、交易等因素

的变化，常常还会出现权力交叉的情况，因此处理该类案件往往还需要对各类交织的权利进行利益衡量和价值判断，以确定更为值得或迫切的权利予以优先保护。举重以明轻，笔者以最极端的居住权予以说明。基本生存居住之需是生存权的重要内容，是构成基本人权的重要组成部分。如果涉案房屋是借名买房人维持基本生活所必需的居住房屋时，法院还是应当采取利益均衡的方式对该类特殊权利进行保护。

编写人：广东省佛山市中级人民法院　李慧

10

执行裁判程序中“借名买房”的法律效力

——王某余、沈某华案外人异议案

【案件基本信息】

1. 裁判书字号

北京市第一中级人民法院（2021）京0107执异38号执行裁定书

2. 事由：案外人异议

3. 当事人

复议申请人（案外人）：王某余、沈某华

退赔权利人：史某山

被执行人：王甲

【基本案情】

北京市石景山法院在执行史某山与王甲责令退赔（刑事）一案过程中，案外人王某余、沈某华向该院提出书面异议，请求该院中止执行王甲名下涉案房屋。王某余、沈某华所提异议的主要事实和理由为：一、涉案房屋只是名义上登记于被执行人名下，但实际上，该房屋登记在被执行人名下时，被执行人年仅10岁，实际房屋购买人是其父母，即二案外人，被执行人只是名义购房人。二、涉案房屋为被执行人所扶养家属基本生活所必需，查封措施必将影响其生活，有损其权益。

北京市石景山法院经审查查明，2020年10月30日，北京市石景山法院作出（2020）京0107刑初209号刑事判决书，判决：王甲犯诈骗罪，判处有期徒刑十四年十个月，剥夺政治权利三年，并处罚金人民币15万元，责令王甲退赔被害人史某山人民币500万元……该刑事判决书生效后，因王甲未履行法律义务，该院将刑事判决书涉财产部分，移送执行，即该院（2021）京0107执439号案件。执行中，该院委托江苏省如皋市人民法院查封了王甲名下涉案房屋。案外人王某余、沈某华就此向该院提起执行异议。

在异议审查过程中，王某余、沈某华向北京市石景山法院提供的证据材料显示，涉案房屋为1992年1月购买，购买人王乙，王某余、沈某华主张王乙是笔误，应为王甲。该涉案房屋的房屋所有权证显示是1992年8月，但房屋契税、销售发票日期记载为1993年9月。该院调取的如皋市不动产登记信息查询结果显示，涉案房屋证号为"皋房权证字第80＊＊号"，登记日期为2004年12月17日。

北京市石景山法院认为，本案中，涉案房屋登记的权利人为王甲，该房屋未登记共有权人及居住权人。案外人王某余、沈某华主张二人系涉案房屋出资人，该房屋应归案外人所有，本案不予认同。另，二案外人提交证据与法院调取证据，亦有冲突。二案外人请求中止涉案房屋的执行措施，事实与法律依据不足，该院不予支持。故裁定驳回案外人王某余、沈某华的异议请求。

王某余、沈某华不服一审裁定，复议至一中院。王某余、沈某华所提复议事由与异议事由基本相同，并强调王某余、沈某华只为了躲避当地的限购政策，并未损害公共利益，其用王甲的名义购买房屋，属于"借名买房"，王某余的行为亦不能看作赠与行为。

【案件焦点】

1. 王某余、沈某华所提异议类型；2. 王某余、沈某华基于“借名买房”法律关系所享有的权利能否排除法院强制执行。

【法院裁判要旨】

《最高人民法院关于刑事裁判涉财产部分执行的若干规定》第十四条第一款规定，执行过程中，当事人、利害关系人认为执行行为违反法律规定，或者案外人对执行标的主张足以阻止执行的实体权利，向执行法院提出书面异议的，执行法院应当依照民事诉讼法第二百二十五条的规定处理。本案中，王某余、沈某华主张其与王甲之间存在借名买房关系，王某余、沈某华系涉案房屋的实际所有权人，其所提异议应依照民事诉讼法第二百二十五条进行审查。

不动产物权的设立、变更、转让和消灭应依法登记，发生效力，未经登记，不发生效力。借名人与出借人之间的借名买房关系，并不发生物权变动的效果，不能据此认定借名人是不动产物权的所有权人。本案中，王某余、沈某华主张系用王甲的名义购买涉案房屋且对王甲没有赠与的意思表示，则王某余、沈某华仅基于此而对王甲享有债权请求权，而非对涉案房屋享有所有权，不能排除法院强制执行。王某余、沈某华所提涉案房屋是王某余、沈某华一家人最基本的生活保障等复议事由，亦不能排除法院的强制执行。原审裁定处理结果正确，应予维持。

【法官后语】

根据《最高人民法院关于刑事裁判涉财产部分执行的若干规定》第十四条的规定，案外人在刑事涉财产部分执行过程中提出案外人异议的，执行裁判部门应按照执行行为异议的相关规定予以审查。案外人如不服一审法院作出的裁定，可向上一级人民法院申请复议。根据上述司法解释规定，对于刑事判决执行过程中案外人对执行标的主张所有权而提出的异议，应按照《最高人民法院关于刑事裁判涉财产部分执行的若干规定》第十四条规定，对借名买房行为及其法律效果作实质审查。

为明确“借名买房”行为的法律效果，首先应明确“借名买房”中借名人的权利性质。笔者认为，应从借名买房原因、房屋买卖合同双方当事人真意、买卖合同效力以及物权公示制度意义等角度予以综合考虑。

1. 借名买房原因：在实践过程中，借名买房一般发生在亲友等熟人之间，选择借名买房存在出于逃避限购政策、逃避债务、享受购房优惠等原因。如基于此类原因购房，在明知此行为违背购房政策、可能损害他人权益且存在一定法律风险的前提下，仍决定采取借名方式购房，借名人不具有善意。

2. 签订借名购房合同的双方当事人的真意：虽然双方当事人就购房产生合意，买卖房屋是双方当事人的真实意思表达，但双方当事人均没有在购房后及时进行产权变更的意愿。对不办理过户登记是存在主观故意和客观不能，应认定借名人对未办理过户登记存在过错，不符合物权期待权的保护要件。

3. 关于借名买房合同的效力。鉴于借名买房合同并未违反法律强制性规定，不宜简单认定为无效合同。

4. 物权公示制度的意义。根据民法典的相关规定，物权经登记产生变动的法律效果。因此，物权登记公示是物权变动的法律要件。因借名人实际出资购买涉案房屋而认定借名人对执行标的享有物权性权利会虚化不动产登记在不动产物权变动中登记的法律效力，进而在法律效果上混淆了物权与债权的性质，构成对现行法下主要不动产物权变动模式乃至物债二分基本权利框架体系的背离。[①] 本案中，王某余、沈某华为逃避限购政策而将购买住房登记在儿子名下，在主观上善意不足，且从购房后至今近10余年一直未办理过户登记，对未办理过户登记存在过错。王某余、沈某华亦主张，涉案房屋登记在王甲名下不属于对王甲的赠与，王某余、沈某华基于借名买房法律事实而享有的权利的性质应认定为对被执行人王甲的债权请求权。

按照民法规则，物权具有优先性，债权具有平等性。但在执行过程中，申请执行人的债权经生效法律文书确认具有更高权利顺位，胜诉债权要优先于借

---

① 司伟：《论不动产登记与权属确认——兼论对〈物权法司法解释一〉第2条的理解》，载《法律适用》2016年第5期。

名人的债权。在执行过程中，涉案房屋登记在被执行人名下，申请执行人作为善意第三人，基于物权公示的对外效力而申请在被执行人的责任财产范围内实现债权，该信赖利益应当得到法律保护。借名买房而产生的债权期待权不有物权的排他性、对世性和绝对性效力，不能对抗强制执行。

编写人：北京市第一中级人民法院　赵翔

11

拍卖唯一住房后是否需要保留安置费

——陈某某执行异议案

【案件基本信息】

1. 裁判书字号

浙江省台州市椒江区人民法院（2021）浙1002执异115号执行裁定书

2. 事由：执行异议

3. 当事人

申请执行人：陈某宝

被执行人：陈某撑

【基本案情】

陈某宝、陈某撑合伙协议纠纷一案，经判决：陈某宝须支付给陈某撑合伙事项款项6386009.44元及利息。2020年1月13日，陈某撑申请执行。2021年2月26日，法院作出（2020）浙1002执517号之五执行裁定：拍卖被执行人陈某宝（占50%份额）与案外人王某某共同所有的坐落于浙江省宁波市海曙区××的不动产。2021年8月11日，浙江省台州市椒江区人民法院在淘宝网司法网拍平台发布涉案不动产拍卖公告（根据拍卖公告：涉案不动产建筑面积为

126.17平方米，为住宅性质），并于2021年9月13日至2021年9月14日进行公开拍卖，买受人陈某某以282万元最高价竞得。买受人陈某某于2021年10月9日签订拍卖成交确认书。2021年10月12日，法院作出（2020）浙1002执517号之七执行裁定：将坐落于浙江省宁波市海曙区××的不动产的所有权及相应的其他权利归买受人陈某某所有。

2021年8月13日，陈某宝和王某某向浙江省台州市椒江区民政局申请离婚登记。2021年10月12日，陈某宝和王某某签订《离婚协议书》，陈某宝取得离婚证。本案异议人陈某宝与涉案不动产的买受人陈某某系父子关系。

2021年10月27日，法院作出《关于被执行人陈某宝执行财产的分配方案》，该分配方案第四项表述为“本院拍卖所涉标的物时陈某宝与王某某并未离婚，而是在本院拍卖后办理了离婚手续，不符合发放安置费的情形”。陈某宝对上述分配方案不服，在法定期限内提起执行异议。

【案件焦点】

陈某宝是否符合发放安置费的标准。

【法院裁判要旨】

浙江省台州市椒江区人民法院经审查认为：执行法院保留安置费的初衷是解决被执行人因执行生效法律文书而导致的无房可住的问题。在被执行人因承受强制执行而导致其所有的居住房屋被法院处置时，对被执行人负有扶养、赡养、抚养等义务的人对被执行人基本生活应尽相关义务，如果这些义务人名下有其他能够维持生活必需的居住房屋，应提供给被执行人居住。在执行过程中，应当把握申请执行人的金钱债权与被执行人的生存权利间的平衡。结合本案，首先，2021年2月26日该院作出拍卖裁定时涉案不动产还登记于陈某宝与王某某名下，系夫妻双方共同财产。该院于2021年8月11日发布拍卖公告，陈某宝与王某某于2021年8月13日到民政局申请离婚，涉案不动产于2021年9月14日拍卖成交后，该院于2021年10月12日作出过户裁定，而陈某宝与王某某于2021年10月12日签署《离婚协议书》并完成离婚登记手续。该院在

《关于被执行人陈某宝执行财产的分配方案》第四项的表述为“本院拍卖所涉标的物时陈某宝与王某某并未离婚，而是在本院拍卖后办理了离婚手续，不符合发放安置的情形”。因此，从离婚时间来看，不排除异议人陈某宝有为领取安置费而进行离婚登记的可能性。其次，对被执行人有扶养义务的人，包括被执行人的配偶、成年子女、父母等依据法律规定，对被执行人负有扶养、赡养、抚养等义务的民事主体。本案的涉案不动产最终由陈某某买得，而异议人陈某宝与买受人陈某某系父子关系。不考虑陈某某名下是否有其他可居住房屋的情况下，仅就其买受拍卖所涉的不动产，作为对被执行人有扶养义务的人，其名下有能够维持生活必需的居住房屋，且该房屋建筑面积为126.17平方米，足够扶养义务人与被执行人共同居住。因此，该院执行生效法律文书并不会导致异议人陈某宝无房可住，也就没有保留安置费的需要。因此，陈某宝的异议请求不予支持。根据《中华人民共和国民事诉讼法》第二百三十二条（原第二百二十五条）之规定，裁定驳回异议人陈某宝的异议请求。

【法官后语】

目前法律法规对于如何为被执行人保留安置费，并没有作出明确具体的规定。仅有《最高人民法院关于人民法院办理执行异议和复议案件若干问题的规定》中，在审查被执行人以执行标的系本人及所扶养家属维持生活所必需的居住房屋的执行异议时，提到关于“五至八年租金”的情形。这条规定可借以参考适用。因此，安置费是为了保障被执行人唯一住房拍卖后的居住权利而存在的费用，并不是拍卖后必须保留的一种费用。要为其保留安置费，应当符合以下几方面条件：

一、被执行人无其他可供居住房屋

根据《最高人民法院关于人民法院民事执行中查封、扣押、冻结财产的规定》，对于超过被执行人及其所扶养家属生活所必需的房屋和生活用品，是可予以执行的。因此，在处置被执行人名下唯一住房时，可根据被执行人及其所扶养家属的情况，综合判断其房屋面积是否超出生活必需。对被执行人及其所扶养家属生活所必需的居住房屋，人民法院可以查封，但不得拍卖、变卖或者抵债。对于超过被执行人及其所扶养家属生活所必需的房屋和生活用品，则在保障被执行人及其所扶养家属最低生活标准所必需的居住房屋和普通生活必需品后，可予以执行。这里的“最低生活标准”应当包含以下两种情形：

1. 申请执行人按照当地廉租房保障面积标准为被执行人及其所扶养家属提供居住房屋，即被执行人有居住处。当然，这里的居住条件肯定与被执行人之前的居住条件有区别，仅是以当地廉租房保障面积为标准的居住房屋。如以户为单位，一人户按16平方米，2人户按30平方米，3人户按40平方米，4人以上户按50平方米认定。

2. 申请执行人同意参照当地房屋租赁市场平均租金标准从该房屋的变价款中扣除五年至八年租金。此时，即是给被执行人保留安置费。“五至八年租金”虽然是一个范围，但也给了执行人员根据案件的具体情况进行综合考虑的自由裁量权。对于被执行人配合财产处置的，则可以尽量多地为其保留安置费。

因此，在申请执行人为被执行人提供居住房屋或者同意保留租金的情况下，视为被执行人有可供居住的房屋。

二、对被执行人有扶养义务的人名下无可供居住房屋

对被执行人有扶养义务的人，是广义的“扶养”，包括被执行人的配偶、成年子女、父母等依据法律规定，对被执行人负有扶养、赡养、抚养等义务的民事主体。在被执行人因强制执行而导致其所有的居住房屋被拍卖时，对被执行人负有扶养、赡养、抚养义务的人对被执行人基本生活应尽相关义务。如果这些人名下有其他能够维持生活必需的居住房屋，应提供给被执行人居住。此种情形下，法院拍卖被执行人的唯一住房，被执行人基本的居住权仍能得以保障，并未违反执行适度原则。而在本案中，被执行人名下的房屋的买受人正是其子，其子对其本就有赡养的义务，且涉案房屋面积有126.17平方米，足够被执行人及其子一家人居住。

三、被执行人在执行依据生效后，没有为逃避债务转让其名下其他房屋的行为

被执行人转让其名下房屋既可能是有偿转让，也可能是无偿赠与，既可能

是正常交易，也可能是转移财产逃避债务。如果被执行人在执行依据生效前，或者非因逃避债务而转移财产，可能都不会构成本条所述的情形。因此，要通过对房屋对价是否合理、所得转让款项是否被隐匿，受让人与被执行人是否存在某种特定关系等方面进行综合认定。对于被执行人存在逃避债务而转让名下其他房屋的行为时，其转让其他房屋所得应当作为其生活保障，法院在分配唯一住房的拍卖款时，不应考虑为其保留安置费。就本案而言，被执行人在法院拍卖的同时进行离婚登记，而后提出自己无可供居住房屋，进而要求保留安置费。但其配偶并非被执行人，房屋拍卖后，其配偶的份额已返还，在其不离婚的情况下，应当足以租房居住。因此，尽管此处并非完全对应为逃避债务转让其他房屋的情形，但被执行人的行为已经体现出恶意。故不宜为其再保留安置费。

四、被执行人在拍卖款分配前提出书面申请

安置费应当依申请予以保留，且应当在拍卖款分配前提出。因为被执行人的履行能力不同，负债情况不同，包括履行心态不同，有些被执行人即便自己过得清苦些，也希望把所有拍卖款都分配给各债权人以早日偿清债务。因此，并非所有的被执行人都会申请保留安置费。是否需要安置费，应当由被执行人根据自己的情况，作出判断。需要保留安置费的，被执行人应当书面提出申请，并且在拍卖款分配前提出。即其安置费的申请也应当与其他债权申请参与分配的提出时间一致。对于被执行人未主动提出的，不应依职权保留安置费。笔者所在法院即存在因依职权保留安置费，而被执行人不来领取的情形。此种情况下，一方面，保留安置费的目的没有达到；另一方面，留存安置费后，债权人受偿不足，反而可能使未清偿债权的利息得以增加，更不利于债务早日偿清。

编写人：浙江省台州市椒江区人民法院　张佳莹

二、对动产的执行

12

挂靠船舶实际所有人的认定标准

——俞某文诉中某四航局第二工程有限公司等案外人执行异议之诉案

【案件基本信息】

1. 裁判书字号

最高人民法院（2020）最高法民再362号民事判决书

2. 案由：案外人执行异议之诉

3. 当事人

原告（执行案外人、被上诉人、再审申请人）：俞某文

被告（申请执行人、上诉人、再审被申请人）：中某四航局第二工程有限公司

被告（被执行人、被上诉人、再审被申请人）：青岛某钢航运有限公司

第三人：颜某召、青岛晟某航运有限公司

【基本案情】

中某四航局第二工程有限公司（以下简称中某公司）诉被告青岛某钢航运有限公司（以下简称某钢公司）、陈某斌定期租船合同纠纷一案中，中某公司申请对某钢公司的财产进行保全，广州海事法院作出民事裁定，对某钢公司名

下的"翔某 6"轮实施了扣押。俞某文认为其系"翔某 6"轮的实际所有人，对扣押船舶提出书面异议，要求法院解除扣押。经审查，海事法院作出执行裁定，驳回原告的异议请求。俞某文不服，遂提起案外人执行异议之诉。

【案件焦点】

1. 原告是否系"翔某 6"轮的实际所有人；2. 是否应当停止对"翔某 6"轮的执行。

【法院裁判要旨】

广州海事法院一审认为，原告俞某文与第三人颜某召的交易行为引起"翔某 6"轮的物权全部转让至原告，因并无证据证实被告某钢公司实际支付购船款并接受交付且原告一直实际占有船舶，故"翔某 6"轮挂靠并登记在被告某钢公司（原名老船长公司）名下并未引起该船舶物权发生实际变动，该轮的完全所有权仍归属原告。同时，原告作为"翔某 6"轮的实际所有人，具有排除一般债权人被告中某公司申请强制执行该轮的民事权益。一审法院依照《中华人民共和国物权法》第二条第三款、第二十四条，《中华人民共和国海商法》第九条第二款，《中华人民共和国民事诉讼法》第二百二十七条，《最高人民法院关于适用〈中华人民共和国民事诉讼法〉的解释》第一百一十四条、第三百一十二条的规定，判决确认登记在被告某钢公司名下的"翔某 6"轮系原告俞某文实际所有；不得执行"翔某 6"轮。

广东省高级人民法院二审认为，本案中，案涉船舶登记在某钢公司名下，就案涉船舶转让签订有多份买卖合同。实际履行的是 2010 年 5 月 11 日船舶买卖合同。故应认定案涉船舶的买方为某钢公司。游某、念某文、余某龙称转账给颜某召的相应款项系代俞某文支付购船款，不能排除俞某文为某钢公司支付购船款的可能，不能证明俞某文是案涉船舶的买方。与某钢公司签订挂靠协议的是晟某公司，俞某文与某钢公司之间没有直接的船舶挂靠关系，且船舶挂靠协议内容与船舶买卖合同及船舶登记情况相矛盾，不足以推翻船舶买卖合同及船舶登记。俞某文不因经营管理案涉船舶而对案涉船舶享有足以排除强制执行的民事权益。综上，原审确认案涉船舶系俞某文实际所有，判令不得执行案涉船舶不当，应予以纠正。

最高人民法院再审认为，案涉船舶签订有2010年5月6日、5月11日、5月14日、5月20日四份船舶买卖合同。上述四份合同中最终履行的是5月11日俞某文与颜某召签订的合同。“翔某6”轮于2010年5月26日完成交付。依照《中华人民共和国物权法》第二十三条的规定，船舶的所有权即发生变动。虽然船舶所有权登记证书显示船舶所有权人为某钢公司，但结合前述事实，本院认为俞某文于2010年5月26日取得“翔某6”轮的所有权。某钢公司在本案再审庭审中明确陈述其未曾委托俞某文代其向颜某召支付案涉购船款，其在厦门海事法院（2019）闽72民初323号案、（2019）闽72民初59号案中陈述案涉船舶归俞某文所有，故二审判决关于“游某、念某文、余某龙称转账给颜某召的相应款项系代俞某文支付购船款，不能排除俞某文为某钢公司支付购船款的可能，不能证明俞某文是案涉船舶的买方”的认定，缺乏依据，应予纠正。中某公司与某钢公司的债权债务关系，属于一般债权，与“翔某6”轮并无物权关系，不属于《中华人民共和国物权法》第二十四条和《中华人民共和国海商法》第九条的规定中“善意第三人”的范畴，中某公司要求执行俞某文实际所有的船舶，缺乏法律依据。俞某文作为“翔某6”轮的实际所有人，具有排除一般债权人中某公司申请强制执行该轮的民事权益。最高人民法院判决撤销广东省高级人民法院（2019）粤民终1079号民事判决；即日起解除广州海事法院依据（2017）粤72民初1113号之二民事裁定对“翔某6”轮的查封、扣押措施。

【法官后语】

该案的审理，确立了两被告之间的债权债务关系，属于一般债权，与案涉船舶并无物权关系，不属于《中华人民共和国物权法》第二十四条和《中华人民共和国海商法》第九条的规定中“善意第三人”的范畴，被告要求执行案外人实际所有的船舶，缺乏法律依据。案外人作为案涉船舶的实际所有人，具有排除一般债权人申请强制执行该轮的民事权益。同时在本案中还应该注意到，船舶挂靠是目前国内水路货物运输的普遍运营方式。根据《最高人民法院关于国内水路货物运输纠纷案件法律问题的指导意见》（以下简称《指导意见》），船舶挂靠是指没有运营资质的个体运输船舶的实际所有人，为了进入国内水路货物运输市场，规避国家有关水路运输经营资质的管理规定，将船舶所有权登记在具有水路运输经营资质的船舶运输企业名下，向该运输企业交纳管理费，并以该运输企业的名义从事国内水路货物运输活动的一种经营方式。《指导意见》还确立了船舶挂靠在合同和侵权案件中的处理原则：针对合同纠纷，应当坚持合同相对性的基本原则，根据合同的签订主体和合同的履行等基本事实，准确认定合同当事人；针对侵权纠纷，原则上挂靠船舶的实际所有人和被挂靠企业应当承担连带赔偿责任。由于目前我国国内航运市场中，船舶挂靠现象大量存在，导致船舶物权管理混乱，严重降低船舶监管的有效性，对船舶的安全营运产生不良影响，也滋生船舶营运的不正当竞争，不利于航运市场的健康有序发展。船舶挂靠规避监管的目的明显，应属于《中华人民共和国民法典》第八条规定的违背公序良俗的民事法律行为或损害社会公共利益行为。船舶挂靠通过签订船舶挂靠协议以营造合法“外观”获得合法经营资格，进而规避税收、贷款、安全管理等法律法规的目的较为明显，因此船舶挂靠有通谋虚伪表示行为嫌疑。由于挂靠船舶的权利外观与实际情况不一致，交易双方的成本以及风险大幅提升，也在司法实践中产生纠纷。本案被告中某公司在采取扣押船舶的程序性案件中衔接了确认船舶所有权的实体纠纷案件，大大增加了当事人之间纠纷的时间跨度和诉讼成本，应引起航运业各方特别是挂靠人、船舶实际所有人的高度重视和警惕，不能心存侥幸。本案一审判决是在2018年作出，到最终生效已是2021年，实际所有人的船舶也在作出再审判决前另案中被拍卖。最终承担损失的还是实际所有人。

该案的审理，既表明了审判机关依法保护涉海企业、个人的合法权益的鲜明态度，同时也为规范我国海上、内河航运市场的合法合规有序发展作出了明确指引，提醒航运从业者合规经营、诚信履行合同。

编写人：广东省广州海事法院　林依伊

13

恢复执行后，执行和解中以物抵债履行部分的依法扣除问题

——北京万某商贸有限公司与张某飞等买卖合同案

【案件基本信息】

1. 裁判书字号

北京市顺义区人民法院（2020）京0113民初2521号民事判决书

2. 事由：买卖合同纠纷

3. 当事人

申请执行人：北京万某商贸有限公司

被申请执行人：臧某钧、张某飞、北京嘉某装饰工程有限公司

【基本案情】

北京万某商贸有限公司诉北京嘉某装饰工程有限公司、臧某钧、张某飞、北京阳某机电设备安装有限公司买卖合同纠纷一案，北京市顺义区人民法院于2020年11月28日作出（2020）京0113民初2521号民事判决书，判决被告北京嘉某装饰工程有限公司给付原告北京万某商贸有限公司货款人民币344478元，并支付违约金，被告臧某钧、张某飞对上述债务承担连带偿还责任。因三被执行人逾期未履行生效法律文书确定的义务，申请执行人于2021年3月24日向北京市顺义区人民法院申请强制执行。

2021年5月20日，申请执行人与三被执行人达成执行和解，和解协议内容为：1. 被执行人给付申请执行人执行案款本金及违约金共计390000元，则本案再无任何其他争议和纠纷。2. 具体给付方式为：被执行人于2021年5月31日前将其名下某京牌捷豹小型汽车过户至申请执行人指定方名下，冲抵案款

150000 元；被执行人于 2021 年 5 月 31 日前给付申请执行人 120000 元，于 2021 年 6 月 20 日前给付申请执行人余款 120000 元。3. 被执行人如未按照上述第 2 条约定期限给付任意一期案款，则不再执行本和解协议，继续按照（2020）京 0113 民初 2521 号判决书确定的义务执行……双方当事人向法院呈交和解协议一份并将和解事项记入笔录，本案于 2021 年 5 月 20 日依法终结执行。

2021 年 8 月 23 日，因被执行人未按照和解协议约定支付最后一期款项 120000 元，申请执行人向法院申请恢复执行。立案恢复执行后不久，被执行人便将案款 120000 元打入申请执行人账户，向本院告知其已履行完毕，要求结案。而申请执行人则要求按照原判决执行，其主张：按照原判决，被执行人应当给付申请执行人共计 390000 元，现被执行人已支付 240000 元，而被执行人向申请执行人抵债的车辆价值只有 140000 元，和解阶段同意被执行人用车辆抵债 150000 元是因为信赖被执行人能按时履行和解协议，现被执行人并未按照和解协议确定的时间履行，故根据和解协议第 3 条，不再执行本和解协议，该协议应视为自始不存在，被执行人应当再支付 10000 元，才能视为履行完毕。双方由此产生争议。

【案件焦点】

1. 执行和解的瑕疵履行中已履行部分的效力；2. 执行和解中以物抵债在瑕疵履行时进行据实扣除的认定方法；3. 执行和解中当事人合意能否排除司法解释的强制性规定。

【法院裁判要旨】

根据《最高人民法院关于执行和解若干问题的规定》（以下简称《规定》）第九条的规定，被执行人一方不履行执行和解协议的，申请执行人可以申请恢复执行原生效法律文书。本案中申请执行人出于自身利益最大化的考虑，主张不按照和解协议执行而恢复对（2020）京 0113 民初 2521 号民事判决的执行，符合法律规定。故恢复执行后，法院应当以申请执行人主张的 390000 元为执行标的额。但恢复执行时，被执行人已经将和解协议约定的“过户车辆”和“给付第一笔 120000 元”两项内容履行完毕。根据《规定》第十七条规定，恢复执行后，执行和解协议已经履行部分应当依法扣除。故执行标的额应当调整为扣减 120000 元和车辆价值后的余额。

法院经审理认为，双方当事人在和解协议中已明确约定了以过户车辆的方式抵偿 150000 元的合同债款，此约定系当事人真实的意思表示，应受法律保护。被执行人已经在约定的期限内完成该车辆的过户行为，应当视为已完成对该项内容的履行。执行案款应视为相应减少 150000 元。申请执行人提出的“恢复对原判决的执行后，对车辆的价值认定不应当再遵循和解协议而应当遵循车辆的市场价值”主张，于法无据，本院不予支持。故法院最终认定被执行人已按照原判决全部履行完毕，裁定执行完毕结案。

【法官后语】

本案的关键点在于案件恢复执行后，被执行人已按照和解协议履行的以物抵债的部分应当如何扣除。执行和解协议是双方在执行阶段基于真实的意思表示，为妥善处置自身民事权益和利益自愿达成的合意，具有合同的属性，在未违反法律强制性规定的前提下，合同内容应当受到法律的保护。

而本案中，双方当事人在和解协议内并未对所过户车辆的价值合意作出条件性假设，即申请执行人并未示明被执行人只有严格按照和解协议约定的内容按期履行完毕，才同意将所过户车辆视为价值 150000 元，如被执行人未按期履行，恢复执行后，在扣除已履行部分时，只能按照车辆在过户时的市场价格即 140000 元认定其价值。故而在没有当事人合意依据和法律规则依据的前提下，应当遵循民法典基本原则合理确定各方的权利和义务。在支持申请执行人的主张的前提下，可能带来的风险点推演如下：

推演一　申请执行人因对该车辆的价值有着偏高预期，在被执行人未对车辆价值作出欺诈等干扰判断行为的前提下，其同意达成和解协议，车辆过户后，发现车辆价值远低于预期值，从而主张 10000 元额外补偿。此情况下，申请执行人基于获得超额收益的动机与被执行人达成和解协议，后因自己判断失误导致自身亏损，因动机错误不构成对于合意内容的重大误解，故由此产生的风险应由自己承担。

推演二　申请执行人对车辆价值估计正确，但过户后因车辆受损或市场原因导致车辆价值大跌，申请执行人反悔，借被执行人尚未履行最后一笔款项而恢复执行。此情况下，申请执行人已基于真实的意思表示，认同车辆价值在150000元及以上，被执行人基于信赖保护按期履行过户义务，随后，车辆毁损、灭失及价值减损的风险已由被执行人转移至申请执行人。支持申请执行人则无异于允许其公然违约及帮助其转嫁标的物价值减损的风险至被执行人，是对交易安全的破坏，更违反了民法典的相应规则。

推演三　申请执行人在过户车辆后故意或过失低价出售车辆，在恢复执行时主张车辆的低价值，从而要求额外补偿。此情况下，申请执行人违背了民法典确定的诚信原则，且侵犯了被执行人的合法权益，不应当予以支持。

推演四　如按照申请执行人的主张，以车辆的市场价值确定扣除标准，申请执行人在车辆市场价值低于150000元时有权要求额外的补偿，那么如果申请执行人以高于150000元的成交价出售该车辆，是否应当将高出部分作为不当得利返还被执行人？显然申请执行人不会同意，法律上对此也未给被执行人相应的救济渠道。故如支持申请执行人，就违反了公平原则。

因而，申请执行人未将特殊约定内容记入和解协议，主观上存在过失，考虑到可能带来的多重法律风险，不应当支持其未在和解协议上落实的主张。对于已过户车辆的抵债额，还是应当按照被执行人在和解协议中约定的150000元确定。

另《规定》第十七条明确规定，恢复执行后，执行和解协议已经履行部分应当依法扣除。该条款为强制性条款，认可和解协议已履行部分所对应的约定内容的效力，该条款不得以双方的合意方式排除适用，故当事人在和解协议中约定的“被执行人未按和解协议履行，和解协议视为自始不存在”条款，法院不予支持。

编写人：北京市顺义区人民法院　吴嘉宝

三、对金钱和账户的执行

14

未成年子女抚养费执行中对教育费的认定问题

——钟某华诉张某军执行异议案

【案件基本信息】

1. 裁判书字号

湖南省长沙市中级人民法院（2022）湘01执复134号执行裁定书

2. 事由：执行异议

3. 当事人

申请执行人：钟某华

被申请执行人：张某军

【基本案情】

原告钟某华与被告张某军离婚纠纷一案，湖南省长沙市岳麓区人民法院于2017年10月30日以（2017）湘0104民初4922号民事判决书判决如下：一、原告钟某华与被告张某军自本判决生效之日起即解除婚姻关系。二、婚生子张甲由原告钟某华直接抚养，被告张某军从2014年2月开始每月承担张甲1000元生活费至张甲具有独立生活能力之日止，在此期间的教育费、医疗费由原被告凭票据各承担一半。本案案件受理费800元，由原告钟某华承担。

2021年5月26日，钟某华向法院申请强制执行，要求张某军支付生活费27000元，教育费125095元，医疗费288元。法院立（2021）湘0104执6163号执行案件。在执行过程中，钟某华向法院提交了支付张甲各种培训班的收据共计20张，培训费、住宿费、生活辅导服务费、医药费等发票5张。

2021年8月24日，被执行人张某军向该院提出执行异议，法院作出了（2021）湘0104执异207号执行裁定书，钟某华不服该裁定，提出复议，湖南省长沙市岳麓区人民法院作出（2021）湘01执复496号执行裁定书，该裁定依据《最高人民法院关于人民法院立案、审判与执行工作协调运行的意见》第十五条规定，书面征询审判部门的意见，由审判部门书面答复或者裁定予以补正，裁定撤销（2021）湘0104执异207号执行裁定书、发回该院重新审查。

2022年3月15日，湖南省长沙市岳麓区人民法院执行局向该院民一庭发出（2021）湘0104执7656号工作联系函，征询关于“婚生子张甲由原告钟某华直接抚养，被告张某军从2014年2月开始每月承担张甲1000元生活费至张甲具有独立生活能力之日止，在此期间的教育费、医疗费由原被告凭票据各承担一半”中的“教育费”，是否包括培训费。2022年3月17日，本院民一庭向该院执行局回函，表示：审判实践中，对于上述教育费的含义一般理解为基本的教育费，即支付给子女就读学校的相关费用。关于基本教育费之外的教育费费用，应考虑支出的原因与具体数额，同时兼顾夫妻双方的利益公平。具体来说：首先应当审查该费用是否属于因未成年人合理需求产生的支出，法律不鼓励超前的或者奢侈的抚养需求；其次应考虑夫妻的经济能力与实际负担义务，未成年人的抚养费需求应与父母的经济承受能力相符。为保护未成年人利益，促进未成年人身心的全面发展，可以适当鼓励未成年人根据个人天赋与爱好参与一定的课外辅导课程，但基本教育费之外的教育费支出，原则上应征得不直接抚养小孩一方的同意或让其知情。综上，本案申请执行人主张的教育费中超出基本教育费范畴以外的费用原则上应不予以支持。在目前国家实行“双减”教育政策的环境下，对于学科类的教育培训费，均不应予以支持。

【案件焦点】

夫妻双方离婚后，对于未成年子女的教育费在执行过程中如何认定。

【法院裁判要旨】

湖南省长沙市中级人民法院经审理认为，本案争议的焦点是涉案判决教育费涵盖的范围。对此，依据《最高人民法院关于人民法院立案、审判与执行工作协调运行的意见》第十五条规定，作出（2021）湘01执复496号执行裁定书，要求就本案执行书面征询审判部门的意见，由审判部门书面答复或者裁定予以补正，现岳麓区法院执行局发函征询审判业务部门该判项内的“教育费”是否包括培训费，审判业务部门给出了明确的答复，即本案申请执行人主张的教育费中超出基本教育费范畴的费用原则上应不予以支持。但考虑到本案判决支付教育费的时间跨度较长，且“双减”政策之前确有相应教育培训的实际。同时，考虑被执行人张某军的现实状况，本院认为酌情支持教育费5万元为宜。综上，复议申请人钟某华的复议理由部分成立。依照《最高人民法院关于人民法院办理执行异议和复议案件若干问题的规定》第二十三条第一款第二项之规定，裁定如下：

一、维持湖南省长沙市岳麓区人民法院（2022）湘0104执异77号执行裁定第一项；

二、变更湖南省长沙市岳麓区人民法院（2022）湘0104执异77号执行裁定第二项为：支持异议人张某军要求不予承担教育费75095元（125095元-50000元）的异议请求。

【法官后语】

准确界定抚养费的范围。《中华人民共和国婚姻法》（以下简称《婚姻法》）[①] 第三十七条将父母支付的费用笼统列举为“必要的生活费和教育费”，与该法第二十一条第二款“父母不履行抚养义务时，未成年的或不能独立生活

① 本法已失效，下文不再提示。

的子女，有要求父母付给抚养费的权利”中采用“抚养费”的表述方式有所区别。未成年或不能独立生活的子女要求父母给付抚养费，是法律规定赋予子女的权利，这种抚养费请求权的基础是父母子女关系，父母的婚姻关系存续状态对权利不产生任何影响。《婚姻法》这种前后表述的不一致，实际上产生了父母的婚姻关系存续状态影响子女抚养费请求权的后果，《中华人民共和国民法典》修改了《婚姻法》第三十七条的表述，改为“抚养费”，应认定包含但不限于生活费、教育费、医疗费等作为保障子女基本生活和智能、身体均衡发展的基本条件的费用。

对人民法院来说，当夫妻双方无法通过自行协商确定子女抚养费的分担，需要借助司法权实现未成年子女的抚养费权利时，人民法院应当以子女最大利益为首要的考量因素。具体而言，抚养费的分担需：(1) 满足子女的生活、教育、医疗等方面的需要；(2) 符合当地的实际生活水平；(3) 父母双方根据各自实际负担能力合理分担。审判实践中，人民法院可能会遇到父母双方经济条件相差较大，离婚后子女的生活环境、生活条件将发生较大变化的情况。此时，人民法院应当在尽量保护子女利益的基础上，尽可能使抚养费既能满足子女的实际需要，又不至于给父母双方造成过重负担或使抚养费成为变相的财产分割手段，使父母双方得以适当、均衡负担。

在抚养费执行的实践过程中，生效法律文书对生活费有明确规定，故较少产生争议。如父母双方因生活条件、经济状况等发生变化，要求增加或减少不直接抚养小孩一方给付的生活费金额，可告知其另行起诉主张权利，该申请事项不在执行阶段进行处理。

抚养费执行难点是教育费认定问题，应注意区分基本教育费和基本教育费之外的教育费费用。小初高阶段的学费、补课费、书本费、生活费、学习用具费、医疗保险费等与学习教育相关的支出费用均属于基本教育费，该部分产生的金额一般较低，执行实践中争议较小，故对该部分费用的执行应予支持。

对于学科类教育培训费及课外兴趣班培训费等属于基本教育费之外的教育费部分，实践中往往金额较大，如超出不直接抚养小孩一方的经济能力，容易造成执行困难，加深父母间的矛盾，对未成年子女造成不利影响。对此，执行部门可依据《最高人民法院关于人民法院立案、审判与执行工作协调运行的意见》第十五条的规定，与审理部门进行沟通，由审判部门书面答复或裁定予以补正。对于基本教育费之外的教育费费用，首先应当审查该费用是否属于因未成年人合理需求产生的支出，抚养小孩一方不能滥用直接抚养小孩的便利条件，需考虑未成年子女的实际情况，必要时执行法官可向未成年子女了解情况，保证父母对子女在物质生活条件上均尽到养育和照料的义务。其次应考虑夫妻的经济能力与实际负担义务，未成年人的抚养费需求应与父母的经济承受能力相符。在尊重子女意愿的前提下，可以在夫妻经济能力相适应的情况下适当参加兴趣爱好班及教育培训班。最后基本教育费之外的重大教育费支出，应征得不直接抚养小孩一方的同意。在目前国家实行“双减”教育政策的环境下，对于学科类的教育培训费及课外培训费等属于基本教育费范畴以外的费用，不直接抚养小孩一方不知情或明确表示拒绝的情况下，原则上应不予以支持。

离婚夫妻双方均应相互体谅，考虑双方经济条件，尽量做到量入为出，尽己所能为孩子的健康成长创造良好条件，不能毫不体谅对方的承受能力，一旦发生纠纷，都将不可避免地影响到双方的正常生活和子女的健康成长。

编写人：湖南省长沙市岳麓区人民法院　郭曙　杨晶辉

15

抚养费纠纷执行中被执行人主张债务消灭应提起债务人实体异议而非另诉

——宋某某与张某乙执行异议案

【案件基本信息】

1. 裁判书字号

北京市第一中级人民法院（2021）京01执复32号执行裁定书

2. 事由：执行异议

3. 当事人

异议人（被申请执行人）：宋某某

申请执行人：张某乙

【基本案情】

宋某某（男）与张某甲（女）原系夫妻，二人于2004年9月28日登记结婚，婚后育有一子，即张某乙。2008年4月3日，双方签订《离婚协议书》，约定张某乙由女方抚养，男方每年支付抚养费12000元，同日二人登记离婚。

张某乙与宋某某抚养费纠纷一案，北京市昌平区人民法院于2012年7月29日作出（2012）昌民初字第09325号民事判决书，判决：一、被告宋某某在约定的抚养费之外，另行承担原告张某乙学费的三分之二，于每年九月的十日前付清，金额以相应票据为准；二、驳回原告张某乙的其他诉讼请求。后张某乙不服一审判决，提出上诉，北京市第一中级人民法院作出（2012）一中少民终字第14618号民事判决书，判决驳回上诉，维持原判。

2020年8月13日张某乙向本院申请强制执行，要求宋某某负担以下费用：

1. 2012 年 1 月至 2020 年 8 月抚养费共计 104000 元，已支付 32000 元，剩余 72000 元；2. 学费（包括某附中学费、乒乓球培训费及参赛费、美术培训费、英语培训费等）共计 387033 元，三分之二为 258022 元，已支付 76000 元，剩余 182022 元，以上两项共计 254022 元；3. 支付本案执行费。

宋某某向本院提出异议，请求不予执行上述款项。理由如下：一、该案已过诉讼时效；二、张某甲 2011 年向异议人借款 3 万元，并出具借条，约定如到期未还，则自动转为抚养费，抚养费的起止日期为 2020 年 1 月至 2022 年 6 月，故其已负担了应付的抚养费；三、九年义务教育期间，未经异议人同意，张某甲为孩子选择了学费高至 5. 2 万元/年的北外附中，其有权拒绝支付，但从有利于孩子成长，化解矛盾出发，2018 年 8 月全额支付 5. 2 万元学费，2019 年 8 月全额支付 5. 2 万元学费，远超判决约定；四、申请执行人课外兴趣班票据费用，属于非必需且有限教育费用范畴，没有法律依据。

【案件焦点】

1. 抚养费纠纷执行中被执行人主张债务消灭等实体事由是否能在执行异议程序中审查；2. 申请执行抚养费的请求是否已超过相关时效规定；3. 超出国家规定的全日制教育费用之外的教育性支出是否应获得支持。

【法院裁判要旨】

北京市昌平区人民法院经审理认为：一、抚养费的给付应当按时、定期、连续，宋某某虽支付了部分费用，但张某乙并不认可其主张的给付期间，且支付抚养费属于宋某某的法定义务，关涉到未成年子女的基本生活和受教育的权利，故宋某某以张某乙的请求已过诉讼时效为由进行抗辩，不予认可。二、父母作为未成年子女的监护人，除为维护被监护人利益外，不得处分被监护人的财产。审查中，宋某某提交证据证明其与张某甲之间存在借款，张某甲亦为此打了借条，但不得因此而损害张某乙的财产权利，故对于宋某某主张其与张某甲之间的借款已抵销部分抚养费的异议请求，不予支持。三、学费方面，除基础教育支出外，还有部分是参加兴趣班、校外培训的费用，上述费用均与张某乙的学习成长密切相关且已实际支出，张某乙亦提交了相关票据佐证，故宋某某主张参加课外兴趣班的相关费用不属于必要教育支出而拒绝支付，没有依据。

北京市昌平区人民法院依照《中华人民共和国民事诉讼法》第二百二十五条①的规定，作出如下裁定：

一、宋某某提出的异议部分成立，（2020）京0114执7459号案件应执行金额为205413元；

二、驳回宋某某的其他异议请求。

宋某某不服上述裁定，提起复议。北京市第一中级人民法院经审查认为：本案中，作为执行依据的（2012）昌民初字第09325号民事判决书已对离婚后宋某某所应承担的抚养费及教育费进行了确认，宋某某应依法履行其对张某乙的抚养、教育义务。张某乙关于要求宋某某支付其参与校外培训及参与课外兴趣班的费用的请求不超过本案执行依据确认的范围，宋某某以参加课外兴趣班的相关费用不属于必要教育支出为由拒绝支付，于法无据，不予支持。宋某某所提复议请求中经原审审查的部分，北京市第一中级人民法院予以确认。

北京市第一中级人民法院依照《最高人民法院关于人民法院办理执行异议和复议案件若干问题的规定》第二十三条第一款第一项的规定，裁定如下：

驳回宋某某提出的复议申请，维持原审裁定。

【法官后语】

实践中存在大量在执行依据生效后，因被执行人主张对申请执行的债权存在履行、和解、抵销等消灭债的实体事由而提起的异议，即债务人实体异议。作为在执行程序中保障债务人实体权利的重要救济途径，在大陆法系部分国家是通过债务人异议之诉的方式实现，而我国暂无此类异议之诉，故将其作为一种特殊的异议类型，参照适用《中华人民共和国民事诉讼法》第二百三十二条规定的程序审查。

债务人异议因涉及债权存在与否，具有排除执行依据执行力的效能，故在

① 现为《中华人民共和国民事诉讼法》第二百三十二条。

审查中，虽采取执行异议——执行复议的救济程序，但法院应当依法对该类案件进行实体审查，结合实体法相关规定并合理运用证据规则，依法保护各方当事人在执行程序中的权益。本案执行依据为抚养费纠纷，即关于抚养费等的相关给付要求已经生效法律文书予以确认，被执行人无论是主张诉讼时效抗辩，还是主张其已实际支付，目的均为消灭债权人之请求权，属于典型的债务人异议，可通过执行异议程序审查，无需另诉。

关于时效问题。在诉讼时效方面，区别于普通诉讼时效，《中华人民共和国民法典》对未成年子女对其法定代理人的请求权有其特殊规定，诉讼时效自法定代理终止之日起计算，而对于抚养费，更是不适用诉讼时效的相关规定。这些特殊规定的出发点和落脚点均在于保障未成年子女对其法定代理人行使请求权，进而维护其自身权益。从抚养费的性质来看，其属于具有财产利益内容的身份权请求权，且事关公序良俗和人的基本生存权利，事关未成年人的利益保护，给付抚养费的请求权不适用诉讼时效的规定，亦不应适用申请执行时效的规定，在执行司法解释没有规定或者其他相关规定不明确的情况下，应当适用基本法的原则性规定。本案中，张某乙提出强制执行申请时尚未成年，其与宋某某的抚养法律关系尚在存续期间，故宋某某以超过时效作为抗辩事由，不予支持。

关于相关教育费用应否支付的问题。从抚养费的内容来看，包括必要的生活费、教育费、医疗费等费用，具体数额应主要根据当地实际生活水平和子女实际需要确定，同时考虑父母实际负担能力。而课外补习费、培训费等超出国家规定的全日制教育费用之外的教育性支出，应根据客观教育环境、收入情况、支出数额等因素综合判断，在现阶段强调多元发展的大背景下，在义务教育之余，为子女支付兴趣班、培训班等费用几乎已成常态，如一味强调须父母双方协商一致否则不予支持，对于直接抚养孩子或主动支付相关费用的一方则有失公允。本案中，张某乙向宋某某主张的相关教育费用，系自执行依据生效后近十年的支出，金额并未超出教育性支出的合理范畴，且该费用均与张某乙的学习成长密切相关并已实际支出，综合考虑到张某乙的抚养、成长情况以及宋某某的收入状况，法院驳回了宋某某不应支付该费用的主张。

本案另涉及父母双方的借款能否折抵抚养费的问题。父母作为未成年子女的监护人，除为维护被监护人利益外，不得处分被监护人的财产。故宋某某该项主张，实际是对张某乙财产权利的折损，法院不予支持。

编写人：北京市昌平区人民法院　刘有昌　姜竹青

16

金钱之债执行回转返还孳息计算标准

——湖南华菱某源钢铁有限公司与江苏玉某钢管股份有限公司执行回转案

【案件基本信息】

1. 裁判书字号

江苏省无锡市惠山区人民法院（2021）苏0206执2745号执行裁定书

2. 事由：执行回转

3. 当事人

申请人：湖南华菱某源钢铁有限公司（以下简称某源钢铁公司）

被申请人：山东玉某黄金股份有限公司（以下简称玉某公司）

【基本案情】

江苏省无锡市惠山区人民法院执行的江苏玉某钢管股份有限公司（以下简称玉某钢管公司）与被执行人无锡大某物资贸易有限公司（以下简称大某贸易公司）、某源钢铁公司买卖合同纠纷一案，因据以执行的本院（2014）惠前商初字第00140号民事判决书被江苏省高级人民法院（2018）苏民再383号民事判决书变更，本案申请执行人不再承担相应的民事责任，即原判中大某公司、某源钢铁公司于判决发生法律效力之日起三十日内向玉某公司交付货物，大某公司、某源钢铁公司于判决发生法律效力之日起十五日内向玉某钢管公司支付逾期交付的违约金，大某公司于判决发生法律效力之日起十五日内向玉某钢管公司开具金额为7795671.75元增值税专用发票中的某源钢铁公司不再承担责任；故申请执行人某源钢铁公司向本院申请执行回转。

某源钢铁公司执行回转的请求为：1. 原玉某钢管公司的执行回转责任由玉某公司承继；2. 玉某公司向某源钢铁公司返还在（2016）苏0206执1399号执行案件中收到的卷板7120.787吨；3. 某源钢铁公司向玉某钢管公司支付的2467600元违约损失的返还及其相应孳息（孳息的计算标准按同类银行贷款利率计算）的返还；4. 某源钢铁公司向玉某钢管公司开具增值税专用发票而支付税金3578317.21元损失由玉某公司承担；5. 玉某公司向某源钢铁公司返还玉某钢管公司2016年执行过程中收到的7120.787吨卷板的法定孳息。

【案件焦点】

执行回转过程中返还2467600元违约损失的孳息计算标准。

【法院裁判要旨】

江苏省无锡市惠山区人民法院经审理认为：关于孳息计算标准是按银行同类活期银行存款利率还是按银行同类贷款利率计算的争点，执行回转制度作为利益回补机制，宜从原申请执行人占有使用该标的后的用途，原申请执行人、被执行人融资成本等方面综合考量。本案双方的主体均为以营利为目的的企业法人，作为利益回补机制的执行回转中孳息的计算标准，本案宜按银行同类贷款利率标准计算。

江苏省无锡市惠山区人民法院依照《中华人民共和国民事诉讼法》第二百三十三条、《最高人民法院关于适用〈中华人民共和国民事诉讼法〉的解释》第四百七十六条、《最高人民法院关于人民法院执行工作若干问题的规定（试行）》第六十五条的规定，裁定如下：

一、玉某公司应在本裁定生效之日起三十日内向某源钢铁公司返还在执行程序中取得的卷板7120.787吨（具体材质、规格、重量等详见清单）；

二、玉某公司应在本裁定生效之日起十日内向某源钢铁公司返还2467600元及其孳息（以2467600元为基数，自2016年12月9日起至2019年8月19日止按中国人民银行同期同档贷款基准利率计算，自2019年8月20日起至实际给付之日止按全国银行间同业拆借中心同期同档贷款市场报价利率计算）；

三、驳回某源钢铁公司其他执行回转请求。

【法官后语】

执行回转是指在民事执行过程中或执行结束后，由于据以执行的法律文书被依法撤销或变更，人民法院根据当事人申请或依职权，将已经执行的财产一部分或全部，返还给被执行人的法律制度。执行回转实质上是对案件的再执行。

执行回转的范围包括原申请执行人取得的财产及其孳息，但不包括赔偿损失。如果原被执行人请求原申请执行人赔偿损失，应另诉主张。执行回转中孳息与原物一并返还。

本案在执行回转过程中主要的争议焦点为某源钢铁公司向玉某钢管公司支付的2467600元违约损失的返还的相应孳息的计算标准问题。产生此问题的根源在于《最高人民法院关于人民法院执行工作若干问题的规定（试行）》要求取得财产的原申请执行人不仅应当返还已经取得的财产，还要返还孳息，但对如何计算返还的孳息未作相关规定，实践中也往往引发争议。现阶段实践中主要的做法有四种：第一种观点认为，执行回转程序中应将孳息的认定标准参照中国人民银行同期贷款利率标准计算，带有惩罚性质，这也是多数执行回转申请人的观点；第二种观点认为，执行回转程序中的被执行人因原执行程序获得财产为不当得利性质，孳息的认定标准应当考虑通常可能收取的收益，参照中国人民银行定期存款利率标准计算，带有补偿性质；第三种观点在第二种观点的基础上，认为应参照中国人民银行活期存款利率标准计算，带有补偿性质，这也是多数执行回转被执行人的观点；第四种观点认为，孳息问题是一个典型的涉及双方当事人实体权利义务关系的问题，也是一个典型的具有诉的性质的争议问题，只能由审判程序解决，执行回转不应审查，而应另诉解决。

本院经合议认为，执行回转中对于金钱之债孳息的返还金额应当首先征求双方当事人的意见，如果当事人能协商一致，按照双方协商的结果进行处理；协商不成的，应当结合执行回转的发生原因、受损失的程度等因素综合考量。本案中，由于双方均为商事主体，综合考量原申请执行人占有使用该标的后的用途，原申请执行人、被执行人融资成本等方面问题，故本案宜按银行同类贷款利率标准计算孳息。实践中一般采用的第一、二、三种观点均应结合具体的案情在金钱之债的执行回转中综合予以考量，不应予以绝对化。至于第四种观点，笔者认为，如果当事人对孳息或范围有争议且在执行回转程序中由执行机构进行确定存在事实和法律障碍的，可由当事人就孳息的数额或范围问题另行诉讼，但并不是一遇到执行回转当事人对孳息有争议就不予以审查，让双方当事人另行诉讼，这样不仅会事实上架空《中华人民共和国民事诉讼法》执行回转中关于返还孳息的规定，还会增加当事人的诉累。对于一般金钱之债的执行回转，可以在综合考虑执行回转的发生原因、受损失的程度等因素后分别按第一、二、三种观点中的孳息计算方式在执行回转裁定中予以明确，如当事人有异议，可通过执行异议与复议程序予以救济，因一般只涉及孳息按何种标准予以计算的问题相对明确且不涉及事实问题；对于一些其他执行回转中自然孳息或法定孳息双方产生事实上的争议的（如自然孳息的量、法定孳息的计算基础、孳息起算的时间点等），因涉及执行程序与审理程序的功能定位，为更好保护当事人的权益，在执行程序中不应予以审查，而应另行诉讼解决。

编写人：江苏省无锡市惠山区人民法院　倪乔怡

17

财产孳息的范围及财产被占用期间利率的计算

——广州医某集团有限公司、广州王某吉大健康产业有限公司诉武汉加某宝饮料有限公司执行回转案

【案件基本信息】

1. 裁判书字号

湖南省高级人民法院（2020）湘执复64号执行裁定书

2. 事由：执行回转

3. 当事人

异议人（被执行人）：广州医某集团有限公司（以下简称广药集团公司）、广州王某吉大健康产业有限公司（以下简称王某吉公司）

申请执行人：武汉加某宝饮料有限公司（以下简称加某宝公司）

【基本案情】

加某宝公司与广药集团公司、王某吉公司、湖南丰某商贸有限公司、潇湘某报社虚假宣传纠纷一案，湖南长沙市中级人民法院（以下简称长沙中院）于2015年8月17日作出（2013）长中民五初字第00308号民事判决：一、确认被告加某宝公司发布的包含"全国销量领先的红罐凉茶改名加某宝""全国销量领先的红罐凉茶——加某宝""中国每卖10罐凉茶，7罐加某宝"广告词的宣传行为构成不正当竞争的虚假宣传行为；二、被告加某宝公司于本判决生效之日起立即停止在《潇湘某报》上发布包含"全国销量领先的红罐凉茶改名加某宝""中国每卖10罐凉茶，7罐加某宝"广告词的广告以及立即停止使用并销毁印有"全国销量领先的红罐凉茶改名加某宝""全国销量领先的红罐凉茶

——加某宝”广告词的产品包装；三、被告湖南丰某商贸有限公司于本判决生效之日起立即停止销售包装上印有“全国销量领先的红罐凉茶改名加某宝”“全国销量领先的红罐凉茶——加某宝”广告语的加某宝凉茶；四、被告加某宝公司于本判决生效之日起十日内赔偿原告广药集团公司、王某吉公司经济损失共计人民币9022978.7元；五、被告加某宝公司于本判决生效之日起十日内赔偿原告广药集团公司、原告王某吉公司律师费、公证费等合理维权费用共计人民币239779元；六、驳回原告广药集团公司、原告王某吉公司的其他诉讼请求。如果被告加某宝公司未按本判决指定的期间履行金钱给付义务，应当依照《中华人民共和国民事诉讼法》第二百五十三条之规定，加倍支付迟延履行期间的债务利息。本案案件受理费人民币82600元，由被告加某宝公司负担。

广药集团公司、王某吉公司以及加某宝公司均对上述判决不服，向湖南省高级人民法院（以下简称湖南高院）提起上诉。湖南高院于2016年8月19日作出了（2016）湘民终94号民事判决：一、维持长沙中院（2013）长中民五初字第00308号民事判决第一、二、三、五、六项；二、变更判决第四项“被告加某宝公司于本判决生效之日起十日内赔偿原告广药集团公司、王某吉公司经济损失共计人民币9022978.7元”为“加某宝公司于本判决生效之日起十日内赔偿广药集团公司、王某吉公司经济损失共计人民币600万元”，一审案件受理费82600元，二审案件受理费82600元，共计165200元，由加某宝公司负担109000元，由广药集团公司、王某吉公司共同负担56200元。二审判决生效后，加某宝公司依据上述判决支付了广药集团公司、王某吉公司6239779元。

加某宝公司仍不服，向最高人民法院（以下简称最高院）申请再审。最高院经审理于2019年5月28日作出了（2017）最高法民再155号民事判决：一、撤销湖南高院（2016）湘民终94号民事判决；二、撤销长沙中院（2013）长中民五初字第00308号民事判决；三、加某宝公司于本判决生效之日起立即停止在《潇湘某报》上发布包含“中国每卖10罐凉茶，7罐加某宝”广告词广告以及立即停止使用并销毁印有“全国销量领先的红罐凉茶——加某宝”广告词的产品包装；四、湖南丰某商贸有限公司于本判决生效之日起立即停止销售包装上印有“全国销量领先的红罐凉茶——加某宝”广告语的加某宝凉茶；五、加某宝公司于本判决生效之日起十日内赔偿广药集团公司、王某吉公司经济损失和合理费用共计人民币100万元；六、驳回广药集团公司、王某吉公司的其他诉讼请求。如加某宝公司未按本判决指定的期间履行金钱给付义务，应当依照《中华人民共和国民事诉讼法》第二百五十三条之规定，加倍支付迟延履行期间的债务利息。本案一、二审案件受理费共计165200元，由加某宝公司负担99120元，广药集团公司、王某吉公司共同负担66080元。

再审判决生效后，加某宝公司认为广药集团公司和王某吉公司未按照最高院生效判决内容履行付款义务，遂向长沙中院申请强制执行。长沙中院立案执行并于2019年9月29日作出（2019）湘01执1825号执行裁定：冻结、扣划被执行人广药集团公司、王某吉公司名下银行存款人民币5971442元或查封、扣押、扣留、提取其价值相等的财产。广药集团公司和王某吉公司不服，向长沙中院提出执行异议。

【案件焦点】

执行回转返还款项的孳息应以何种标准进行计算。

【法院裁判要旨】

本案系因再审改判而产生的执行回转，根据《最高人民法院关于人民法院执行工作若干问题的规定（试行）》第一百零九条之规定，本案执行回转的范围应包括广药集团公司、王某吉公司多取得的款项及孳息。返还款项的孳息应以何种标准进行计算，现行法律和司法解释对此未作明确规定。从制度设计来看，执行回转制度为利益回补机制，原申请执行人对多取得的财产没有过错，承担的应为既得利益的有限返还责任。执行回转财产的孳息应系被执行人依据原生效判决取得财产后产生的收益，宜从执行回转标的的性质和原申请执行人占有或使用该标的而产生的收益并结合原判决被撤销或变更的原因等因素综合考量确定。本案中，执行回转的标的为金钱，执行回转的款项应属于加某宝公司，但为广药集团公司、王某吉公司所占有和使用，从三公司的经营范围和营利性质来看，该笔款项最基本的收益并非贷款收益。另，从再审判决的内容来看，虽然原生效判决被改判，但加某宝公司仍存在一定程度上的侵权行为。故长沙中院认定广药集团公司和王某吉公司应当向加某宝公司支付资金占用期间利息的利率以中国人民银行公布的银行同期贷款利率为标准欠妥，王某吉公司、广药集团公司向本院申请复议理由成立，执行法院应按照中国人民银行公布的银行同期定期存款利率计算执行回转款项的孳息，并结合王某吉公司自动履行等情况确定本案还应执行的标的额，重新作出强制执行措施。

【法官后语】

该案例涉及财产孳息的范围及财产被占用期间利率如何计算的问题，也是司法实践中颇具争议的问题。之所以对此意见分歧较大，主要源于执行回转及相关司法规定制度方面的缺失及理解适用上的偏差。就本案而言，确定广药集团、王某吉公司应当如何履行回转责任，需对以下两个问题进行阐析：

一、执行回转案件中回转款项是否产生利率孳息

执行回转制度在我国最早确立于1991年的民事诉讼法，是针对执行发生的错误而采取的一种补救措施，又称再执行，是指在案件执行完毕后，因据以执行的依据法律文书被依法撤销，由执行人员采取措施，强制一方当事人将执行所得到的利益退还给原来被执行人，恢复到执行程序开始前的一种制度。发生执行回转，需要具备四个条件：一是原执行依据正在执行或已经执行完毕，二是执行依据被依法撤销或者变更，三是新的执行依据是其必备条件，四是只适用于原申请执行人取得财产的情况。2020年修订的《最高人民法院关于人民法院执行工作若干问题的规定（试行）》将涉及执行回转制度的第一百零九条调整为第六十五条，但是具体内容未作实质性修改。由于现行立法及司法解释对于执行回转的规定比较粗陋，学术界对于执行回转的标的、孳息的确定等均存在争议，有观点认为，执行回转案件执行标的应限定于回转执行款数额，关于债务利息的请求不应保护。在现行法律对执行回转程序中孳息仅有原则性规定的情形下，法院执行部门在司法实践中对此问题的认识和处理也不尽相同，回

转孳息的计算方法及计算标准的各种观点都是基于不同的考量角度得出的不同结论，而法定孳息作为一种对利益考量的法律拟制本身又为其结论埋下了不确定性，同时也为法官在司法活动中自由裁量权的行使提供了可能，这在一定程度上影响了人民法院的司法公信力。

孳息以原物为前提，在认定归属和利用关系时孳息就是原物所产生的收益。《中华人民共和国物权法》明确将孳息区分为天然孳息和法定孳息两种类型，其第一百一十六条规定："天然孳息，由所有权人取得；既有所有权人又有用益物权人的，由用益物权人取得。当事人另有约定的，按照约定。法定孳息，当事人有约定的，按照约定取得；没有约定或者约定不明确的，按照交易习惯取得。"本文案例中执行标的为金钱，所以不存在天然孳息。

执行依据一般情况下系申请人期待并通过起诉、举证、申请执行等法定程序积极取得的裁判结果，相对人完全具备管理控制的事实和占有的意识。根据民法占有理论，回转款项系直接、自主、无权占有，尽管孳息在性质上有不当得利说和无权占有说，两者分别从债权和物权的角度作出分析并得出无论是善意或者恶意持有人都应返还孳息的结论。① 法定孳息指因法律关系所获得的收益，通常包括利息、租金、幸射奖金三种，关于法定孳息，域外相关立法或许能带给我们一定启示。《日本民法典》第八十九条规定："法定孳息，于收取权利存续期间，以日计算取得。"我国台湾地区"民法典"第七十条规定："有收取法定孳息权利之人，按其权利存续期间内之日数，取得其孳息。"法定孳息因为是用益（用益物权和用益债权）的对价，因此原则上用一般等价物来衡量，在执行回转案件中，款项利息当属法定孳息。所以，在执行回转情况下回转款项应当产生利率孳息，这点在司法实践中已经达成共识。②

---

① 张心阳、袁楠：《计征返还孳息时应考虑执行回转的补偿性》，载《人民司法》2015年第2期。

② 笔者2021年8月16日通过中国裁判文书网（https：//wenshu.court.gov.cn）输入"执行回转""执行异议""孳息""利率"四个关键词，呈现检索结果为375个裁定文书，均支持了回转利率孳息。

二、执行回转款项占用期间利率如何计算

关于执行回转程序中“法定孳息”的认定标准，现行法律和司法解释未作明确规定，理论界与司法实践中大致有如下三种观点：第一种观点认为，执行回转系被执行人利用国家公权力获得的不当利益，实务惯例中应将孳息的认定标准参照中国人民银行同期贷款利率标准计算［2019 年 8 月 20 日之后按同期全国银行间同业拆借中心公布的贷款市场报价利率（LPR）计付］。[①] 第二种观点认为，执行回转制度是为了解决因生效判决被撤销给当事人错误执行造成损失的问题而设计的补救制度，是为了将当事人的权利、义务关系恢复到执行前的状态，执行回转程序的补偿性决定计算孳息标准不宜过高，应当考虑从通常可能收取的收益的角度出发，参照中国人民银行定期存款利率标准计算。[②] 第三种观点在第二种观点的基础上认为应参照中国人民银行活期存款利率标准计算。[③] 上述三种不同观点体现出了对于执行回转制度不同的认知及价值取向，均能检索到相应的学术论文及裁判案例予以支持。司法实务中，各方往往遵循趋利性分别主张同期贷款利率、定期存款利率、活期存款利率三种计算标准并援引相关案例，造成巨大争议。在目前大力推行类案检索与类案同判的大背景下，统一裁判标尺具有很强的现实意义。

本案中，湖南高院生效裁定采纳第二种观点撤销了长沙中院贷款利率计算观点，即从执行回转标的的性质和原申请执行人占有或使用该标的而产生的收益并结合原判决被撤销或变更的原因、原被执行人存在过错等因素综合考量，最终确定以中国人民银行公布的银行同期存款利率为计算标准。笔者认为，上述裁定较为合理：

---

① 如（2019）鲁 0481 执异 36 号、（2019）鲁 04 执复 54 号、（2018）闽 03 执复 3 号、（2018）粤 0304 执 43389 号、（2018）闽执复 67 号、（2017）闽 0302 执异 18 号裁定书均采用此观点裁判。

② 如（2020）粤执复 180 号、（2019）黑执复 169 号、（2019）粤 0304 执异 22 号、（2019）粤 01 执异 1133 号、（2019）浙 0782 执异裁定书均采用此观点裁判。

③ 如（2019）津 02 执异 7 号、（2018）津 02 执 327 号、（2016）京 01 执复 30 号、（2015）大执审字第 78 号、（2015）丰执字第 05305 号裁定书均采用此观点裁判。

（一）对比与此高度接近的无权占有及不当得利制度，王某吉公司适宜返还有限孳息

有观点根据执行回转中原申请执行人对孳息的占有和孳息的性质认为可以视为无权占有或不当得利。无权占有及不当得利制度分别属于物权和债权的调整范畴，在实践中具有广泛的适用性，对于本案有很强的借鉴意义。《中华人民共和国民法通则》第七十一条明确规定："财产所有权是指所有人依法对自己的财产享有占有、使用、收益和处分的权利。"《中华人民共和国物权法》第二百四十三条规定："不动产或者动产被占有人占有的，权利人可以请求返还原物及其孳息，但应当支付善意占有人因维护该不动产或者动产支出的必要费用。"综合上述规定并结合民法理论，无权占有人分为善意无权占有人、恶意无权占有人，善意无权占有人的返还义务限于所得利益和孳息，对因此支付的必要和有益费用可以要求抵扣，对标的物毁损灭失没有赔偿责任；而恶意无权占有人需返还所得利益、孳息和支付利息，支付有益费用无请求权，原物毁损、灭失需承担赔偿责任。《中华人民共和国民法通则》第九十二条规定："没有合法根据，取得不当利益，造成他人损失的，应当将取得的不当利益返还受损失的人。"《最高人民法院关于贯彻执行〈中华人民共和国民法通则〉若干问题的意见（试行）》第一百三十一条规定："返还的不当利益，应当包括原物和原物产生的孳息。利用不当得利所取得的其他收益，扣除劳务费用后，应当予以收缴。"结合民法理论，成立不当得利之债同样区分善、恶意不当得利人不同的返还义务。善意的不当得利人受善意保护，只返还现有的利益，利益不存在的免责；而恶意的不当得利人，利益不存在的仍需返还所受的不当得利。① 故通过考察无权占有制度及不当得利制度可以得知，在民事活动中，相对方善意与否、是否存在过错系界定相对人返还责任边界的关键因素，这与民法基本精神及人民群众朴素的价值观念相契合。此案因加某宝公司侵权行为引起，不能忽视加某宝公司在本案中的过错因

① 本文援引条款均为生效裁判作出时的法律条款。《中华人民共和国民法典》对占有及不当得利制度作出了更为完善的规定，具体参见《中华人民共和国民法典》第四百五十八条至第四百六十二条、第九百八十五条至第九百八十八条。

素；同时王某吉公司为维护自身法定权益基于生效裁判文书确定的胜诉权对相应案款进行占有，最后虽因不同法院的判断权冲突导致赔偿金额发生转变产生执行回转，但王某吉公司在整个诉讼及执行程序中无恶意串通、虚假诉讼、提供虚假证据材料等明显过错，符合善意特征，适宜返还有限孳息。

（二）执行回转是一种补偿性的有限返还责任，不宜设计过重孳息

执行回转的意义在于纠正原判决的错误，使当事人之间的权利义务恢复到正常状态。原申请执行人依据原生效法律文书确定的权利取得案款占有权，原被执行人的损失则体现为失去财产的控制权，应当明确，占有权利人的变更并非双方合意结果，而是基于法院生效法律文书强制执行力的后果，具有程序上的合法、正当性。因此在一般情况下，关于孳息的计算力度自然要低于民间借贷资金占用期间产生利息的计算标准，回转孳息原则上不应当采取具有惩罚性质的贷款利率，而应当选择具有补偿性质的存款利息。

存款利率又分为活期、短期定期、中长期定期多种计算方式，三种不同的方式在计算结果上具有较大差异。[①] 每一份裁判文书都彰显着司法对社会行为的引领，执行回转补偿性质绝不意味着完全牺牲原被执行人的合理法益。活期存款的主要功能为货币支付及流通，孳息收益功能弱化，对于以生产经营性行为为业的加某宝公司而言，流动资金的重要性毋庸置疑，若采用活期存款计算方式对加某宝公司存在明显不公。同时我国执行程序中惩罚性的迟延履行金折合年利率约为3.19%（加倍6.38%），而本案王某吉公司对案款的占用期间为2016年至2019年，三年期存款利率接近3%。采取与占用期基本吻合的定期存款利率符合公平原则并与相关制度接近。

（三）综合考量王某吉公司、加某宝公司性质及本案情况，计算为定期存款利率符合民法公平原则

在确认执行回转仅系对财产进行返还的前提下，执行程序中法定孳息的计

① 根据中国人民银行2015年10月24日发布的《金融机构人民币存款基准利率调整表》，我国城乡居民和单位存款利率活期为0.35%，整存整取定期存款利率三个月1.1%、半年1.3%、一年1.5%、二年2.1%、三年2.75%。

算应以市场主体持币状态下通常可能存在的财产处置行为为中心，充分考量“因财产交他人用益而产生的收益”[①]并结合当事人所属行业、原执行标的物的状态等因素综合判断，即常规主体在常规状态下可能对占有货币的使用而取得的收益。[②]王某吉公司、加某宝公司均为知名凉茶公司，不从事借贷业务，所得收益为经营性收入并用于正常的生产经营活动，占用资金记为存款利率更符合公众期待。另必须指出，本案执行依据最终判令加某宝公司赔偿王某吉公司100万元人民币，而由于旷日持久的诉讼，王某吉公司占用数百万元的执行款已达三年多，如果按贷款利率计算，则占用孳息将与侵权赔偿款基本抵扣，王某吉公司的维权之诉反而可能造成胜诉但赔偿的困境，无法兼顾法律、社会与政治效果。故本案根据案款占用期间采用中国人民银行公布的银行同期定期存款利率计算执行回转款项的孳息较为合理。

编写人：湖南省高级人民法院　周小辉

湖南省嘉禾县人民法院　胡柏茂

18

执行回转程序中孳息计算标准的确定

——刘某亮执行异议案

【案件基本信息】

1. 裁判书字号

河南省郑州市中级人民法院（2021）豫01执复180号执行裁定书

① 隋彭生：《法定孳息的本质——用益的对价》，载《社会科学论坛》（学术研究卷）2008年第6期。

② （2016）最高法执监214号裁定书即以此项标准认定以银行为主体的回转义务人基本收益为贷款收益，故按同期贷款利率计算回转孳息。

2. 事由：执行异议

3. 当事人

申请执行人（复议申请人）：延安市保障性住房建设有限公司（以下简称延安保障房公司）

被执行人（异议人、复议申请人）：刘某亮

【基本案情】

河南省新郑市人民法院前期在执行刘某亮与重庆天某实业集团有限公司（以下简称天某公司）借款合同纠纷一案中，先后向延安保障房公司发出了要求延安保障房公司协助扣留、提取被执行人天某公司在其公司的债权（工程款）202万元的协助执行通知书和冻结、扣划或扣留、提取协助执行人延安保障房公司银行存款202万元的执行裁定，后又冻结了延安保障房公司的银行账户。延安保障房公司遂以天某公司对其公司的债权未到期且存在争议等为由提出执行异议。该院在对其异议按照案外人异议审查后，裁定驳回了其异议请求。延安保障房公司据此提出了案外人执行异议之诉，后历经一审、二审程序，均驳回了延安保障房公司的诉讼请求。其间，刘某亮向河南省新郑市人民法院提供担保，要求继续执行天某公司陕西分公司在延安保障房公司的工程款，该院遂扣划了延安保障房公司的银行存款253.1935万元并返给了刘某亮。延安保障房公司因不服上述二审判决向河南省高级人民法院申请再审，河南省高级人民法院以延安保障房公司系到期债权所指向的次债务人、一旦其提出异议对其执行行为应当立即停止、刘某亮应通过代位权诉讼维护权益为由，认定二审判决适用法律错误，遂于2019年6月10日作出（2018）豫民再1255号民事裁定书，撤销了上述一审、二审判决，驳回了延安保障房公司的起诉。2020年9月25日，河南省新郑市人民法院通过执行监督程序撤销了该院此前作出的冻结延安保障房公司银行账户、扣划延安保障房公司银行存款的两份执行裁定书以及执行异议裁定书。此后又以延安保障房公司为申请执行人、刘某亮为被执行人执行回转立案，并于2020年12月1日作出（2020）豫0184执5355号执行裁定：被执行人刘某亮应在本裁定生效之日起五日内向申请执行人延安保障房公司返还执行款253.1935万元及孳息（以253.1935万元为基数，自2018年1月3日起至2019年8月20日止的孳息按照中国人民银行同期贷款利率计算；自2019年8月21日起至实际偿还之日止的孳息按照全国银行间同行拆借中心公布的贷款市场报价利率计算)。刘某亮对此不服，提出书面异议，认为该案不能引起执行回转，且若执行回转不应按照贷款利率计算孳息，最多按照活期存款利率计算。

【案件焦点】

1. 本案执行回转是否符合法律规定；2. 执行回转中孳息应按何标准进行计算。

【法院裁判要旨】

河南省新郑市人民法院经审查认为：本院重新立案执行回转，符合法律规定，刘某亮关于本案不能引起执行回转的异议请求不能成立。关于执行回转中孳息应按何标准进行计算，《最高人民法院关于人民法院执行工作若干问题的规定（试行）》第六十五条规定了执行回转需要原申请执行人返还已取得的财产及其孳息，但对孳息应以何种标准进行计算，现行法律和司法解释未作出明确规定。本院认为，对执行回转中孳息的计算应结合执行回转程序的性质以及具体案情而定。首先，执行回转是为了解决生效法律文书错误给当事人造成损失而设计的补救制度，其目的在于纠正因执行根据错误而导致的错误执行，将案件的权利义务关系恢复到执行前的状态，使财产有正确的归属，而非尽可能最大化地利用财产，故而该项制度具有补偿性而非惩罚性。其次，在本案中，刘某亮原为申请执行人，其取得财产依据的是原生效法律文书，其本身并无过错，其作为自然人获得案款一般是存入银行获得存款收益，同时，延安保障房公司并无证据证明刘某亮将款项用作贷款用途并获得具体收益，故按照公平原则，刘某亮不应承担带有惩罚性质的按贷款利率计算的孳息。因此，刘某亮异议主张按照活期存款利率计算孳息，有其合理性，本院对其该项异议请求予以支持。综上所述，异议人刘某亮的异议请求部分成立，遂依照相关法律规定裁定如下：

一、驳回异议人刘某亮关于本案不能引起执行回转的异议请求；

二、变更本院（2020）豫0184执5355号执行裁定内容为：被执行人刘某亮应在本裁定生效之日起五日内向申请执行人延安保障房公司返还执行款253.1935万元及孳息（以253.1935万元为基数，按照中国人民银行活期存款利率自2018年1月3日起计算至实际偿还之日止）。

刘某亮、延安保障房公司不服一审裁定，均提出复议。河南省郑州市中级人民法院经审查与一审法院查明的事实一致，同意一审法院裁判意见，并依照相关法律规定裁定如下：

驳回刘某亮、延安保障房公司的复议申请，维持河南省新郑市人民法院（2021）豫0184执异38号执行裁定。

【法官后语】

执行回转作为一种特殊的执行程序，其规定主要散见于现行的《中华人民共和国民事诉讼法》第二百四十条、《最高人民法院关于适用〈中华人民共和国民事诉讼法〉的解释》第四百七十四条以及《最高人民法院关于人民法院执行工作若干问题的规定（试行）》第六十五条、第六十六条之中，这些规定相对粗疏、简略，规范指引欠明确、具体，这在一定程度上给执行司法实践带来了困扰。本案即面临着在执行回转程序中裁定由原申请执行人返还已取得的财产及其孳息时，如何确定孳息的计算标准问题。孳息是民法理论中与原物相对的一个概念，是由原物而产生的物，其有自然孳息和法定孳息之分，对于因物的自然属性产生的自然孳息的确定，实务中争议不大；但对于因法律关系产生的法定孳息如何界定，民事实体法与执行相关法律均欠缺规定，本案即为确定执行款项的法定孳息的情形。

在法律规定不可能穷尽包揽解决一切现实可能问题时，司法裁判人员则需要在明确相关法律制度的功能和价值的基础上，结合实务个案中的具体情况，通过公平原则、过错原则等法律基本原则的适用，作出合理、公正的裁判。首先，本案是在执行回转程序中去确定法定孳息的计算标准，我们需要明确执行回转制度本身的功能和价值。根据我国法律规定，执行回转是指在案件已全部或部分执行完毕后，因据以执行的判决、裁定和其他法律文书被撤销，对已被执行的财产，由人民法院根据新的法律文书，作出裁定，重新采取强制措施，恢复到执行开始前的状况的制度。它是执行程序中的一种特殊现象，是为了解决生效法律文书错误给当事人造成损失而设计的补救制度，目的是纠正错误执行，将案件的权利义务关系恢复到执行前的状态，使财产有正确的归属，而非尽可能最大化地利用财产，故而该项制度具有补偿性而非惩罚性。其次，结合本案执行回转的原因和原权利人受损失的具体情况，本案所涉执行到期债权的判决被撤销，是因为法院在适用法律方面存在错误，刘某亮作为原申请执行人，不存在隐瞒事实、提供虚假证据材料等恶意情形，其主观上不存在过错；且其作为自然人，取得执行款一般是存入银行获得存款利息收益，而延安保障房公司作为原权利人，并未提供其具体受损及刘某亮进行贷款获益的证据。因而，基于执行回转的补偿性功能和民事基本原则——公平原则、过错原则的考量，在计算孳息时不宜对刘某亮苛以过高标准，否则有失公允，鉴于贷款利率和存款利率的差异较大，在本案中按照存款利率计算孳息更为公平公正。

编写人：河南省新郑市人民法院　李丽娟

19

强制执行程序中基金财产独立性的审查标准

——王某红案外人执行异议案

【案件基本信息】

1. 裁判书字号

北京市第三中级人民法院（2021）京 03 执异 775 号执行裁定书

2. 事由：案外人执行异议

3. 当事人

案外人：王某红

申请执行人：李某新

被执行人：冠某股权投资基金管理公司

【基本案情】

李某新与冠某股权投资基金管理公司纠纷一案，权利人李某新依据已生效的（2020）中国贸仲京裁字第1498号裁决书向北京市第三中级人民法院（以下简称北京三中院）申请执行。执行过程中，北京三中院冻结了被执行人冠某股权投资基金管理公司名下在中信银行深圳分行营业部的8110×××4891银行账户（以下简称案涉银行账户），冻结期限一年，并扣划了案涉银行账户内款项4064.08元。

案外人王某红向北京三中院提出书面异议，主张其是“冠某价值1号私募股权投资基金”的基金份额持有人，北京三中院冻结的案涉银行账户系“冠某价值1号私募股权投资基金”的托管账户，属于基金财产，独立于被执行人冠某股权投资基金管理公司的固有财产，应当解除对上述账户的冻结，故请求中止对案涉银行账户的执行，并解除冻结措施。王某红向法院提交了《冠某世纪价值1号私募股权投资基金基金合同》，该合同显示基金托管人名称为中信银行深圳分行。

申请执行人李某新答辩称，法院查封的账户为被执行人冠某股权投资基金管理公司的自有资金账户，区别于募集资金账户和冠某价值1号私募基金财产，不同意案外人的异议请求。

被执行人冠某股权投资基金管理公司答辩称，李某新是冠某价值2号私募股权投资基金的投资人。冠某价值1号私募股权投资基金与冠某价值2号私募股权投资基金除基金管理人均为冠某股权投资基金管理公司外，为不同种类的基金，不同的投资群体，没有其他关系。其向法院提交了《托管资产到账确认书》，该文件显示托管账户名为冠某价值1号私募股权投资基金，托管账户账号为8110×××4891。

王某红提出异议后，北京三中院先后两次向中信银行深圳分行营业部发送协助查询通知书。中信银行深圳分行向北京三中院提交了《开立单位银行结算账户申请书》和《人民币单位银行结算账户管理协议》，载明被执行人在该行开立的账户，账户名称为冠某价值1号私募股权投资基金，账号为8110×××4891，该账户是冠某价值1号私募股权投资基金的基金托管账户，开户行为中信银行深圳分行营业部。

【案件焦点】

1. 基金份额持有人是否为提起案外人异议的适格主体；2. 如何认定案涉银行账户内基金财产的权属，本案能否执行案涉银行账户内的财产。

【法院裁判要旨】

对于普通账户中的存款，一般以账户名称为权属判断的标准。北京三中院在采取相关执行行为时，案涉银行账户名称为冠某股权投资基金管理公司，北京三中院采取的冻结、划拨行为并无不当。但是对于专用账户的存款，应根据当事人对账户的约定以及相关法律规定来判断资金权属，并在此基础上确定能否对该账户内资金采取强制执行措施。本案被执行人冠某股权投资基金管理公司按照基金合同的约定开立案涉银行账户，结合查明事实，该账户性质为基金托管账户，并非由被执行人冠某股权投资基金管理公司控制的普通存款账户。《中华人民共和国证券投资基金法》第五条规定，基金财产的债务由基金财产本身承担……基金财产独立于基金管理人、基金托管人的固有财产……第七条规定，非因基金财产本身承担的债务，不得对基金财产强制执行。因案涉银行账户系基金托管账户，非被执行人冠某股权投资基金管理公司的自有资金，即并非被执行人的责任财产。结合案外人王某红提出的请求，其作为冠某价值1号私募股权投资基金的基金份额持有人享有实体权利，应当依照《中华人民共和国民事诉讼法》第二百二十七条（现第二百三十四条）的规定进行审查。本案执行标的为冠某股权投资基金管理公司偿付李某新投资于《冠某世纪汇丰2号契约型私募基金合同》中的本金、资金占用成本等款项，系对冠某股权投资基金管理公司本身所涉债务的强制执行，案涉银行账户虽被登记在被执行人冠某股权投资基金管理公司名下，但案涉银行账户系冠某价值 1 号私募股权投资基金的基金托管账户，账户内资金并非冠某股权投资基金管理公司的固有财产，而是基金财产，与冠某股权投资基金管理公司固有财产相分离，具有独立性。因此，案外人王某红作为上述 1 号基金份额持有人依据其实体权利提出异议于法有据，对其异议请求，北京三中院予以支持。据此，北京三中院作出（2021）京 03 执异 775 号执行裁定，裁定中止对冠某股权投资基金管理公司名下案涉银行账户的执行。裁定作出后，当事人各方均未提出执行异议之诉，该裁定现已生效。

【法官后语】

随着证券投资基金的快速发展，证券投资基金所涉执行问题日益涌现。证券投资基金交易中，基金托管账户名通常由管理人名称加基金名称组成，一旦基金管理人成为被执行人，以目前执行程序中以登记名义为形式化审查标准，基金账户会作为被执行人的责任财产加以冻结，实质上侵害了基金财产持有人的合法权益。因此，证券投资基金如何以其独立性排除强制执行面临诸多争议，亦是本案在裁判时遇到的问题。

焦点一：基金份额持有人是否为提起案外人异议的适格主体。

王某红作为基金份额持有人有权以其名义提起案外人异议，这是因为基于排除基金财产强制执行这一目的提起的案外人异议案件中，基金份额持有人作为基金权益最终归属主体，对基金财产享有基金受益权，该权利是享有基于所有权所产生的、旨在保护基金财产权益的独立的请求权，兼有债权、物权之双重属性，亦包括排除侵害并得到救济的权利在内。因此，在基金份额持有人基金收益权受到侵害时，有权提出案外人异议。

焦点二：如何认定案涉银行账户内基金财产的权属，本案能否执行案涉银行账户内的财产。

目前，司法实践中对于基金财产的归属有如下两种观点：观点一：以货币的特殊约定以及相关法律规定确定基金财产归属；观点二：以登记的名义推定基金财产归属，无相反证据证明则以登记为准。笔者认为，对于证券投资基金类账户，在交易实践中通常以协议确定财产归属，因此，在账户外观名义不足以反映真实权利归属的情况下，通过对货币特殊约定的角度加以审查来满足执行程序的形式化审查要求应为可行之道，一方面符合外观主义原则，另一方面与金融实践相契合，避免错误冻结、执行，保障基金份额持有人的合法权益。

本案中，案外人主张案涉银行账户系基金托管账户，但鉴于当事人提交的证据无法形成完整的证据链条，本案合议庭向开设案涉银行账户的金融机构发送协助执行通知书，要求其明确案涉银行账户是否属于案外人参与投资基金项目的基金托管账户。后本案金融机构反馈的材料与当事人提交的材料相互佐证，形成了完整的证据链，故合议庭形成一致意见，认为案涉银行账户虽登记在被执行人名下，但根据基金合同的约定，其属于冠某价值1号私募股权投资基金的基金托管账户，账户内资金并非冠某股权投资基金管理公司的固有财产，而是其管理的基金财产，且与被执行人固有财产相分离，案外人作为上述1号基金份额持有人依据其实体权利提出异议于法有据，故案外人的异议请求成立，北京三中院裁定中止执行。反观本案的审查过程，合议庭向开设案涉银行账户的金融机构发送协助执行通知书的做法值得借鉴和参考。

从证券投资基金的原理出发，基金财产独立性之目的在于保障投资人的合法权益。在基金财产名义和权利归属不一致的情况下，此类案件应贯彻形式化审查原则，以基金协议约定判断基金财产的权属，充分保障基金财产的独立性和基金投资人的合法权益。

编写人：北京市第三中级人民法院 戴梦依 徐欣

20

人民法院有权执行医疗机构的医保基金结算账户

——深圳金某融资租赁有限公司与勃某县人民医院执行异议案

【案件基本信息】

1. 裁决书字号

福建省厦门市中级人民法院（2021）闽02执复110号执行裁定书

2. 事由：执行异议

3. 当事人

申请执行人：深圳金某融资租赁有限公司

被执行人（复议申请人）：勃某县人民医院

【基本案情】

厦门市思明区人民法院执行的申请执行人深圳金某融资租赁有限公司与被执行人勃某县人民医院融资租赁合同纠纷一案，执行依据为本院于2018年11月14日作出的（2018）闽02民初785号民事调解书，该民事调解书已于2018年11月28日发生法律效力，但勃某县人民医院未按时履行生效法律文书确定的义务，深圳金某融资租赁有限公司申请强制执行，厦门市思明区人民法院于2021年4月8日冻结了勃某县人民医院在勃利县邮政储蓄银行开立的医保基金结算账户（以下简称案涉账户）。

被执行人勃某县人民医院提出异议：厦门市思明区人民法院对案涉账户进行冻结违反法律规定。根据《最高人民法院关于在审理和执行民事、经济纠纷案件时不得查封、冻结和扣划社会保险基金的通知》的要求，对于涉及公共利益的社会保险账户不得进行查封、冻结、扣划。医保基金属于社会保险的范畴，法院冻结其医保结算账户显然违反该通知规定。在2021年1月、2月没有向申请执行人支付租金，但异议人的财务人员及时向申请执行人的主管人员进行了沟通，申请执行人让异议人做展期，但异议人表示不用展期，3月恢复诊疗后一并将拖欠的1月、2月租金全部付清，并且异议人一直没有不偿还租金的想法。基于上述事实和理由，异议人请求解除对案涉账户的冻结措施。

【案件焦点】

人民法院冻结被执行人勃某县人民医院的医保基金结算账户是否违反法律规定。

【法院裁判要旨】

福建省厦门市中级人民法院认为，从本案的情况看，厦门市思明区人民法院的执行行为并未违反相关法律、司法解释的规定。其中的问题和理由分析如下：

关于法院冻结案涉账户是属于依法不得冻结的社会保险基金还是属于勃某县人民医院责任财产的问题。依据《最高人民法院关于在审理和执行民事、经济纠纷案件时不得查封、冻结和扣划社会保险基金的通知》的要求，人民法院在执行中不得冻结的社会保险基金，是由社会保险机构代参保人员管理并最终由参保人员享有的公共基金，可见该通知所针对的是法院执行社会保险机构开设的社会保险基金账户，而并非定点医疗机构可以依法向社会保险机构主张的医疗保险费用结算款项。在本案中，被执行人是医疗机构，并非医疗保险机构，经过与医疗保险机构结算后进入医疗保险结算账户的款项属于医疗机构的责任财产，人民法院依法冻结并无不妥。

关于勃某县人民医院是否因承担民生公益事业而豁免执行其财产的问题。依照《中华人民共和国民法典》第四条、第五条、第六条、第七条的规定，民事主体在民事活动中的法律地位一律平等，应当遵循自愿原则、公平原则和诚实信用原则，医疗机构虽然承担保障人民群众生命健康的重要职责，但在参与民事活动中仍然与其他市场主体一样是平等经济主体，依法应当履行生效法律文书确定的义务，绝不意味着因自身具有公益性质即可以此为由拒不执行生效法律文书。至于因工作需要等重大公共利益考虑的其他因素，需要在政策允许的范围内落实善意文明执行政策的，被执行人可向执行法院另行主张，积极主动与申请执行人达成执行和解协议。

综上，勃某县人民医院的复议请求没有事实和法律依据，本院不予支持。厦门市思明区人民法院作出的异议裁定认定事实清楚，适用法律正确，应予维持。

【法官后语】

本案是医疗机构涉融资租赁合同纠纷的典型案例。虽然2014年曾有“严禁公立医院举债建设”的通知，但2016年国务院办公厅印发《关于促进医药产业健康发展的指导意见》，明确提出：“探索医疗器械生产企业与金融租赁公司、融资租赁公司合作，为各类所有制医疗机构提供分期付款采购大型医疗设备的服务。”因此，许多公立医院都在尝试用融资租赁方式购买大型医疗设备，由此，司法实践中，医疗机构涉融资租赁纠纷的案件也变得屡见不鲜。而在强制执行阶段，总对总执行查控系统反馈的医疗机构往往存在“基本户”“医保基金结算账户”等多个账户，法院冻结其账户后，医疗机构或其所在的当地医保局动辄提起执行异议，客观上拖延了法院执行程序的顺利进行。

本案的争议焦点在于法院冻结被执行人勃某县人民医院的医保基金结算账户是否违反法律规定。要厘清这一问题，首先要对“社会保险基金账户”和“医保基金结算账户”进行甄别并加以区分。依据《最高人民法院关于在审理和执行民事、经济纠纷案件时不得查封、冻结和扣划社会保险基金的通知》，“社会保险基金是由社会保险机构代参保人员管理，并最终由参保人员享用的公共基金，不属于社会保险机构所有。社会保险机构对该项基金设立专户管理，专款专用，专项用于保障企业退休职工、失业人员的基本生活需要，属专项资金，不得挪作他用。因此，各地人民法院在审理和执行民事、经济纠纷案件时，不得查封、冻结或扣划社会保险基金；不得用社会保险基金偿还社会保险机构及其原下属企业的债务”。可见，该通知强调的是法院不得执行社会保险机构开设的社会保险基金账户，而非定点医疗机构依法向社会保险机构主张的医疗保险费用结算款项。本案中，被执行人是医疗机构，并非医疗保险机构，经过与医疗保险机构结算后进入医保基金结算账户的款项属于医疗机构的责任财产，人民法院依法冻结并无不妥。

另外，关于勃某县人民医院是否因承担民生公益事业而豁免执行其财产的问题，生效裁定指出，医疗机构虽然承担保障人民群众生命健康的重要职责，但在参与民事活动中仍然与其他市场主体一样是平等经济主体，依法应当履行生效法律文书确定的义务，绝不意味着因自身具有公益性质即可以此为由拒不执行生效法律文书。至于因工作需要等重大公共利益考虑的其他因素，需要在政策允许的范围内落实善意文明执行政策的，被执行人可向执行法院另行主张，积极主动与申请执行人达成执行和解协议。因此，法院驳回了被执行人提出的复议请求。

值得注意的是，人民法院要切实贯彻落实《关于在执行工作中进一步强化善意文明执行理念的意见》，在强化善意文明执行理念过程中，既要充分保障债权人合法权益，维护执行权威和司法公信力，又要对规避执行、逃避执行、抗拒执行行为进行严厉打击和惩处。

编写人：福建省厦门市思明区人民法院　邱福香

21

案外人能否依据法院冻结案涉款项后另案作出的民事调解书排除执行

——张某鸥、张甲诉于鲁乙、张某星案外人执行异议之诉案

【案件基本信息】

1. 裁判书字号

北京市第二中级人民法院（2021）京02民终7647号民事判决书

2. 案由：案外人执行异议之诉

3. 当事人

原告（上诉人）：张某鸥、张甲

被告（被上诉人）：于鲁乙、张某星

【基本案情】

2019年8月23日，李某兰（被拆除腾退人、乙方）与北京青某建设发展有限公司（以下简称青某公司）（拆除腾退人、甲方）签订《拆除腾退补偿协议》，约定：北京某被拆除腾退院落房屋宅基地面积185.9平方米，房屋建筑面积712.75平方米；拆除腾退补偿总额1844710元。双方签订《补充协议》，约定：乙方选购安置房3套，甲方在其拆除腾退补偿款中扣除用于支付购买回迁安置房的购房款，甲方支付乙方剩余拆除腾退补偿金额1013013元。

张某星、李某兰原系夫妻关系，二人于2019年8月26日登记离婚，婚姻期间生育三女，长女张某鹤，次女张某鸥，三女张甲。张某星、张某鸥、张某鹤、李某兰户籍均位于被拆除房屋上，均为拆除腾退的认定人口。

于鲁乙与张某星等人民间借贷纠纷一案，北京市大兴区人民法院（以下

简称大兴法院）于2018年9月4日作出（2018）京0115民初10377号民事调解书，调解协议内容为：张某星偿还于鲁乙借款本金2500000元、利息、律师费120000元等。调解书生效后，张某星未履行调解书确定的义务，于鲁乙向法院申请强制执行，2019年9月10日，大兴法院向青某公司送达裁定书，将涉案拆迁补偿款予以冻结；后因青某公司将涉案拆迁补偿款汇入李某兰银行账户，2019年9月16日，大兴法院将该账户内的1013013元冻结。张某鸥、张甲对法院执行提出书面异议，2020年7月20日，大兴法院作出（2020）京0115执异190号执行裁定：驳回案外人张某鸥、张甲的异议请求。张某鸥、张甲不服该裁定诉至法院，要求解除对李某兰名下拆迁补偿款的查封、扣押、冻结。

张某鹤、张某鸥、张甲与张某星、李某兰分家析产纠纷一案，2020年1月17日，大兴法院另案作出（2020）京0115民初3097号民事调解书，调解内容为：案涉院落拆迁补偿款1013013元，其中100000元归张甲所有，剩余913013元归张某鸥所有。张某鸥、张甲该调解书已确认拆迁款归属，是家庭成员按照被拆迁房屋的建设情况与贡献作出的合法分家协议，案涉拆迁款是离婚后得到的财产，不是夫妻共同财产，拆迁款中有张某星的份额。张某星称其没有出资，认可张某鸥出资盖房。

【案件焦点】

张某鸥、张甲对李某兰账户中的拆迁补偿款享有的权利是否足以排除执行。

【法院裁判要旨】

北京市大兴区人民法院经审理认为：张某鸥、张甲就执行标的不享有足以排除强制执行的民事权益。第一，根据《最高人民法院关于人民法院民事执行中查封、扣押、冻结财产的规定》（以下简称《查扣冻规定》），对被执行人与其他人共有的财产，人民法院可以查封、扣押、冻结。李某兰签署拆除腾退补偿协议时尚未与张某星离婚，拆迁补偿款属于尚未分割的夫妻共同财产，法院冻结该款于法有据。第二，（2020）京0115民初3097号民事调解书发生在执行后，《最高人民法院关于人民法院办理执行异议和复议案件若干问题的规定》（以下简称《执行异议规定》）第二十六条第二款规定，金钱债权执行中，案外人依据执行标的被查封、扣押、冻结后作出的另案生效法律文书提出排除执行异议的，人民法院不予支持。该调解协议内容系家庭成员对拆除腾退补偿款分配的内部约定，不产生优先于申请执行人债权的物权效力。第三，法律上对货币适用“占有与所有一致”规则，账户中存款应为存款账户人所有。补偿款已汇入李某兰账户，应为李某兰所有。第四，拆除腾退补偿协议中的合同利益，张某鸥、张甲、张某星作为拆迁院内权利人均享有份额，但该权利仅系债权，不属于物权请求权，不优先于于鲁乙对执行标的所享有的权利。张某鸥、张甲对拆除腾退补偿款享有的债权请求权可另行向李某兰追偿，不属于本案审理范围。

北京市大兴区人民法院依照《中华人民共和国物权法》第二十三条、《查扣冻规定》第十二条、《执行异议规定》第二十六条之规定，判决如下：

驳回张某鸥、张甲的全部诉讼请求。

张某鸥、张甲不服一审判决提起上诉。北京市第二中级人民法院经审理认为：张某鸥、张甲在分家析产诉讼中未告知法院诉争拆迁补偿款已被法院冻结的事实，且该诉讼各方系通过调解方式将拆迁安置房及拆迁补偿款进行了分配，该分配属于家庭成员的内部约定，并非依法确定共同共有人之间的份额比例，故张某鸥、张甲依据在法院冻结案涉款项之后作出的民事调解书提出排除执行异议的，一审法院不予支持其该项请求，并无不当。拆迁补偿款中张某星享有财产份额，故法院对被执行人张某星享有份额的拆迁款采取强制措施，符合法律规定。

北京市第二中级人民法院依照《中华人民共和国民事诉讼法》第一百七十条第一款第一项规定，判决如下：

驳回上诉，维持原判。

【法官后语】

本案的争议焦点为案外人张某鸥、张甲对于李某兰账户中的拆迁补偿款享有的权利是否足以对抗法院的强制执行。本案判决从如下四个方面进行了分析：

第一，根据《查扣冻规定》第十四条第一款规定，对被执行人与其他人共有的财产，人民法院可以查封、扣押、冻结。李某兰获得拆除腾退补偿款系基于拆除腾退补偿协议，签订该协议时，李某兰未与张某星离婚，李某兰属于被拆除腾退补偿人，张某星属于拆除腾退的认定人口，他俩均享有拆迁利益，该拆除腾退补偿款属于尚未分割的夫妻共同财产，拆迁补偿款中张某星享有财产份额，故法院对张某星享有份额的拆迁款采取强制措施，符合法律规定。

第二，(2020) 京0115民初3097号民事调解书作出时间在法院采取执行措施后，《执行异议规定》第二十六条第二款规定，金钱债权执行中，案外人依据执行标的被查封、扣押、冻结后作出的另案生效法律文书提出排除执行异议的，人民法院不予支持。大兴法院2019年9月16日冻结了李某兰的银行账户，2020年1月17日另案出具分家析产诉讼调解书，调解内容涉及本案冻结账户中的款项，张某鸥、张甲在分家析产诉讼中，并未告知法院诉争的拆迁补偿款已被法院冻结的事实，且该诉讼各方系通过调解方式将拆迁安置房及拆迁补偿款进行了分配，该分配属于家庭成员的内部约定，并非依法确定共同共有人之间的份额比例，故张某鸥、张甲依据在法院冻结案涉款项之后作出的民事调解书提出排除执行异议的，法院不予支持其该项请求。

第三，《中华人民共和国物权法》第二十三条规定："动产物权的设立和转让，自交付时发生效力，但法律另有规定的除外。"《个人存款账户实名制规定》第六条第一款规定："个人在金融机构开立个人存款账户时，应当出示本人身份证件，使用实名。"货币系典型的种类物、动产，法律上对货币适用"占有与所有一致"的特殊规则，当事人在银行开立账户即是对货币占有的一种表现形式，账户中的存款应为存款账户人所有，李某兰系存款的所有权人。

第四，在拆迁过程中，为了实现被拆迁院内权利人的利益最大化以及方便办理各项手续的客观需要，故实际操作中，并非每一个被拆迁院落内的权利人都能以被拆迁人的身份与拆迁部门签订补偿协议、安置房买卖协议等。通常每户中会由部分成员代表该户内的全体被拆迁人与拆迁方签订各种手续，包括统一领取补偿款等。订立补偿合同或者安置房买卖合同的成员代表，不能仅以其系上述合同的当事人为由而主张享有全部的合同利益。因此，对于拆除腾退补偿协议中的合同利益，张某鸥、张甲、张某星作为拆迁院内权利人均享有份额，但张某鸥、张甲享有的权利仅系债权，对已汇入李某兰银行账户下的拆迁补偿款所享有的是要求李某兰返还相应数额货币的债权请求权，不属于物权请求权，并不优先于申请执行人的债权。如张某鸥、张甲认为其也是诉争拆迁款项的共有权人，可以另行主张确认份额，该事项不属于本案审理范围。

综上，张某鸥、张甲依据在法院冻结案涉款项之后作出的民事调解书提出排除执行异议的，法院不予支持其该项请求，处理正确。

编写人：北京市大兴区人民法院　蒋怡琴　张雪薇

四、对债权的执行

22

到期债权执行

——华某混凝土（大理）有限公司执行复议案

【案件基本信息】

1. 裁判书字号

云南省昆明市中级人民法院（2021）云 01 执复 9 号执行裁定书

2. 事由：执行复议

3. 当事人

复议申请人（异议人、利害关系人）：华某混凝土（大理）有限公司

申请执行人：云南信某物流有限公司

被执行人：北海全某机械设备有限公司

【基本案情】

云南信某物流有限公司（以下简称信某物流公司）与北海全某机械设备有限公司（以下简称北海全某公司）等人买卖合同纠纷一案，经云南省昆明市官渡区人民法院（以下简称官渡法院）一审，云南省昆明市中级人民法院（以下简称昆明中院）二审，作出（2018）云 01 民终 5491 号民事判决书，判决北海全某公司支付信某物流公司 2217668.95 元及资金占用利息、保全保险费 28000

元。该案诉讼中，根据信某物流公司的申请，官渡法院于2017年7月21日作出（2017）官法执字第6703号保全执行裁定书和协助执行通知书并送达第三人华某混凝土（大理）有限公司，对北海全某公司在华某混凝土（大理）有限公司（以下简称华某混凝土公司）的运费予以冻结418万元，待该院提取。

该案进入执行程序后，华某混凝土公司就上述执行裁定书和协助执行通知书提出异议。官渡法院以华某混凝土公司超过异议期限为由，裁定驳回其异议申请。华某混凝土公司不服，向昆明中院提出复议，昆明中院裁定撤销官渡法院异议裁定，指令官渡法院对该案进行审查。官渡法院审查后作出（2020）云0111执异474号执行裁定书，驳回华某混凝土公司的异议请求。华某混凝土公司不服，再次向昆明中院提出复议。

官渡法院经审查认为，根据法律规定，申请执行人信大物流向官渡法院申请冻结被执行人北海全某公司与华某混凝土公司因运输合同形成的到期债权，官渡法院有权予以冻结。该“冻结”执行行为属于保全措施，并非要求异议人履行该笔到期债权，异议人只要不向被执行人支付该笔款项，即履行了义务，至于是否需要履行到期债权，应由原执行实施部门依法另作裁决。异议人以其与被执行人及另外第三人昆明华某车用燃气有限公司因合同之债形成的民事调解书排除法院的保全执行行为，不符合法律规定。

华某混凝土公司向昆明中院申请复议称，官渡法院异议裁定混淆了到期债权和收入。在复议申请人对到期债权提出异议的情况下，官渡法院不应对到期债权进行审查并采取执行措施，而应引导相关当事人通过代位权诉讼等途径维护权益。另，复议申请人与被执行人互负到期债务，依法可以抵销。昆明中院经审查查明，大理市人民法院（以下简称大理法院）于2019年2月27日受理华某混凝土公司诉北海全某公司运输合同纠纷案，于2019年8月23日作出（2019）云2901民初926号民事调解书，载明：“原告华某混凝土（大理）有限公司与被告北海全某机械设备有限公司确定双方之间的运输费总计为4111089.49元（总运费17235676.79元，减去已付款13124587.3元），扣除被告应赔偿给原告的各项损失合计1630000元（包括租车损失890597.2元、解除合同违约金200000元、没收保证金200000元、电费油费124991.77元、订单损失214411.03元)，剩余运输费2481089.49元，由原告于2019年8月30日前支付给第三人昆明华某车用燃气有限公司，抵扣被告应支付第三人的燃气费”等。

【案件焦点】

1. 官渡法院对异议人的异议是否应该审查；2. 异议人主张的债务抵扣是否成立；3. 该案是否存在可以执行的到期债权。

【法院裁判要旨】

云南省昆明市中级人民法院经审查认为：官渡法院依据信某物流公司保全到期债权的申请作出保全执行裁定和协助执行通知书，对被执行人北海全某公司在第三人华某混凝土公司的运费予以冻结，并向华某混凝土公司送达上述执行裁定书及协助执行通知书的执行行为，符合保全到期债权的法律规定。上述冻结到期债权的实质是冻结抽象的债权债务关系，而不是直接冻结华某混凝土公司所拥有或支配的财产。被冻结的抽象债权债务关系进入执行且债权已届履行期，执行法院应采取发出履行到期债务通知书（以下简称履债通知书）的方式进行执行。同时，对于未经生效法律文书确认且第三人提出异议的债权债务关系，执行法院不得在强制执行程序中对该债权债务是否存在以及具体数额进行实体判断并进行强制执行。反之，对于生效法律文书确认或者第三人认可的债权债务，则可以强制执行。根据查明的事实，华某混凝土公司在其提起诉讼由大理法院审理的（2019）云2901民初926号案件中，认可其尚欠被执行人北海全某公司运输费2481089.49元，并在异议和复议申请中再次陈述认可相关事实，故官渡法院可以对其认可的该部分款项进行强制执行。复议申请人关于其与被执行人在清算中抵销互负到期债务的主张应予采纳。综上，官渡法院作出（2017）官法执字第6703号保全执行裁定书及协助执行通知书，冻结被执行人北海全某公司在华某混凝土公司的运费系合法的强制执行行为，但数额应仅限于华某混凝土公司认可的2481089.49元，而非418万元。官渡法院原审异议裁定存在认定部分事实不清，处理结果不当的问题。据此，依照《最高人民法院关于人民法院办理执行异议和复议案件若干问题的规定》第二十三条第一款第三项之规定，裁定：

一、撤销官渡法院（2020）云0111执异474号执行裁定书；

二、变更官渡法院（2017）官法执字第6703号执行裁定书裁定内容为：对被执行人北海全某公司在华某混凝土公司的运费予以冻结2481089.49元，待该院提取；

三、变更官渡法院（2017）官法执字第6703号协助执行通知书的协助执行事项为对被执行人北海全某公司在华某混凝土公司的运费予以冻结2481089.49元，待该院提取。

【法官后语】

人民法院执行被执行人对他人（以下统称第三人）享有的到期债权应把握一个基本原则，即，只有在第三人对债权债务予以认可或者该债权债务有生效法律文书予以确认的情况下方可强制执行。这是因为在债权债务关系存在争议的情况下，应通过民事诉讼程序进行裁判来确定双方的权利义务。如果在执行程序中“以执代审”直接确定双方的权利义务，则侵害了当事人的诉权，属于违法的执行行为。具体实施中，应注意区分以下情况：

1. 保全阶段，应根据《最高人民法院关于适用〈中华人民共和国民事诉讼法〉的解释》（以下简称《民诉法解释》）第一百五十九条的规定，作出裁定冻结该债权，明确第三人不得对债务人清偿。因保全阶段冻结到期债权的实质是冻结抽象的债权债务关系，而不是直接冻结第三人所拥有或支配的财产，不会实际处理冻结对象，不会对当事人的权利造成影响，如果第三人对保全冻结提出异议，执行法院可不作处理。

2. 执行阶段，应根据《民诉法解释》第五百零一条和《最高人民法院关于人民法院执行工作若干问题的规定（试行）》（以下简称《执行工作规定》）（2020年新修订）第四十五条的规定，作出冻结债权的裁定并向第三人发出履债通知书。通知书应告知其履行期限、异议期限及法律后果等并直接送达第三人。第三人在指定的期限内提出异议（在执行程序中提出而非通过执行异议程序提出），执行法院不能审查且不能强制执行，应告知申请执行人异议情况并指引其通过代位诉讼主张权利；第三人对债权债务部分承认、部分有异议的，则可对其承认的部分强制执行；第三人在指定期限内既不提出异议又不履行，执行法院才可作出裁定对其强制执行。司法实践中，普遍存在执行法院在执行程序中对未经实体审判并经生效法律文书确认的债权采取作出裁定和发出协助执行通知书进行执行的做法，应属违法的执行行为。因为这种做法的实质是以执行程序代替审判程序，在执行阶段对债权是否真实存在以及债权的数额进行了实体审查并采取的强制执行行为，剥夺了第三人的异议权和当事人合法的诉权。虽然有观点认为，这里的协助执行通知书本质上属于履债通知书，但笔者认为，协助执行通知书本身即具有强制性，且外观形式上不具备法律规定的履债通知书的内容要件，因而极易引起第三人如何行使异议权的困惑和争议，造成不必要的程序周折和浪费，也影响异议审查和执行的效率。为此，笔者认为执行程序中执行到期债权应严格按照法律规定发出履债通知书而非协助执行通知书。

3. 保全阶段对到期债权的保全行为延续到执行阶段。按照《最高人民法院关于人民法院民事执行中查封、扣押、冻结财产的规定》① 第四条关于“诉讼前、诉讼中及仲裁中采取财产保全措施的，进入执行程序后，自动转为执行中的查封、扣押、冻结措施”的规定，保全阶段对到期债权的冻结行为，包括冻结债权的裁定和协助执行通知书，进入执行阶段后即自动转化为执行程序中的执行行为。因该行为将会导致处置财产的结果，对当事人的权利造成影响，即便第三人在保全阶段没有提出异议，进入执行程序后才提出异议，执行法院也应当通过执行异议审查程序进行审查，并裁定撤销相关执行行为。如果第三人没有提出执行异议，执行法院则可依据《民诉法解释》和《执行工作规定》的规定向第三人发出履债通知书。此时，就回归到了执行到期债权的程序中，处理原则如前所述。

① 此文件为2008年版，已于2020年进行修正。

具体到本案，官渡法院在诉讼保全中作出的冻结到期债权裁定和协助执行通知书，进入执行程序后即自动转为执行程序中的执行行为。因此，第三人华某混凝土公司可以提出执行行为异议，官渡法院理应审查并撤销上述裁定和协助执行通知书。但由于华某混凝土公司在另案诉讼中认可了其对被执行人北海全某公司负有债务及具体的数额，故官渡法院可以对其认可的部分强制执行。因为华某混凝土公司的认可行为事实上是放弃了对其认可部分债务的异议权；同时，对其不认可的部分，申请执行人仍然可以通过代位诉讼主张权利。

昆明中院通过纠正官渡法院的执行裁定及协助通知书来处理本案，既保护了各方当事人的利益，又有利于便捷高效地执行并规范到期债权的执行行为，兼顾了公正和效率，达到了良好的法律效果和社会效果。

编写人：云南省昆明市中级人民法院　冯丽萍　陈栋

23

第三人收到限期履行到期债务通知书后超过指定期限提出异议的法律后果问题

——易某鸿与被执行人田某军等执行复议案

【案件基本信息】

1. 裁判书字号

重庆市第三中级人民法院（2021）渝03执复8号执行裁定书

2. 事由：执行复议

3. 当事人

复议申请人（申请执行人）：易某鸿

异议人：重庆康某建设（集团）有限公司（以下简称康某公司）

被执行人：田某军、罗某玲、重庆某州大酒店有限公司

【基本案情】

易某鸿申请执行田某军、罗某玲、重庆某州大酒店有限公司民间借贷纠纷执行一案，田某军提出其在康某公司有应收工程款。重庆市涪陵区人民法院向康某公司送达履行到期债务通知书，通知康某公司履行，康某公司收到该通知书后，在15天内既未提出书面异议，也没有履行。重庆市涪陵区人民法院遂裁定强制执行田某军对康某公司的到期债权80万元。

康某公司不服，向重庆市涪陵区人民法院提出执行异议，重庆市涪陵区人民法院于2017年11月3日作出（2017）渝0102执异190号执行裁定，裁定驳回康某公司的执行异议。康某公司不服该裁定向重庆市第三中级人民法院申请复议，重庆市第三中级人民法院作出（2018）渝03执复3号执行裁定，裁定驳回康某公司的复议申请。2018年5月3日，重庆市涪陵区人民法院扣划了康某公司银行存款80万元。康某公司不服扣划裁定，向重庆市高级人民法院申请再审，重庆市高级人民法院作出裁定：撤销（2018）渝03执复3号执行裁定及（2017）渝0102执异190号执行裁定，发回重庆市涪陵区人民法院重新审查处理。重庆市涪陵区人民法院在重新审查过程中，决定将扣划的80万元退回康某公司，康某公司撤回执行异议，重庆市涪陵区人民法院2019年3月4日裁定准许康某公司撤回执行异议。同日，重庆市涪陵区人民法院作出（2017）渝0102执2940号之五执行裁定，裁定冻结康某公司在中国建设银行綦江支行账户内存款80万元。

2019年4月1日，易某鸿以康某公司为被告向重庆市綦江区人民法院提起债权人代位权纠纷诉讼，诉讼请求被驳回。康某公司不服（2017）渝0102执2940号之五执行裁定，向重庆市涪陵区人民法院提出执行异议，请求撤销该执行裁定。重庆市涪陵区人民法院认为，该院向康某公司送达履行到期债务通知书后，康某公司在指定期限内虽未书面提出异议，但綦江区法院生效判决已确认，易某鸿提供的证据不足以证明田某军在康某公司处享有到期债权。涪陵法院遂作出（2020）渝0102执异66号执行裁定，裁定撤销（2017）渝0102执

2940号之五执行裁定。易某鸿向重庆市第三中级人民法院申请复议，要求康某公司就田某军所欠易某鸿的债务承担80万元连带清偿责任，并将该80万元立即执行兑现。

【案件焦点】

第三人在收到限期履行到期债务通知书后未在指定期限提出异议的是否应当得到司法救济。

【法院裁判要旨】

重庆市涪陵区人民法院认为，该院向康某公司送达履行到期债务通知书后，康某公司在指定期限内虽未书面提出异议，但綦江区法院生效判决已确认，易某鸿提供的证据不足以证明田某军在康某公司处享有到期债权。故，该院作出（2017）渝0102执2940号之五执行裁定，裁定冻结康某公司在中国建设银行綦江支行账户内的存款80万元确有不当，依法应予撤销。

重庆市涪陵区人民法院依照《中华人民共和国民事诉讼法》第二百二十五条、《最高人民法院关于人民法院办理执行异议和复议案件若干问题的规定》第十七条第二项之规定，作出如下裁定：撤销（2017）渝0102执2940号之五执行裁定。

重庆市第三中级人民法院认为，第三人在收到履行到期债务通知书后，未在法定期限内提出异议，并不发生承认债务存在的实体法效力，第三人在法院开始强制执行后仍有异议的，应当得到司法救济。本案中，因被执行人田某军提出其对第三人康某公司享有到期债权，重庆市涪陵区人民法院向康某公司发出履行到期债务通知书，康某公司收到该通知书后，在15天内既未提出书面异议也未履行，重庆市涪陵区人民法院有权裁定对其强制执行。但是，康某公司在法定期限内没有提出书面异议，并不发生承认到期债权的实体法律效力，康某公司在期限届满后，以不存在到期债权为由针对法院的强制执行行为书面提出执行异议，法院仍然应当进行审查。

重庆市第三中级人民法院依照《最高人民法院关于人民法院办理执行异议

和复议案件若干问题的规定》第二十三条第一款第一项之规定，作出如下裁定：驳回复议申请人易某鸿的复议申请，维持重庆市涪陵区人民法院（2020）渝0102执异66号执行裁定。

【法官后语】

到期债权的执行是一种在被执行人无可供执行财产的情况下，对被执行人享有的对案外第三人的到期债权进行强制执行的一种法律制度，其背景来源于我国民事纠纷已决案件中普遍出现的执行难问题，被执行人不能清偿债务但对第三人享有到期债权，人民法院可以依申请执行人或被执行人的申请，向第三人发出履行到期债务通知，通知第三人直接向申请执行人履行其对被执行人所负的债务，不得向被执行人清偿。但是，第三人在法定期限内没有提出书面异议，是否发生承认到期债权的实体法律效力，在期限届满后，是否能以不存在到期债权为由针对法院的强制执行行为书面提出执行异议，在司法实践中存在诸多争议，该案对类案的处理具有一定的参考价值。

一是对第三人对到期债权提出异议的处理。《最高人民法院关于人民法院执行工作若干问题的规定（试行）》第四十五条规定，被执行人不能清偿债务，但对本案以外的第三人享有到期债权的，人民法院可以依申请执行人或被执行人的申请，向第三人发出履行到期债务的通知（以下简称履行通知）。履行通知必须直接送达第三人。履行通知应当包含下列内容：(1) 第三人直接向申请执行人履行其对被执行人所负的债务，不得向被执行人清偿；(2) 第三人应当在收到履行通知后的十五日内向申请执行人履行债务；(3) 第三人对履行到期债权有异议的，应当在收到履行通知后的十五日内向执行法院提出。因该异议是实体上的异议，关系到债权债务、权利义务关系是否存在，是需要通过诉讼程序进行确认的。该制度有一重要特征，即第三人享有完全异议权，法院执行机构在对第三人受到履行到期债务通知书十五日内提出的关于第三人到期债权的异议，无论理由是否充分，一概不予审查，只要十五日内提出了异议，执行机构必须停止执行该债务。人民法院执行被执行人对第三人的到期债权，第三人对到期债权有异议的，人民法院对异议部分不得强制执行，对第三人的异议不进行审查。第三人异议，是指第三人对其与被执行人之间是否存在到期债权及债权的具体数额有异议。因此，第三人提出该异议的，法院不予审查，也不得强制执行，申请执行人应通过提起代位权诉讼主张权利。

二是第三人在收到履行到期债务通知书后，未在法定期限内提出异议的问题。第三人在履行通知书指定的期限内没有提出异议的，又不履行的，执行法院有权裁定对其强制执行，履行债务通知书。但第三人在法定期限内未提出异议，或者提出异议未获支持的，并不发生承认债务存在的实体法效力。第三人在法院开始强制执行后仍有异议的，应当得到司法救济。关于救济方式，应适用《最高人民法院关于人民法院办理执行异议和复议案件若干问题的规定》第七条第二款规定的债务人异议程序，被执行人以债权消灭、丧失强制执行效力等执行依据生效之后的实体事由提出排除执行异议的，依照民事诉讼法第二百二十五条的规定进行审查。执行被执行人对案外第三人的到期债权，其基本前提是被执行人对案外第三人依法享有到期债权。即使第三人在债权保全阶段未提出异议，但在债权变价阶段提出异议，且有明确证据证明不存在到期债权的，人民法院应当予以支持。本案中，康某公司在重庆市涪陵区人民法院采取强制执行措施后书面提出了执行异议。同时，有人民法院作出的生效裁判文书，确认易某鸿提供的证据不足以证明田某军在康某公司享有到期债权，并判决驳回了易某鸿诉请法院判令康某公司向其履行代位清偿义务的诉讼请求。因此，康某公司所提执行异议应当得到支持。

编写人：重庆市第三中级人民法院　雷雨

24

变更申请执行人的程序中，既往债权人不必向法院证明其在转让债权时无作为被执行人的案件

——东方前某立翔投资管理（杭州）合伙企业（有限合伙）与张某等执行异议案

【案件基本信息】

1. 裁判书字号

北京市第三中级人民法院（2021）京03执复81号执行裁定书

2. 事由：执行异议

3. 当事人

复议申请人（变更申请人）：东方前某立翔投资管理（杭州）合伙企业（有限合伙）（以下简称东方前某合伙企业）

申请执行人：某银行股份有限公司北京慧忠里支行（以下简称某银行慧忠里支行）

被执行人：张某、峰某国际休闲俱乐部（北京）有限公司、北京新某房地产开发有限公司

【基本案情】

某银行慧忠里支行申请执行峰某国际休闲俱乐部（北京）有限公司等借款合同纠纷一案，北京市朝阳区人民法院以（2015）朝执字第16376号案件立案受理。

执行中，交行北京分行委托交行上海分行将本案债权及相关权利对外转让。2016年6月，交行上海分行与华某资产公司签署《不良资产批量转让协议》，

交行上海分行将本案债权及相关权利全部转让给了华某资产公司，并登报公告。2016年8月，华某资产公司与上海锦某公司签署《资产转让协议》，将本案债权及相关权利全部转让给了上海锦某公司，并登报公告。2019年9月，上海锦某公司授权交行北京分行将本案债权及相关权利批量转让，并签署《不良资产交易合同》。2019年10月，交行北京分行与东方前某合伙企业签署《不良资产交易合同》，将本案债权及相关权利全部转让给了东方前某合伙企业，并登报公告。上述多次债转均未向人民法院申请变更申请执行人。东方前某合伙企业以其合法受让本案债权为由，申请变更为（2015）朝执字第16376号案件的申请执行人。

【案件焦点】

执行债权受让人在申请变更为申请执行人时，是否需要既往债权持有人提交在转让债权时其无作为执行案件被执行人的证明。

【法院裁判要旨】

北京市朝阳区人民法院经审理认为：债权转让应由申请执行人书面确认，并通知执行人。本案中，通知被执行人债权转让事宜的公告中公告事项并不明确，且既往债权持有人中有相关持有人未向法院证明在转让债权之时无作为被执行人正在执行过程中的执行案件。故对东方前某合伙企业要求申请变更本案申请执行人的请求，不予支持。综上，依照《中华人民共和国民事诉讼法》第一百五十四条第一款第十一项之规定，裁定如下：驳回东方前某合伙企业的变更请求。

东方前某合伙企业不服，向北京市第三中级人民法院申请复议。

北京市第三中级人民法院经审理认为：申请执行人将生效法律文书确定的债权依法转让给第三人，且书面认可第三人取得该债权，该第三人申请变更、追加其为申请执行人的，应予支持。本案中，申请执行人某银行慧忠里支行将生效法律文书确定的债权转让给华某资产公司，华某资产公司将上述债权转让给上海锦某公司、上海锦某公司又转让给东方前某合伙企业，每次转让以公告的方式履行通知义务，转让行为各方当事人均予以认可，不违反法律法规的强制性规定，且某银行慧忠里支行书面认可东方前某合伙企业已取得该债权，故东方前某合伙企业请求变更其为申请执行人，应予支持。朝阳区人民法院以相关债权持有人未向法院证明在转让债权时无作为被执行人的执行案件为由，驳回变更申请，于法无据，故本院予以纠正。依照《最高人民法院关于民事执行中变更、追加当事人若干问题的规定》第九条、《最高人民法院关于人民法院办理执行异议和复议案件若干问题的规定》第二十三条第一款第二项之规定，裁定如下：

一、撤销北京市朝阳区人民法院（2020）京0105执异1042号执行裁定；

二、变更东方前某合伙企业为北京市朝阳区人民法院（2015）朝执字第16376号案件的申请执行人。

【法官后语】

民事权利可由权利人自由处分，除本身不可转让性外，债权经过生效法律文书确认，并不妨碍债权人将其转让。受让人在取得债权的同时，法律也赋予了其取得实现该权利的手段和相应的程序保障。否则，债权受让人将不得不假借出让人之手提起诉讼、申请执行，有违司法程序的效率原则。

执行程序不是审查判断债权转让实体法律效力的适当程序，对于变更执行案件当事人程序，执行法院应以形式审查为原则。《最高人民法院关于民事执行中变更、追加当事人若干问题的规定》第九条明确将申请执行人书面确认第三人取得执行债权作为变更追加第三人为申请执行人的要件。只要债权转让的过程是明确、清晰、连续的，人民法院能够确定多次转让中的当事人均对债权归属无争议，就可以变更最后的受让人为申请执行人。如果法院要求变更申请主体提交证明既往债权人在转让债权时无作为执行案件被执行人的证据材料，则可能使变更申请执行人程序进入对债权转让是否侵害第三人利益的实体判断程序，有违变更当事人程序的设置理念，造成“审执不分”的混乱。另外，在现实中，执行债权的既往持有人虽有作为被执行人的案件，但并非意味该债权人确无其他可供执行的财产，其转让债权未必会对第三人利益造成侵害，可见是否对第三人利益造成侵害的判断是一个复杂的过程。因此，如果债权转让方存在侵害债权人的行为，相关利益主体应通过相应的诉讼渠道进行救济，而不应该由执行变更程序进行审查。

另外，执行程序变更当事人应严格遵循“事由法定”这一原则。一方面，法院不得在法律或司法解释没有明确规定可变更、追加执行案件当事人的情形下作出变更、追加执行案件当事人的裁定；另一方面，法院也不应该在变更申请执行主体满足法定情形的条件下要求变更申请主体提交额外的证明材料，以防止当事人变更申请执行主体时遇到不应有的障碍，增加诉累。

本案中，执行法院已对案件债权的多次转让过程进行了严格审查，已证实从确认法律效力之初的债权人转让债权到本次变更申请执行人手续的申请人期间的多次转让均具备相应的法律要件，相关材料已达到法律规定的条件，不应该再要求变更申请执行主体提交法定条件之外的证据作为申请执行主体变更的依据。

编写人：北京市朝阳区人民法院　张凯华

25

简易注销登记模式下变更追加股东适用规则的选取

——刘甲与崔乙、吴某群执行异议案

【案件基本信息】

1. 裁判书字号

上海市崇明区人民法院（2022）沪 0151 执异 9 号执行裁定书

2. 事由：执行异议

3. 当事人

申请人：刘甲

被申请人：崔乙、吴某群

被执行人：阡某（上海）网络科技有限公司（已注销）（以下简称阡某网络公司）

【基本案情】

申请人刘甲向法院提出申请，要求追加股东崔乙、吴某群作为（2021）沪0151执1829号的被执行人。申请人曾依据浦劳人仲（2020）办字第10027号裁决书向本院申请执行，在执行过程中，因未发现被执行人有可供执行的财产，遂终结本次执行程序。后申请人发现被执行人阡某网络公司已于2021年7月15日注销，认为该次注销涉嫌虚假陈述、虚假承诺，未经清算且未通知债权人，而且被执行人阡某网络公司及其法定代表人吴某群在2021年6月16日提交的《企业注销申请书》上签章确认，表示无债权债务，债权债务已清算完毕，公司股东崔乙、吴某群于同日出具《全体投资人承诺书》，承诺：本企业申请注销登记前已将债权债务清算完结。本企业全体投资人对以上承诺的真实性负责，如果违法失信，则由全体投资人承担相应的法律后果和责任，并自愿接受相关行政执法部门的约束和惩戒。综上，申请人以被执行人阡某网络公司在申请注销过程中故意虚构未发生债权债务，隐瞒生效法律文书所确定的对外债务，规避正常的清算程序，损害债权人利益为由，根据《最高人民法院关于民事执行中变更、追加当事人若干问题的规定》第二十一条的规定，申请追加崔乙、吴某群为（2021）沪0151执1829号案被执行人。被申请人及被执行人未提交答辩意见。

【案件焦点】

在企业选择简易注销方式办理注销登记后，若发现该企业存在隐瞒未了结的债权债务，提供虚假的《全体投资人承诺书》的情况，债权人是否可以通过执行异议的方式，以《最高人民法院关于民事执行中变更、追加当事人若干问题的规定》第二十一条为依据，申请追加企业股东为被执行人。

【法院裁判要旨】

上海市崇明区人民法院于2022年1月25日作出（2022）沪0151执异9号执行裁定书，裁定：一、追加崔乙、吴某群为（2021）沪0151执1829号案被执行人；二、崔乙、吴某群对上海市浦东新区劳动人事争议仲裁委员会浦劳人仲（2020）办字第10027号裁决书确认的应由阡某网络公司履行的债务承担连带清偿责任。本案执行裁定书作出后，各方当事人未提出执行异议之诉，裁定已生效。

法院生效裁判认为：根据《最高人民法院关于民事执行中变更、追加当事人若干问题的规定》第二十一条的规定，作为被执行人的公司，未经清算即办理注销登记，导致公司无法进行清算，申请执行人申请变更、追加有限责任公司的股东、股份有限公司的董事和控股股东为被执行人，对公司债务承担连带清偿责任的，人民法院应予支持。本案中阡某网络公司作为被执行人，负有向申请执行人刘甲履行金钱给付的义务，但阡某网络公司在执行过程中以简易程序的方式注销公司，申请注销时写明债权债务已清算完结，并由全体股东出具《全体投资人承诺书》承诺公司在申请注销登记时不存在不适用企业简易注销登记的情形。根据法律规定，对领取营业执照后未开展经营活动、申请注销登记前未发生债权债务或已将债权债务清算完结的有限责任公司、非公司企业法人、个人独资企业、合伙企业，由其自主选择适用一般注销程序或简易注销程序，即若有未结清的债权债务不应适用简易程序办理注销登记。本案中被执行人阡某网络公司明知有未履行债务，仍选择适用简易注销程序，以逃避清算，属于未经清算即办理注销登记，导致公司无法进行清算的情形，申请人刘甲申请追加被执行人阡某网络公司的股东崔乙、吴某群作为（2021）沪0151执1829号案被执行人，对公司债务承担连带清偿责任的请求，于法有据，应予支持。

【法官后语】

近年来，市场监管总局积极推行企业简易注销登记改革试点工作，极大地便利了未开业或无债权债务市场主体退出市场。随着简易注销登记工作的不断推进，中小微企业的退出机制便捷高效，但是登记部门在企业办理简易注销登记时仅进行形式审查，可能存在股东虚假承诺、企业恶意退出的情况，在企业适用简易注销程序办理登记的情形下，债权人可通过执行异议追加股东作为被执行人，但需要考虑的问题是，此类企业应属于《最高人民法院关于民事执行中变更、追加当事人若干问题的规定》第二十一条规定的“未经清算”的企业，还是第二十三条规定的“未经依法清算”的企业，法条的选择直接关系到当事人享有的救济途径、提供证据材料的侧重点、可被追加为被执行人的范围等问题的不同。

一、未经清算与未经依法清算

未经清算是指企业完全没有经过清算的过程，此处需要采用广义解释的方式，即只要涉案企业提供了清算报告，无论该清算报告内容是否记载虚假，都属于“经过清算”；未经依法清算则指企业在办理注销登记时按照登记机关的要求提交了相应的清算报告，但实则并未依法清缴社保费用、税款以及对外的其他债务，隐瞒存在尚未结清的债权债务，不通过申请破产的形式，反而以虚假的清算报告骗取办理企业注销登记的情形。申请简易注销登记只需要提交申请及全体投资人承诺，并不需要提供企业清算报告，自然无需清算，因此在简易注销登记中，企业违规办理注销属于“未经清算”。申请一般注销登记的企业则需要依法提交清理债权债务完结证明，从登记主管机关的形式审查来看，对注销登记申请的审查就是审查证明公司终结的文件是否完备，不进行实质审查，清算报告作为申请注销登记的必备文件，企业如果在清算报告内容上作假则属于“未经依法清算”。本案的情况是股东选择简易注销程序办理公司注销登记，属于《最高人民法院关于民事执行中变更、追加当事人若干问题的规定》第二十一条规定的范围，应适用该条。

二、责任的主体

《最高人民法院关于民事执行中变更、追加当事人若干问题的规定》第二十一条规定，承担责任的主体为有限责任公司的股东、股份有限公司的董事和控股股东，局限于公司员工。第二十三条规定，承担责任的主体为提供书面承诺对被执行人的债务承担清偿责任的第三人，该条没有身份的限制，凡是根据真实的意思表示提供书面承诺的主体都可以成为被追加的对象。在本案中，阡某网络公司存在未经清算的情况，因此在规定选择上适用《最高人民法院关于民事执行中变更、追加当事人若干问题的规定》第二十一条，继而承担连带清偿责任的为公司的股东。

三、救济途径的选择

根据《最高人民法院关于民事执行中变更、追加当事人若干问题的规定》第三十条规定，被申请人、申请人或其他执行当事人对执行法院作出的变更、追加裁定或驳回申请裁定不服的，可以自裁定书送达之日起十日内向上一级人民法院申请复议，但依据本规定第三十二条的规定应当提起诉讼的除外。第三十二条第一款规定，被申请人或申请人对执行法院依据本规定第十四条第二款、第十七条至第二十一条规定作出的变更、追加裁定或驳回申请裁定不服的，可以自裁定书送达之日起十五日内，向执行法院提起执行异议之诉。由此可见，适用第二十一条或是适用第二十三条直接影响当事人救济途径的选择。

综上，在简易注销登记中，若企业存在隐瞒未了结的债权债务，提供虚假的书面承诺，损害债权人利益的，债权人可通过提起执行异议的方式，适用《最高人民法院关于民事执行中变更、追加当事人若干问题的规定》第二十一条，直接申请追加公司的股东作为执行案件的被执行人。

编写人：上海市崇明区人民法院　赵美臣

26

未届认缴期限的股东恶意转让股权损害债权人利益的，应在认缴出资范围内对公司债务承担补充赔偿责任

——韩某娥等诉姚某等执行程序中的异议之诉案

【案件基本信息】

1. 裁判书字号

北京市第三中级人民法院（2021）京 03 民终 6207 号民事判决书

2. 案由：执行程序中的异议之诉

3. 当事人

原告（上诉人）：韩某娥、陈某平、李某吉、李某皓

被告（被上诉人）：姚某、梁某波、北京鸿某物流有限公司（以下简称物流公司）

【基本案情】

韩某娥等四人与梁某波、物流公司、姚某、华某财产保险股份有限公司北京分公司机动车交通事故责任纠纷案，顺义法院于 2019 年 6 月 20 日作出（2019）京 0113 民初 9358 号民事判决书判决梁某波、物流公司连带赔偿韩某娥等四人各项损失费 940407.2 元。物流公司不服，提出上诉，本院于 2019 年 9 月 24 日作出（2019）京 03 民终 10506 号民事判决书判决驳回上诉，维持原判。后韩某娥、陈某平、李某吉、李某皓向顺义法院申请执行。执行中，法院未能查到梁某波、物流公司可供执行的财产。后韩某娥等四人以物流公司财产不足以清偿生效法律文书确定的债务，姚某、陈某竹作为股东未缴纳或未足额缴纳出资，且未依法履行出资义务即转让股权为由，要求追加姚某、陈某竹为被执

行人。顺义法院于2020年3月16日作出（2020）京0113执异20号、21号执行裁定书，驳回韩某娥等四人的追加请求。韩某娥等四人对该执行裁定不服，提起本诉。

物流公司成立于2014年12月17日，股东姚某出资数额90万元，陈某竹出资数额210万元，出资时间均为2034年12月16日。2019年7月2日股东会决议同意，陈某竹、姚某将上述股权以零对价全部转让给吴某平。

吴某平于2019年10月16日在首都医科大学北京友谊医院被诊断为膀胱恶性肿瘤。2019年10月23日住院病历记录载明“主诉：膀胱肿瘤电切术后2年，间断性全程肉眼血尿1年余”。顺义法院于2020年3月16日作出（2020）京0113执异19号执行裁定书裁定追加吴某平为（2019）京0113民初9358号民事判决书之执行案件的被执行人，吴某平对物流公司所欠债务承担连带责任。

【案件焦点】

本案在二审期间的争议焦点为，姚某在转让股权后，是否仍应就物流公司的债务向韩某娥等四人承担清偿责任。

【法院裁判要旨】

一般情况下，未届认缴期限的股东依法享有期限利益，但转让股权的行为明显存在恶意，故意利用股东期限权利地位损害第三方债权人的，转让股东应在认缴出资范围内承担相应的出资义务。

本案中，根据查明的事实，韩某娥等四人申请的（2019）京0113执8407号执行案件执行标的额为880407.20元及利息，经采取执行措施，因被执行人物流公司、梁某波名下无可供执行的财产信息反馈，且追加的被执行人吴某平名下无房产、车辆、证券、住房公积金等信息反馈，顺义法院已于2020年8月14日出具（2019）京0113执恢771号执行裁定书，裁定终结顺义法院（2019）京0113民初9358号民事判决第三项的本次执行程序。物流公司构成资产不足以清偿全部债务的情形，已具备破产原因。

股东不得滥用其出资期限利益以逃避债务、损害公司债权人权益，股东在明知公司对外负债且无力清偿的情况下恶意转让未届出资期限的股权、增加公司注册资本实缴到位的风险，其行为损害债权人利益，不应得到法律保护。具体到本案，姚某向吴某平转让股权存在诸多不合理之处。

首先，从股权转让时间来看，姚某向吴某平转让股权时，韩某娥等四人已向法院起诉要求姚某等赔偿损失，该案判决物流公司承担债务后，物流公司不服提出上诉期间，其作为案件被告转让股权，本院难以认定其为善意。

其次，从股权转让过程来看，姚某的认缴出资额为 90 万元，其以零对价向吴某平转让股权，明显不符合常理，且姚某未能举证证明公司公章、营业执照以及资产的交付事宜；吴某平在法院谈话时自述没有经营能力，仅出于帮朋友陈某文忙办理法定代表人过户，陈某文与姚某系夫妻关系，与陈某竹系父女关系，其根本不知道物流公司办公地点，账册印章亦不在其处；庭审中，姚某、物流公司的委托诉讼代理人阿某刚认可姚某与陈某竹系继母女关系，其所称持有物流公司公章的联系人陈总的电话号码与吴某平提供的陈某文的电话号码一致，但庭后又称无法联系到陈总，姚某亦未回答陈总的身份。吴某平的陈述与代理人的陈述有诸多矛盾，但解释显然不符合常理。结合上述事实，本院难以认定该股权转让系符合市场规律的正常交易。

最后，从股权受让人情况来看，吴某平自称没有收入来源，属低保户，自 2017 年即诊断为膀胱癌；吴某平的医院病历资料显示，姚某向其股权转让后的 3 个月，吴某平因膀胱恶性肿瘤入院治疗，且主诉膀胱肿瘤电切术后 2 年，间断性全程肉眼血尿 1 年余；（2019）京 0113 执恢 771 号执行裁定书，亦载明吴某平名下无房产、车辆、证券、住房公积金等信息反馈。结合上述事实，本院难以认定吴某平有实缴出资的财务能力和做活公司的经营能力。

综合前述因素，本院认定姚某将股权转让给吴某平的行为是利用公司股东的期限利益恶意逃避债务，侵害了公司债权人的利益。对姚某恶意转让股权、滥用股东期限利益的行为应予否定，现韩某娥等四人申请追加陈某竹为（2019）京 0113 执 8407 号执行案件的被执行人，符合法律规定，本院予以支持。

【法官后语】

认缴期限未届满的股东转让股权后，对转让前的公司债务应否承担责任的问题在司法实务中一直是审理难点。注册资本认缴制下，未届认缴期限的股东依法享有期限利益，但为协调公司债权人、股东、公司等利益主体之间的关系，处理好公司外部与内部的关系，解决好公司自治与司法介入关系，《全国法院民商事审判工作会议纪要》为股东认缴期限加速到期设定了两种例外情形，在法律法规未规定的情况下，未届认缴期限股东恶意转让股权，侵害债权人利益，是否应对公司债务承担责任的问题，存在争议。

第一种观点认为认缴制下，股东享有期限利益。股东转让股权时所认缴股权的出资期限尚未届满，不应对债权人承担责任。第二种观点认为认缴制下，股东享有期限利益。股东转让股权时所认缴股权的出资期限尚未届满，不应对债权人承担责任。第三种观点认为公司股东出资义务恒定，未届出资期限的股东对公司负有出资义务，该出资义务不因股权转让而消灭。第四种观点认为股东不能滥用其出资期限利益，恶意逃避债务，损害债权人权益，应在未出资范围内对公司债务承担补充赔偿责任。

本案采用了第四种观点。

首先，从法律规定层面，股东恶意利用认缴出资期限利益，转让股权侵害债权人利益的行为应得到否定性的评价。《最高人民法院关于民事执行中变更、追加当事人若干问题的规定》第十九条及《最高人民法院关于适用〈中华人民共和国公司法〉若干问题的规定（三）》第十三条第二款均规定了未届认缴期限的股东对于已经确定的公司债权负有补充赔偿责任，而《全国法院民商事审判工作会议纪要》第六条设置的目的在于打击股东恶意利用出资期限利益，侵害债权人利益，虽然只列举了两种情形，但参考该两种情形的行为表现和恶意程度，恶意转让股权以逃避债务的行为也应属于否定评价的范围。

其次，从认定恶意层面，应当综合多种因素考量。恶意的认定应当审查包括转让的发生时间，是否在债务发生后或者诉讼期间，价格是否明显不公允，新股东在转让时是否具有经营能力、偿债能力，双方对于债务的交接情况等情形。一是转让的发生时间。转让股权时，债务关系是否已成立，以及债权债务关系是否正处于诉讼阶段。二是公司是否具备债务清偿能力。股东在转让股权时，公司是否具有债务清偿能力，公司是否已具备破产原因，但不申请破产的情形。三是受让股东的情况。受让股东是否具备出资能力、偿债能力和经营能力，受让后是否有实际参与经营的活动。四是转让股权行为的合理性。转让股权是否有书面协议，是否约定对价以及对价是否合理，转让股权后是否交接账目、公章、证照等材料，是否告知公司资产、债务等情况。

本案在法律未有明确规定的情况下，依据《中华人民共和国公司法》等相关法律规定，参照《全国法院民商事审判工作会议纪要》的内容，从多个角度认定原股东存在利用认缴股东期限利益，恶意转让股权，逃避债务的情形，判定原股东应对公司不能清偿的债务承担补充赔偿责任，对于类案审判具有一定的审判借鉴意义。

编写人：北京市第三中级人民法院　刘栋

27

重整计划执行完毕后取得执行依据的破产债权仍应按重整计划确定的标准受偿

——云南云某股份有限公司执行监督案

【案件基本信息】

1. 裁判书字号

广东省高级人民法院（2021）粤执监27号执行裁定书

2. 事由：执行监督

3. 当事人

申请执行人：江某农村商业银行股份有限公司

被申请执行人：云南云某股份有限公司、云南大某制焦有限公司

第三人：广东际某能源经贸有限公司

【基本案情】

2015年9月，广东际某能源经贸有限公司（以下简称际某能源经贸公司）为向江某农村商业银行股份有限公司（以下简称江某农商银行）借款而将其对云南大某制焦有限公司（以下简称大某制焦公司）的应收账款质押给江某农商银行作为担保。云南云某股份有限公司（以下简称云某公司）对大某制焦公司的应付账款提供连带保证担保。上述质押担保办理了质押登记。2016年6月，云南昆明中院受理云某公司破产重整申请。此后际某能源经贸公司曾向云某公司管理人申报债权，但当时未获得确认。2016年年底，昆明中院批准了重整计划，并在当年12月裁定终结云某公司重整程序，确认重整计划执行完毕，云某公司自重整计划执行完毕之日起不再承担清偿责任。重整程序终结后的2020年，昆明中院另作出裁定确认际某能源经贸公司对云某公司的债权数额为3100余万元。

另外，江某农商银行为实现债权，于2019年起诉云某公司和大某制焦公司，江门中院作出本案执行依据（2019）粤07民终2479号民事判决，确定云某公司在际某能源经贸公司出质的4200余万元应收账款范围内向江某农商银行承担连带清偿责任。江某农商银行遂向蓬江法院申请执行，该院裁定冻结云某公司5000万元的财产。云某公司对此提出执行异议，认为其已经按照重整计划确定的清偿比例将应付款项提存，执行法院不应再冻结其他款项。蓬江法院、江门中院执行异议、复议裁定均驳回云某公司的请求，认为江门中院生效判决确定了云某公司应承担连带清偿责任，执行法院采取执行措施并无不当。云某公司遂提出申诉。

此外，云某公司因不服本案执行依据向广东高院申请再审。广东高院于2021年8月作出（2020）粤民申4690号民事裁定书，认为经人民法院裁定批

准的重整计划，对债务人和全体债权人均有约束力。本案二审判决确认的是云某公司根据涉案协议应当承担的债务数额，不涉及在执行过程中按重整计划应实际支付的金额问题，与破产重整程序并不冲突。本案生效判决的执行应结合破产重整计划统筹实施。遂裁定驳回云某公司的再审申请。

【案件焦点】

破产重整程序终结后，债权人就其未通过破产程序清偿的债权另行诉讼并取得执行依据，执行法院是应当按照执行依据确认的金额予以执行还是按照破产重整计划确定的清偿标准予以执行。

【法院裁判要旨】

广东省高级人民法院审查后认为，根据《中华人民共和国企业破产法》第九十二条的规定，经人民法院裁定批准的重整计划，对债务人和全体债权人均有约束力。债权人未依照规定申报债权的，在重整计划执行完毕后，可以按照重整计划规定的同类债权的清偿条件行使权利。昆明中院裁定批准的云某公司重整计划对江某农商银行及云某公司具有约束力，债权应按照重整计划规定的同类债权的清偿标准受偿。如果按照破产重整结束后作出的执行依据确定的金额清偿债权，则等同于否定了《中华人民共和国企业破产法》关于债权人应通过破产程序受偿的规定，不但对其他通过破产重整程序获得清偿的债权人不公平，也加重了通过重整计划避免破产的云某公司债务负担，使重整计划的效果受到冲击。江门中院民事判决确定了江某农商银行对云某公司所享有债权的数额并确认云某公司应承担清偿责任，是对债权债务关系以及担保责任的认定。而昆明中院在破产程序中对际某能源经贸公司与云某公司的债权金额予以确认，两份生效法律文书系基于不同的法律程序所作，不存在冲突。执行法院应在执行程序中根据重整计划确定的清偿标准，确认云某公司对江某农商银行的清偿数额并在此基础上依法采取执行措施。蓬江法院、江门中院异议、复议裁定仅依据江门中院生效民事判决确定执行金额，与《中华人民共和国企业破产法》相关法律规定不相符，应当予以纠正。遂参照《中华人民共和国民事诉讼法》

第二百零四条[①]和《最高人民法院关于人民法院执行工作若干问题的规定（试行）》第七十一条之规定，作出（2021）粤执监27号执行裁定，裁定：

一、撤销江门中院（2020）粤07执复134号执行裁定；

二、撤销蓬江法院（2019）粤0703执异227号执行裁定；

三、蓬江法院依法对本执行案应当执行的金额予以计算确认，并在此基础上依法采取执行措施。

【法官后语】

本案由于穿插了破产程序和执行程序两个不同的程序，所以在处理上需要认真思考不同程序中作出的多份生效法律文书该如何理解和执行。如果将破产程序完全置之不理，则犯了异议、复议审查中处理问题简单化的错误。

江某农商银行在云某公司破产重整中申报了债权但未获得确认，在破产重整程序终结后另行就破产债权提起给付之诉，该如何处理所作的判决与破产程序的关系。这也恰恰是本案面临的最核心的问题。破产债权人应通过破产程序主张权利是其基本原则。《中华人民共和国企业破产法》第五十八条第三款规定，债务人、债权人对债权表记载的债权有异议的，可以向受理破产申请的人民法院提起诉讼。本案债权人申报过债权，在申报未获得确认的情况下，并未按前述法律规定提起债权确认的诉讼。在破产重整程序终结后，另行提起给付之诉。

《九民纪要》第一百一十条规定："人民法院受理破产申请后，已经开始而尚未终结的有关债务人的民事诉讼，在管理人接管债务人财产和诉讼事务后继续进行。债权人已经对债务人提起的给付之诉，破产申请受理后，人民法院应当继续审理，但是在判定相关当事人实体权利义务时，应当注意与企业破产法及其司法解释的规定相协调……人民法院受理破产申请后，债权人新提起的要求债务人清偿的民事诉讼，人民法院不予受理，同时告知债权人应当向管理人申报债权。债权人申报债权后，对管理人编制的债权表记载有异议的，可以根

① 《中华人民共和国民事诉讼法》（2022年1月1日起施行）第二百一十一条。

据《企业破产法》第58条的规定提起债权确认之诉。”这意味着债权人必须通过破产债权申报来主张权利，不能不经申报而另行诉讼；如果申报未得到确认，则应当通过债权确认诉讼解决，也不能通过另行提出给付之诉的程序主张权利。云某公司就本案执行依据提起过再审申请，再审裁定认为“本案二审判决确认的是云某公司根据涉案协议应当承担的债务数额，不涉及在执行过程中按重整计划应实际支付的金额问题，与破产重整程序并不冲突”。这一结论实际是认可债权人可以在破产程序终结后另行提起给付之诉。

《中华人民共和国企业破产法》第九十二条规定，“经人民法院裁定批准的重整计划，对债务人和全体债权人均有约束力。债权人未依照本法规定申报债权的，在重整计划执行期间不得行使权利；在重整计划执行完毕后，可以按照重整计划规定的同类债权的清偿条件行使权利。债权人对债务人的保证人和其他连带债务人所享有的权利，不受重整计划的影响”。本案中，云某公司的重整计划已执行完毕并经破产法院裁定终结重整程序，江某农商银行应依照上述法律规定，按照云某公司重整计划确定的清偿标准受偿。至于受偿的具体数额，由于执行法院并未按照重整计划确定的标准计算过应当执行的金额，在执行监督程序中不对具体金额作出认定，留待执行法院按照前述标准重新进行计算认定。

编写人：广东省高级人民法院　李焱辉

28

执行程序中追加出资期限尚未届满的股东为被执行人的条件

——中国某长江有限公司张家港分公司诉曹某峰等申请执行人执行异议案

【案件基本信息】

1. 裁判书字号

江苏南京海事法院（2021）苏72执异4号执行裁定书

2. 事由：申请执行人执行异议

3. 当事人

申请执行人：中国某长江有限公司张家港分公司

被申请执行人：曹某峰、俞某妹、丁某行、季某芝、丁某宜、曹某华、吴某芯

【基本案情】

中国某长江有限公司张家港分公司与江苏某隆创展国际物流有限公司（以下简称某隆国际物流公司）、苏州某珑国际供应链管理有限公司（以下简称某珑国际供应链管理公司）海上货运代理合同纠纷一案，依据生效的（2020）苏72民初278号民事判决书，某隆国际物流公司应向申请执行人支付代垫海运费及其他费用326758.62元及利息；某珑国际供应链管理公司对某隆国际物流公司的付款义务承担连带责任。因某隆国际物流公司、某珑国际供应链管理公司未履行，法院编立（2020）苏72执57号案件执行。因未发现被执行人某隆国际物流公司、某珑国际供应链管理公司有可供执行的财产，法院依法裁定终结

本次执行程序。执行程序中，申请执行人认为两被执行人的股东曹某峰、曹某华、俞某妹、丁某宜、吴某芯、丁某行、季某芝出资为认缴，未实缴出资，申请追加该七人为被执行人。

在案证据显示：某隆国际物流公司2016年成立时，曹某峰认缴出资额800万元，曹某华认缴出资额200万元，出资方式均为货币，出资期限均为2046年12月31日。2018年12月6日，某隆国际物流公司股东变更为曹某华、俞某妹，曹某峰将其30%公司股权（计300万元的出资额，实缴0元）以0元价格转让曹某华，曹某峰将其50%公司股权（计500万元的出资额，实缴0元）以0元价格转让俞某妹，变更后曹某华认缴出资额500万元，俞某妹认缴出资额500万元，出资方式均为货币，出资期限均为2046年12月31日。某珑国际供应链管理公司2018年成立，丁某宜认缴出资额100万元，曹某峰认缴出资额200万元，吴某芯认缴出资额200万元，出资方式均为货币，出资期限均为2040年12月31日。2019年9月29日，某珑国际供应链管理公司股东变更为丁某行、季某芝，丁某宜将其10%公司股权（计50万元的出资额，实缴0元）以0元价格转让丁某行，曹某峰将其40%公司股权（计200万元的出资额，实缴0元）以0元价格转让丁某行，丁某宜将其10%公司股权（计50万元的出资额，实缴0元）以0元价格转让季某芝，吴某芯将其40%公司股权（计200万元的出资额，实缴0元）以0元价格转让季某芝，变更后丁某行认缴出资额250万元，季某芝认缴出资额250万元，出资方式均为货币，出资期限均为2040年12月31日。

曹某峰陈述：某隆国际物流公司在2019年年初就经营不下去了，现已经倒闭，员工已经遣散；曹某华、俞某妹系其父母，其和吴某芯是夫妻；曹某华年纪大了，患有很多慢性病，靠退休工资生活。丁某宜陈述：某珑国际供应链管理公司在2019年年底已经遣散员工，不再营业；丁某行、季某芝系其父母，二人未实际出资，也没有能力补足出资；丁某行生有重病，生活来源是退休金。

【案件焦点】

出资期限尚未届满时，执行程序中是否可以追加未缴纳出资的现任股东、未依法履行出资义务即转让股权的原股东为被执行人。

【法院裁判要旨】

江苏省南京海事法院经审理认为：一、关于是否应追加某隆国际物流公司的现任股东曹某华、俞某妹，某珑国际供应链管理公司的现任股东丁某行、季某芝为被执行人的问题。根据《最高人民法院关于民事执行中变更、追加当事人若干问题的规定》第十七条规定，在执行程序中追加股东为被执行人需符合以下条件：一是被执行人财产不足以清偿生效法律文书确定的债务；二是股东未缴纳或者未足额缴纳出资。根据曹某峰、丁某宜的陈述，某隆国际物流公司实际上已处于倒闭状态，某珑国际供应链管理公司实际上已处于遣散员工、不再营业状态，可以认定两被执行人明显缺乏清偿能力，财产不足以清偿生效法律文书确定的债务。对于某隆国际物流公司的现任股东曹某华、俞某妹，某珑国际供应链管理公司的现任股东丁某行、季某芝，虽并未届出资期限，但由于某隆国际物流公司、某珑国际供应链管理公司作为被执行人的案件，法院已穷尽执行措施且无财产可供执行，该公司已具备破产原因却不申请破产，曹某华、俞某妹、丁某行、季某芝虽各自认缴出资，但均未提交证据证明其实缴出资情况，均应在未出资范围内对公司不能清偿的债务承担补充赔偿责任。

二、关于是否应追加某隆国际物流公司及某珑国际供应链管理公司的原股东曹某峰、某珑国际供应链管理公司的原股东丁某宜、吴某芯为被执行人的问题。根据《最高人民法院关于民事执行中变更、追加当事人若干问题的规定》第十九条规定，公司原股东未依法履行出资义务，在公司财产不足以清偿到期债务的情形下，应承担相应的责任。曹某峰在 2018 年 12 月 6 日经核准将其享有的某隆国际物流公司的认缴出资额 800 万元（实缴为 0 元）所对应的股权分别转让给了曹某华、俞某妹，丁某宜、曹某峰、吴某芯在 2019 年 9 月 29 日经核准将各自享有的某隆国际物流公司的认缴出资额 100 万元、200 万元、200 万元（实缴均为0元）所对应的股权分别转让给了丁某行、季某芝，转让对价均为0元，且转让时间在案涉债务所对应的业务完成时间之后，加之受让人曹某华、俞某妹、丁某行、季某芝限于自身的年龄状况、身体因素、生活来源等基本无实际履行全部出资的能力，在此情况下，丁某宜、曹某峰、吴某芯转让股权的行为均符合“未依法履行出资义务即转让股权”的情形，应在未依法出资的范围内承担责任。

江苏省南京海事法院依照《最高人民法院关于民事执行中变更、追加当事人若干问题的规定》第十七条、第十九条、第二十八条第二款、第三十二条，《最高人民法院关于人民法院办理执行异议和复议案件若干问题的规定》第十四条等规定，裁定：追加曹某华、俞某妹、丁某行、季某芝、丁某宜、曹某峰、吴某芯为本院执行（2020）苏72民初278号民事判决书案件的被执行人，在各自未缴纳的出资范围内承担清偿责任。后曹某华等七人不服向本院提起执行异议之诉，本院于2021年12月31日裁定对该案按撤诉处理。

【法官后语】

本案为执行程序中股东认缴的出资是否可以加速到期、未缴纳出资的现任股东以及未依法履行出资义务即转让股权的原股东是否可以追加为被执行人的执行异议，该异议的实质是特定情形下对执行依据义务履行主体的扩张，对当事人、利害关系人和案外人均有重大影响。这就要求有关权利主体应依照法律规定且不得超越权利的界限行使权利，更重要的是，执行法院应严格以法律及司法解释规定的可以追加的情形为依据，既不能直接依据实体法追加，也不能依据其他规范性文件追加。如此，才能有效防止当事人权利滥用及避免强制执行权越位，真正规范执行程序，切实维护当事人、利害关系人和案外人在程序法直至实体法上的合法权益。

司法实践中，如何审查并在何种条件下追加未届出资期限的股东为被执行人较为复杂，审查的关键在于对2019年《全国法院民商事审判工作会议纪要》第六条规定的股东出资应加速到期的条件以及《最高人民法院关于民事执行中变更、追加当事人若干问题的规定》第十七条、第十九条规定的追加条件进行准确理解与适用。法理层面，在注册资本认缴制下，营利法人的股东依法享有期限利益。但不可否认的是，营利法人的股东负有按照其公示的承诺履行出资的义务，应按期缴纳其所认缴的出资额，不能对营利法人资本充实造成妨害。执行程序中，在法院已穷尽执行措施、营利法人无财产可供执行、已具备破产原因、不申请破产（如已被执行法院裁定终结本次执行或终结执行）的情形下，未缴纳出资的现任股东以及未依法履行出资义务即转让股权的原股东均以出资期限未届满为由不出资，是以行为表明其不再履行出资义务，是对营利法人后续经营能力和发展前景的放任，容易损害有关债权人的利益。规范层面，《最高人民法院关于民事执行中变更、追加当事人若干问题的规定》第十七条、第十九条规定的“未缴纳出资”“未依法履行出资义务”并未区分出资是否已届履行期限，可理解为包括未届出资期限而未缴纳出资的情形，结合《全国法院民商事审判工作会议纪要》第六条关于股东出资应否加速到期的规定，具备以下条件时，股东的出资加速到期，不再享有期限利益：1. 营利法人已进入执行程序且法院已穷尽执行措施；2. 营利法人无财产可供执行，已具备破产原因、不申请破产。

还有一个关键点需注意，较之于现任股东出资加速到期条件的认定，实践中认定原股东是否存在滥用股东期限利益、通过转让股权以逃避债务的行为，可综合考虑以下因素：一是原股东转让股权的对价，即该原股东是否以合理的对价将其股权转让给受让人，若转让对价明显不合理，甚至是无偿转让给受让人，则该原股东存在通过转让股权以逃避债务的可能；二是原股东转让股权的行为与涉案债务产生的时间先后，如果转让行为发生在涉案债务产生之后，更有甚者在涉案债务进入诉讼或仲裁之后进行股权转让，则原股东转让股权的行为同样难以摆脱逃避债务的嫌疑；三是股权受让人的实际履行能力，若公司原股东将其股权转让给明显无实际履行能力的受让人，置公司及债权人的利益于不顾，则其应对自身恶意逃避债务的行为承担相应责任。本案中，某隆国际物流公司、某珑国际供应链管理公司作为被执行人，法院依法已穷尽执行措施且无财产可供执行，两公司已具备破产原因却不申请破产，两公司的原股东在未依法履行出资义务的情况下，竟然将其股权无偿转让给基本无实际履行全部出资能力的受让人，实质上是借助认缴制滥用股东期限利益的行为，符合股东出资加速到期的条件，可以被追加为被执行人。

编写人：江苏省南京海事法院　钱建国

29

基金管理人以基金产品投资所持股权财产性收益归入基金财产

——姜某某等诉刘某某案外人执行异议之诉案

【案件基本信息】

1. 裁判书字号

北京市高级人民法院（2020）京民终570号民事判决书

2. 案由：案外人执行异议之诉

3. 当事人

原告（上诉人）：姜某某、余某某、刘某、任某某

被告（被上诉人）：刘某某

第三人：北京某基金有限公司（以下简称基金公司）

【基本案情】

2017年11月至2018年1月，姜某某等四人分别向“××创享私募股权投资基金”账户转账汇款，共计1400万元。该四人作为基金投资者与基金公司、某证券股份有限公司（以下简称证券公司）签署《××创享私募股权投资基金合同》，合同约定：基金财产系基金份额持有人拥有合法处分权、基金管理人管理并由基金托管人托管的作为本合同标的的财产。本基金进行非证券投资

时，由基金管理人代表本基金签署相关投资协议，相关投资协议中应明确注明是代表××创享私募股权投资基金。相关资协议应载明真实的资金来源为本基金，相关投资权益及风险由本基金享有和承担，并明确指定本基金的托管账户为本基金投资所产生的本金、利息、投资收益以及其他收益的唯一收款账户；基金财产独立于基金管理人、基金托管人的固有财产，并由基金托管人保管。基金管理人、基金托管人不得将基金财产归入其固有财产；基金管理人因基金财产的管理、运用或者其他情形而取得的财产和收益，归基金财产；基金管理人、基金托管人以其固有财产承担法律责任，其债权人不得对基金财产行使请求冻结、扣押和其他权利。基金投资者签署合同，履行了出资义务并取得基金份额，即成为基金份额持有人。姜某某等四人提供的《基金有限公司与王某、沈某某、刘某某、某文化传媒合伙企业（有限合伙）及某股权投资中心（有限合伙）关于北京某文化传播有限责任公司之投资协议》载明：标的公司即天石某合公司拟新增注册资金39.5604万元，基金公司所管理的“××创享私募股权投资基金”愿意按照本协议规定的条款和条件出资1400万元认购标的公司本次新增的39.5604万元注册资金，基金公司将代表“××创享私募股权投资基金”作为本协议项下的“投资方”签署本协议，本协议项下“投资方”的全部权利及义务都归属于“××创享私募股权投资基金”实际所有并履行。天石某合公司的企业信息公示情况显示，天石某合公司注册资本为1373.7493万元，基金公司系天石某合公司股东，认缴出资额和实缴出资额为61.2555万元。基金公司在确认姜某某等四名投资人的资金汇入××创享基金托管于证券公司的账号后，已按投资人的委托向目标公司天石某合公司进行了定向投资；今后通过该投资为投资人获取相应的利益和收益，基金公司将认真履行××创享基金管理人的义务。

2018年12月24日，刘某某因与基金公司所签基金合同引起的争议申请仲裁。刘某某申请财产保全，一审法院经审查裁定冻结基金公司名下的银行账户、持有的公司股权等，其中包括天石某合公司4.459%的股权。姜某某等四人作为案外人对上述保全措施提出书面异议，主张其系基金公司发行募集的××创享私募股权投资基金的投资人，该基金投资标的为天石某合公司，基金公司持有的天石某合公司的股权为××创享私募股权投资基金的财产，基金财产归基金份额持有人所有，基金公司只是代持股权，法院的冻结措施损害其合法权益，故请求中止对涉案股权的执行，解除冻结。一审法院驳回异议请求。姜某某等四人随即提起案外人执行异议之诉，请求法院中止涉案股权的执行并解除冻结，确认股权为基金财产，归基金份额持有人原告所有。2019年9月3日，北京仲裁委员会对刘某某与基金公司的仲裁案件作出裁决：基金公司向刘某某返还投资款本金300万元及利息。

【案件焦点】

基金财产投资人是否对于基金财产管理人因管理基金财产而持有的股权享有足以排除强制执行的民事权益。

【法院裁判要旨】

一审法院经审理认为：姜某某等四人作为案外人，主张其各自出资购买了"××创享私募股权投资基金"的份额，并要求确认基金公司持有的天石某合公司股权为基金财产且归原告所有。但根据在案证据情况，股权登记在基金公司名下，故法院不能据以支持原告主张。因此一审法院作出判决：驳回原告姜某某等四人的诉讼请求。

姜某某四人不服一审判决，提起上诉。二审法院认为：首先，根据法律规定，基金财产具有独立性。为保护投资者的利益，法律禁止基金管理人的固有财产或他人财产与基金财产混同。如果债务并非因基金财产本身而承担，亦不能对基金财产强制执行。其次，就基金财产的独立性而言，私募投资基金与证券投资基金并无差别，私募投资基金财产在法律性质上仍是独立于基金管理人、基金托管人的固有财产，其基金财产只对基金本身的债务承担责任，对非基金本身的债务不承担责任。再次，根据规定和合同约定可知，私募基金财产应为投资人购买基金时所投入其中的成本以及基金管理人对该成本通过投资等多种方式进行运用所获得的财产及收益，私募投资基金管理人、托管人等因基金财产的管理、运用或者其他情形而取得财产和收益，应当归入基金财产。股权既包含人身性质的权益，也包含财产性质的权益，基金公司作为基金管理人以涉案基金产品投资所持有天石某合公司股权，尽管参与重大决策、选择管理者等权利需要由基金管理人行使，但这并不意味着其中财产性质的权益从基金财产变成了基金管理人的财产，否则将损害投资人的合法权益。最后，因基金公司本身所涉债务纠纷而采取的保全措施，不应涉及其作为基金管理人名下的其他基金财产。二审法院作出判决：

一、撤销一审法院民事判决；

二、不得执行基金公司持有的天石某合公司 4.459%的股权；

三、驳回姜某某等四人的其他诉讼请求。

【法官后语】

本案是因私募基金投资，基金管理人代持股权而引发的案外人执行异议之诉纠纷。本案的争议焦点是基金财产投资人是否对于基金财产管理人因管理基金财产而持有的股权享有足以排除强制执行的民事权益。

（一）因私募基金投资而引发的股权代持案外人执行异议之诉

一般而言，股权代持是指双方约定由实际出资人出资，名义股东行使股权，实际出资人享有股权收益的协议安排。[①] 但本案因私募基金投资而引发的股权代持在外观上与普通股权代持相似，但其具有一定特殊性。私募股权投资基金多为契约型基金，通过基金协议设立，本身不具备独立的民事主体资格，故在进行对外投资时，基金管理人通常会代替契约型基金作为被投资企业的股东完成工商登记。所以此时基金公司表面上是股权持有人，但实际是履行基金管理人的职责和义务。因此也会存在因基金管理人的债务，引发基金份额持有人与基金公司债权人之间的纠纷，即案外人基于公司股权提出的案外人执行异议之诉。此类基金本身不具有民事主体资格，基金投资人是基金份额持有人，当基

① 韩峰、李楠：《股权代持中的股权归属法律问题研究》，载东方法学微信公众号 2021 年 4 月 19 日，最后访问日期：2023 年 5 月 31 日。

金财产受到侵害时，他们具有提起案外人执行异议之诉的主体资格。

（二）基金财产独立性在案外人执行异议之诉中的认定

基金财产包括通过基金募集行为从基金投资人处获得所有资金总和以及基金管理人、基金托管人因基金财产的管理、运作或者其他情形而取得的财产和收益。

1. 基金财产的独立性。作为从事证券投资基金活动的基础和前提，基金财产具有独立于基金管理人、基金托管人固有财产的地位，在法律上具有独立性。《中华人民共和国证券投资基金法》第五条规定："……基金财产独立于基金管理人、基金托管人的固有财产。基金管理人、基金托管人不得将基金财产归入其固有财产。基金管理人、基金托管人因基金财产的管理、运用或者其他情形而取得的财产和收益，归入基金财产。基金管理人、基金托管人因依法解散、被依法撤销或者被依法宣告破产等原因进行清算的，基金财产不属于其清算财产。"第六条规定："基金财产的债权，不得与基金管理人、基金托管人固有财产的债务相抵销；不同基金财产的债权债务，不得相互抵销。"第七条规定："非因基金财产本身承担的债务，不得对基金财产强制执行。"上述法律规定是基金财产具有独立性的法律依据。为保护投资者的利益，法律禁止基金管理人的固有财产或他人财产与基金财产混同。如果债务并非因基金财产本身产生，就不能对基金财产强制执行。

2. 私募投资基金财产具有独立性。私募投资基金是以非公开的方式向投资者募集资金设立的投资基金，投资基金由基金管理人管理，基金管理人根据法律、法规和基金合同的约定负责基金的经营和管理运作。《私募投资基金监督管理暂行办法》（以下简称《暂行办法》）第二十三条第一项规定：私募基金管理人、私募基金托管人、私募基金销售机构及其他私募服务机构及其从业人员从事私募基金业务，不得将其固有财产或者他人财产混同于基金财产从事投资活动。私募投资基金虽然并非必然属于证券投资基金，但仍可参照适用《中华人民共和国证券投资基金法》的相关规定。因此就基金财产独立性而言，私募投资基金与证券投资基金并无差别，私募投资基金财产在法律性质上仍独立于基金管理人、基金托管人的固有财产，其基金财产只是对基金本身的债务承担责任，对非基金本身的债务不承担责任。本案原告与基金所签订基金合同属于私募股权投资基金合同，因此涉案基金财产亦具有独立性。

3. 基金管理人因基金产品投资所持股权应归入基金财产。《暂行办法》第二条第二款规定："私募基金财产的投资包括买卖股票、股权、债券、期货、期权、基金份额及投资合同约定的其他投资标的。"根据中国证券投资基金业协会发布的《私募投资基金合同 1 号（契约型私募基金合同内容与格式指引）》第三十八条的规定，基金合同应"订明与私募基金财产有关的事项，包括但不限于：（一）私募基金财产的保管与处分……2. 说明私募基金管理人、私募基金托管人因私募基金财产的管理、运用或者其他情形而取得的财产和收益归入私募基金财产……"案涉《××创享私募股权投资基金合同》亦约定"基金管理人因基金财产的管理、运用或者其他情形而取得的财产和收益，归基金财产"。"基金财产独立于基金管理人、基金托管人的固有财产，并由基金托管人保管。基金管理人、基金托管人不得将基金财产归入其固有财产。"私募投资基金管理人、托管人等因基金财产的管理、运用或者其他情形而取得财产和收益，应归入基金财产。股权既包含人身性质的权益，也包含财产性质的权益，基金公司作为基金管理人以涉案基金产品投资所持有天石某合公司股权，尽管参与重大决策、选择管理者等权利由基金管理人行使，但这并不意味着其中财产性质的权益从基金财产变成了基金管理人的财产，否则将损害投资人的合法权益。

就本案而言，投资人按照基金合同约定将投资款打入基金托管指定账户，基金公司按照基金合同的约定代表涉案基金签署投资协议，且在协议中明确注明投资方为××创享私募股权投资基金，投资方的全部权利义务均归属该投资基金。基金公司将投资款最终汇入天石某合公司账户，完成以基金投资于目标公司股权的义务。基于基金合同、投资协议、备案证明及信息、银行账户信息、目标公司企业登记信息等证据，已经形成完整证据链，基金公司持有的目标公司的股权系姜某某等四人投资资金形成，应为嘉某享私募股权投资基金的基金财产，不属于基金公司财产。作为基金投资人，姜某某等四人为嘉某享私募股权投资基金份额持有人，其享有取得基金财产收益、取得清算后的剩余基金财产以及按照合同的约定申购、赎回和转让基金份额等权利。基金公司因自身债务纠纷而被采取保全措施，不应涉及其名下的其他基金财产，因此不应对该基金财产强制执行。因此，姜某某等四人作为基金财产投资人，基金份额持有人对于基金财产管理人因管理基金财产而持有的股权享有足以排除强制执行的民事权益。

（三）外观主义原则在案外人执行异议之诉中的适用

外观主义是大陆法系民商法中依据商行为人的行为外观认定其效果意思的立法原则和学说，是学界对于一类理念原理的概括，指代因当事人有理由信赖某权利的外观而产生对其进行倾斜保护的法律效果。外观主义的运用边界：主要运用于交易行为领域，且当事人的意思、权利等因素表里不一，两方当事人的意思、权利相冲突，不能两全，只得按照外观特别是对该外观有理由产生信赖，两害相权取其轻，两利相权取其重的场合。因此“外观主义”并非“演绎推理”的前提，而是“归纳推理”的结果，其系在交易情境下的利益衡量的产物。[①]

在《全国法院民商事审判工作会议纪要》引言部分特别提到：“……从现行法律规则看，外观主义是为保护交易安全设置的例外规定，一般适用于因合理信赖权利外观或意思表示外观的交易行为。实际权利人与名义权利人的关系，应注重财产的实质归属，而不单纯地取决于公示外观。总之，审判实务中要准确把握外观主义的适用边界，避免泛化和滥用。”据此，我们认为关于股权代持问题应以实质审查为原则，以实体权利判断为主要内容。

因此外观主义是在不得已的情况下，才作为所有权绝对、实事求是、意思自治等原则的例外和补充。就本案而言，一审法院以外观主义原则，即企业登记信息作为直接认定股权所有的依据，而不对基金财产是否真实归属于基金公司进行判断，尤为不妥。

编写人：北京市西城区人民法院　谢凌云

---

① 姚辉：《民法学方法论研究》，中国人民大学出版社2020年版，第558-559页。

30

能否追加出资期限届满前未出资即转让股权的股东为被执行人

——乔某林诉李某恩等执行异议之诉案

【案件基本信息】

1. 裁判书字号

北京市第二中级人民法院（2021）京02民终5594号民事判决书

2. 案由：执行异议之诉

3. 当事人

原告（被上诉人）：乔某林

被告（上诉人）：李某恩

被告：北京太某酒店管理有限公司（以下简称太某酒店管理公司）、米某

【基本案情】

2018年4月26日，太某酒店管理公司、米某与李某恩签订《承包经营合同》。后双方产生纠纷，李某恩将太某酒店管理公司、米某、乔某林等人诉至北京市大兴区人民法院（以下简称大兴法院），大兴法院2019年10月14日立案，2019年12月26日作出（2019）京0115民初25692号民事判决：李某恩与太某酒店管理公司、米某签订的《承包经营合同》及两份《补充协议》于2019年9月19日解除，太某酒店管理公司、米某于判决生效后七日内向李某恩返还押金3500000元、承包金751111.11元并赔偿李某恩加盟费损失123980元、履约保证金损失100000元等。判决生效后，米某、太某酒店管理公司未履行债务，李某恩申请强制执行，执行案号（2020）京0115执2908号。因未

发现米某、太某酒店管理公司有可供执行的财产，法院裁定终结本次执行程序。李某恩申请追加乔某林为被执行人，大兴法院作出（2020）京0115执异183号执行裁定：一、追加乔某林为（2020）京0115执2908号执行案件的被执行人；二、乔某林在未缴纳出资的2000000元范围内对（2019）京0115民初25692号民事判决确定的太某酒店管理公司的义务依法承担责任。乔某林不服裁定诉至法院，请求：1. 判决不得追加乔某林为（2020）京0115执2908号执行案件的被执行人；2. 判决乔某林不在未缴纳出资的2000000元范围内对（2019）京0115民初25692号民事判决书确定的太某酒店管理公司的义务承担责任。乔某林主张其不是真实股东，太某酒店管理公司因与乔某林有借款故质押股份给他。

2015年5月29日，太某酒店管理公司成立。2018年2月12日，乔某林（甲方）与米某（乙方）等人签订《股权抵押合同》，约定：乙方将太某酒店管理公司100%股权抵押给甲方，收到借款400万元后将40%公司股份工商变更为甲方；借款期内，甲方不参加乙方经营，不享受分红；乙方经营债务、亏损和甲方无关。太某酒店管理公司在乙方（借款人）处加盖公章。同日，乔某林向米某转账3800000元，提供现金200000元，班某华与乔某林签订《出资转让协议》，将班某华在太某酒店管理公司的出资2000000元转让给乔某林，太某酒店管理公司章程和工商登记变更如下：乔某林出资2000000元，出资时间2060年1月1日。2019年8月30日，乔某林将其在太某酒店管理公司的出资转让给米某，太某酒店管理公司章程和工商登记变更如下：注册资本10000000元，米某为唯一股东，出资时间2060年1月1日。

2019年1月18日，李某恩与太某酒店管理公司、米某、乔某林等人签订《账户变更通知》，约定承包款汇入乔某林账户。后李某恩将两笔租金汇入乔某林账户。李某恩主张乔某林私人账户用于公司收款，个人财产与公司财产混同。乔某林、米某、太某酒店管理公司称因与乔某林有借款故将租金汇入乔某林账户还款。

【案件焦点】

应否追加出资期限届满前未出资即转让股权的股东为被执行人。

【法院裁判要旨】

北京市大兴区人民法院经审理认为：其一，注册资本认缴制下，股东享有期限利益。根据《中华人民共和国企业破产法》（以下简称《破产法》）、《关于适用〈中华人民共和国公司法〉若干问题的规定（二）》（以下简称《公司法规定二》），公司破产、解散时，股东不再享有期限利益，其未届期限出资应提前实缴，作为债务人财产或清算财产。如穷尽执行措施公司无财产可供执行，其结果与《破产法》规定的破产原因完全相同，已具备破产原因，但不申请破产的，可比照《破产法》规定，股东未届期出资加速到期。其二，乔某林出资期限未届满，享有期限利益，转让股份后不再是股东，无需再承担出资义务，不符合《最高人民法院关于民事执行中变更、追加当事人若干问题的规定》（以下简称《变更追加规定》）第十九条规定。其三，历史股东应否适用出资加速到期，关键看股东是否利用期限利益转让股权以恶意逃避债务，侵害债权人利益。李某恩并非基于信赖特定股东乔某林的出资进行交易，乔某林转出股权时，李某恩与太某酒店管理公司债权债务纠纷尚未立案，未经法院生效判决确认，乔某林未实际参与公司经营、没有分红，受让股权亦无对价，故乔某林转让股权系正当行使股东权利，不存在逃避债务恶意。李某恩提交的证据不足以证明乔某林个人财产与公司财产混同，租金汇入乔某林账户，系偿还公司的借款。

北京市大兴区人民法院依照《中华人民共和国公司法》第二十条、第二十六条、第二十八条第一款，《变更追加规定》第十七条、第十九条、第三十三条之规定，判决如下：

一、不得追加乔某林为（2020）京 0115 执 2908 号执行案件的被执行人；

二、乔某林无需在未缴纳出资的 2000000 元范围内对（2019）京 0115 民初 25692 号民事判决确定的太某酒店管理公司的义务依法承担责任。

李某恩不服判决提起上诉。北京市第二中级人民法院经审理认为：乔某林提出其与米某、太某酒店管理公司存在借款关系，仅意在通过受让公司股权以担保借款中的债权实现，而非意在成为真实股东的主张，具有事实依据，亦未有证据证明其实际行使股东权利或参与公司分红，一审法院关于乔某林不存在转让股权逃避公司债务恶意的认定，并无不妥。鉴于乔某林与米某、太某酒店管理公司的借款关系，租金转入乔某林账户不足以证明乔某林与公司财产混同。北京市第二中级人民法院依照《中华人民共和国民事诉讼法》第一百七十条第一款第一项规定，判决如下：

驳回上诉，维持原判。

【法官后语】

本案争议焦点为应否追加出资期限届满前未出资即转让股权的股东为被执行人，核心是解决执行中股东出资加速到期如何适用的问题。

一、“非破产情形”能否适用股东出资加速到期

认缴制下，股东依法享有期限利益。根据《破产法》《公司法规定二》规定，仅在公司破产、解散时，股东不再享有期限利益，未届期出资应提前实缴，作为债务人财产或清算财产。《全国法院民商事审判工作会议纪要》（以下简称《九民纪要》）第六条明确了“债权人以公司不能清偿到期债务为由，请求未届出资期限的股东在未出资范围内对公司不能清偿的债务承担补充赔偿责任的，人民法院不予支持。但是，下列情形除外：(1) 公司作为被执行人的案件，人民法院穷尽执行措施无财产可供执行，已具备破产原因，但不申请破产的……”本案判决符合《九民纪要》观点，认为公司已经具备破产原因，符合股东出资加速到期的前提条件。

二、“已转让股权”的股东能否适用出资加速到期

其一，未届出资期限即转让股权不构成《变更追加规定》第十九条规定的“未依法履行出资义务即转让股权”情形，违约应以合同义务期限届至为前提，认缴期届满前未出资不属于未履行出资义务。转让股权是股东的合法权利，依法转让未届出资期的股权，应为合法有效，最高人民法院亦表明，“此时的未

缴纳出资为合法而不是非法”①。其二，《变更追加规定》第十七条规定的股东应指现任股东，不包括原股东，股东已转让股权即不再是股东，不再享有股东权利无需再承担出资义务。要求股东在转让股权后承担出资责任限制了股权的流动性，加重股东设立公司的风险，与鼓励投资的立法精神相悖。其三，历史股东应否适用出资加速到期，关键看是否存在利用股东期限利益通过转让股权形式恶意逃避债务。注册资本是公司经营的基础，是交易方判断公司资信水平、偿债能力的重要依据。股东转让股权不应妨碍债权人基于对股东公示的承诺和公司注册资本数额而产生的信赖利益，明知公司资不抵债转让股权给不具备履行出资义务的受让人以逃避债务，应予以法律上的负面评价。且股东不得滥用公司法人独立地位和股东有限责任损害公司债权人利益，股东以转让股权的形式恶意逃避债务，可依据《中华人民共和国公司法》第二十条适用法人人格否认制度，要求股东继续承担出资义务并适用股东出资加速到期。转让行为根据《中华人民共和国民法典》第一百五十四条规定，如转让人和受让人构成恶意串通的，属无效法律行为。综上，本案乔某林没有转让股权以逃避债务的恶意，不应追加为被执行人。

编写人：北京市大兴区人民法院　蒋怡琴　张雪薇

① 杨临萍：《当前商事审判工作中的若干具体问题》，载《人民司法·应用》2016年第4期。

31

案外人对人身保险产品主张实体权利不能阻却执行

——陈某与陈甲、曾某甲执行异议案

【案件基本信息】

1. 裁判书字号

北京市昌平区人民法院（2021）京0114执异705号执行裁定书

2. 事由：执行异议

3. 当事人

申请执行人：陈甲

被申请执行人：曾某甲

案外人：陈某

【基本案情】

陈甲与曾某甲抚养费纠纷一案，北京市昌平区人民法院于2016年11月28日作出（2015）昌民初字第12462号民事判决书，判决曾某甲每月给付陈甲抚养费1万元，自2015年1月起至陈甲18周岁止，于每月十日前支付当月抚养费。曾某甲不服判决，提起上诉，北京市第一中级人民法院于2017年3月14日以（2017）京01民终1118号民事判决书，判决驳回上诉，维持原判。因曾某甲未履行生效法律文书确定的义务，陈甲向本院申请强制执行，本院以（2021）京0114执2756号立案执行，并于2021年6月23日裁定冻结被执行人曾某甲在某保险公司作为投保人的保险编号为×××的保险产品（以下简称涉案保险），冻结期限三年，自2021年6月25日起至2024年6月24日止。

被执行人曾某甲之母陈某向本院提出异议，请求解除对涉案保险的冻结，理由如下：陈某是涉案保险的实际投保人，由其实际出资以曾某甲名义为其孙即涉案保险被保险人曾某乙购买了该保险，且被保险人曾某乙身患残疾，保险收益对曾某乙的未来生活有重要意义，故不应执行涉案保单。

【案件焦点】

1. 案外人以实际投保人身份对涉案保险主张实体权利，能否被支持；2. 法院能否强制执行被执行人投保的人身保险产品的现金价值。

【法院裁判要旨】

北京市昌平区人民法院经审查认为：案外人对执行标的主张所有权或者其他足以阻却执行标的转让、交付的实体权利的，可以向执行法院提出异议。本案中，涉案保险是兼具人身保障和投资理财功能的保险，其虽然是以人的生命和身体为保险标的，但保险单本身具有储蓄性和有价性，其储蓄性和有价性体现在投保人可以通过解除保险合同提取保险单的现金价值。保险单的现金价值系基于投保人缴纳的保险费所形成，是投保人依法享有的财产权益，并构成投保人的责任财产。同时，该财产权益在法律性质上并不具有人身依附性和专属性，也不是被执行人及其所扶养家属必需的生活物品和生活费用，因此保险单的现金价值可以作为强制执行的标的。法院的强制执行行为在性质上就是替代被执行人对其所享有的财产权益进行强制处置，从而偿还被执行人所欠的债务。根据《中华人民共和国保险法》的规定，在保险期限内，投保人可以通过单方自行解除保险合同而提取保险单的现金价值。由此可见，保险单的现金价值作为投保人的财产权益，不仅在数额上具有确定性，而且投保人可随时无条件予以提取。在作为投保人的被执行人不能偿还债务，又不自行解除保险合同提取保险单的现金价值以偿还债务的情况下，法院在执行程序中有权强制代替被执行人对该保险单的现金价值予以提取。结合本案具体情况，考虑到被保险人的利益维护，如果受益人或被保险人愿意承受投保人的合同地位、维系保险合同效力，并向法院交付了相当于保险单现金价值的货币以替代履行的，法院应对保险单的现金价值不再执行。涉案保险的投保人为曾某甲，陈某对涉案保险主张权利，没有法律依据。

北京市昌平区人民法院依照《中华人民共和国民事诉讼法》第二百二十七条、《最高人民法院关于人民法院办理执行异议和复议案件若干问题的规定》第二十五条，作出如下裁定：

驳回陈某的异议请求。

【法官后语】

随着社会经济的发展和公民风险意识的提高，各类商业保险早已“飞入寻常百姓家”，在发挥保障功能的同时，也成为强制执行的“新宠”。人身保险产品作为以生命和健康为保障内容的保险，因涉及多方权益，执行中争议较大，应不应当执行、如何规范执行，一直困扰着实务界。本案即为案外人以其为实际投保人为由对涉案保险主张实体权利，并要求排除执行的案件，对于本案应从两个层面审查。

其一，案外人以实际投保人身份对涉案保单主张实体权利能否被支持。

对于案外人异议，以形式审查为原则，实质审查为例外。对于案外人异议中权利人的审查标准，遵循物权公示主义和权利外观主义，有登记的，从登记；无登记的，按照合同等能证明财产权属或者权利人的证据判断。保险合同是投保人与保险人约定保险权利义务关系的协议，投保人是保险合同的当事人，并按照合同约定负有支付保险费义务，无论保费实际来源于谁，案外人均不能在合同框架之外主张实际投保人权利。本案中，陈某提交的银行汇款证据，仅可证明其向曾某甲名下缴费账号汇款，但无论该汇款的用途为何，陈某以其为实际投保人身份主张实体权利，均不应被支持。

其二，法院能否强制执行人身保险产品的现金价值。

《中华人民共和国保险法》规定，保险合同成立后，投保人可以解除合同，投保人解除合同的，保险人应当自收到解除合同通知之日起三十日内，按照合同约定退还保险单的现金价值，涉案保险条款的“1.3合同解除”部分亦有相关约定。由此可知，投保人具有合同解除权且合同解除后的现金价值归投保人所有。问题在于，当作为被执行人的投保人不主动行使解除权时，为维护申请执行人的合法权益，法院可否依职权强制解除保险合同并执行保险合同的现金价值。

法院强制执行实质上是通过法院公权力对被执行人财产进行强制处分，以保护申请执行人权益。《最高人民法院关于人民法院民事执行中查封、扣押、冻结财产的规定》第二条第一款规定了人民法院可以查封、扣押、冻结被执行人占有的动产、登记在被执行人名下的不动产、特定动产及其他财产权。在投保人主动解除保险合同时，保险合同的现金价值即为投保人的财产权益，且该财产权益不属于被执行人及其扶养家属所必需的生活物品和生活费用等不应执行的除外财产。同时，与保险人承担保险责任后支付的保险金等不同，涉案保险的现金价值不具有人身依附性和专属性，故当被执行人无能力履行又不主动行使解除权的情况下，法院强制执行人身保险产品的现金价值具有正当性。综上，陈某的异议请求不应得到支持。

尽管如此，人身保险产品因其特殊保障功能，且关涉多方利益，在执行中应与执行银行存款、有价证券等有所区别，坚持以下原则：一是审慎执行。即优先执行被执行人其他财产权益，在穷尽调查手段确无其他财产可供执行的前提下，方执行人身保险产品。二是比例执行。灵活选择执行方式，在保单现金价值足以覆盖案涉债权时，能减保取现则不解除合同，同时应将保单现金价值与案涉债权的比重作为考量因素，意外险、医疗险等人身专属性强、现金价值低、潜在保障大的保险，一般不予执行。三是善意文明执行。充分保障保险合同关系人的知情权和赎买权，如其在合理期限内支付赎买对价，则不再执行该保险。

编写人：北京市昌平区人民法院　刘宝东　姜竹青

32

被执行人依据判决生效之前的约定，向判决确认的权利人之外的第三人履行给付义务，不能当然产生债务消灭的法律后果

——北京诚某投资股份有限公司诉蒋某兵执行异议案

【案件基本信息】

1. 裁判书字号

北京市第三中级人民法院（2021）京03执复162号执行裁定书

2. 事由：执行异议

3. 当事人

异议人（被执行人、复议申请人）：北京诚某投资股份有限公司（以下简称诚某公司）

申请执行人：蒋某兵

【基本案情】

蒋某兵与诚某公司股权转让纠纷一案，北京市朝阳区人民法院（以下简称朝阳法院）经审理作出（2020）京0105民初21605号民事判决：被告诚某公司于本判决生效之日起十日内给付原告蒋某兵股权转让款192万元。诚某公司不服上诉至北京市第三中级人民法院（以下简称三中院），三中院于2020年9月30日作出（2020）京03民终10758号终审判决：驳回上诉，维持原判。2020年10月28日，蒋某兵据上述生效判决申请强制执行，朝阳法院以（2020）京0105执35629号立案执行。

执行中，诚某公司提出执行异议诉称，异议人已按照法院判决及合同约定，将“蒋某兵股权转让款”支付完毕。蒋某兵申请强制执行无依据。一、合肥健某投资管理有限公司（以下简称健某公司）为“蒋某兵股权转让款”的合法代收款人。健某公司（甲方）、胡某华（乙方）、蒋某兵（丙方）与我公司（丁方）四方共同于2017年7月26日签订的《股权转让协议》第六条第一款约定：“乙方、丙方委托甲方代收股权转让款，丁方将股权转让款直接付给甲方。”之所以做出如上约定是因为我公司收购前期已获悉标的公司曼某新药业公司存在如下问题：1. 乙方、丙方占用标的公司的400万元贷款未偿还。2. 因乙方、丙方造成的正在执行阶段的违规抵押债务190万元。3. 因乙方、丙方单方面对外投资形成的内部股权质押。4. 具有金融属性的典当行需按照诚某公司收购目标公司上市的目的及时剥离等债务、诉讼与义务。5. 仓库地址需变更。在此背景下甲、乙、丙、丁通过协议四方共同约定，由甲方健某公司代收乙方、丙方全部股权转让款，同时健某公司承诺承担兜底担保义务。并在《股权转让协议》第六条第一款明确约定：“乙方、丙方委托甲方代收股权转让款，丁方将股权转让款直接付给甲方。”因此支付条款确定与委托付款代收条款是《股权转让协议》的主要要件，是重要条款之一，是合同不可分割的一部分。蒋某兵（丙方）作为合同当事人的一方，不能未经其他协议签订方的同意单方面变更合同约定的支付方式和支付对象，不能未经其他协议签订方的同意，单方面变更或取消基于《股权转让协议》基础上的委托收款的《授权委托书》和《承诺函》。二、三中院（2020）京03民终10758号民事判决书也详尽描述并确定了《股权转让协议》的合法性、有效性，同时也确定了《授权委托书》《承诺函》的法律效力，诚某公司只能按合同约定付款。作为四方共同签订协议的一方，诚某公司亦无法单独改变协议约定，诚某公司若直接向蒋某兵支付股权转让款则违反了《股权转让协议》的约定，存在被其他协议方追究违约责任的风险。三、退一万步讲，即使蒋某兵认为其可以撤回其请求健某公司代为收款的承诺，但其从未行使撤销权，亦未另行提起诉讼，并企图通过蒙蔽、误导法庭取得不正当的利益。综上，诚某公司依据股权转让协议之合同约定及蒋某兵基于该合同约定出具的《授权委托书》《承诺函》，在2020年10月26日将蒋某兵股权转让款192万元支付给健某公司，应视为已实际履行完毕。蒋某兵应向健某公司主张权利，而不应该向我公司主张权利。蒋某兵向贵院申请强制执行并无法律依据，请求法院终结（2020）京0105执35629号执行案件。

申请执行人蒋某兵辩称，不同意异议请求。1. 健某公司无权收款。健某公司并不是本案当事人，也不是判决确定的收款主体，健某公司不享有接受判决确定的192万元股权转让款的权利。2. 判决对股权转让合同效力的确认并不代表健某公司有权接收股权转让款，判决并没有确认授权委托书和承诺书的效力，蒋某兵作为债权人当然有权要求诚某公司支付股权转让款。支付对象已经由生效法律文书确认，异议人依据的承诺书和授权委托书并不能作为其不履行生效判决的理由。3. 诚某公司向健某公司支付192万元系支付对象错误，不能视为履行生效判决确认的义务。4. 执行异议提出异议的主体错误，异议人不具有案外人异议的主体资格。综上，诚某公司主张向健某公司支付股权转让款的行为视为履行完毕判决义务是不成立的，其异议应予驳回。

异议案件审查查明，二审判决作出后，诚某公司于2020年10月26日向健某公司账户汇款192万元，汇款附言为“蒋某兵股权转让款”。异议案件审查中，本院传唤健某公司到庭对相关情况进行询问，健某公司认可收款事实，亦表示同意诚某公司的主张，但明确表示因其对蒋某兵另有其他债权待核算，不同意将收取的192万元交付执行。

【案件焦点】

法院已经作出生效判决，确认履行金额及履行对象的情况下，被执行人将执行款项支付至此前的《承诺函》中约定的代收人处，还能否产生债务消灭的法律后果。换言之，此前申请执行人作出款项由第三人代收合同款项的承诺，能否当然扩张解释为代收生效判决确认款项的承诺。

【法院裁判要旨】

北京市朝阳区人民法院经审查认为：发生法律效力的民事判决、裁定，当事人必须履行。一方拒绝履行的，对方当事人可以向人民法院申请执行。本案中，生效判决已经对各方权利义务进行确认，即诚某公司应向蒋某兵支付股权转让款192万元，各方当事人均应按照生效判决履行。诚某公司现以向判决确认之权利人之外的第三人付款为由，主张判决当中确认之义务履行完毕，缺乏事实及法律依据，其异议本院难以支持。至于诚某公司对于生效判决不服，以及诚某公司、健某公司、蒋某兵之间其他争议，执行中不宜直接处理，可另行依法解决。朝阳法院于2021年4月28日作出（2020）京0105执异3289号执行裁定，依照《中华人民共和国民事诉讼法》第二百二十五条之规定，裁定如下：

驳回异议人（被执行人）诚某公司的异议。

复议申请人诚某公司不服一审裁定，持相同理由向三中院申请复议称，请求：撤销（2020）京0105执异3289号执行裁定，撤销或终结执行（2020）京0105执35629号执行案件。三中院于2021年6月29日依照《最高人民法院关于人民法院办理执行异议和复议案件若干问题的规定》第二十三条第一款第一项之规定作出（2021）京03执复162号执行裁定：

驳回复议申请人诚某公司的复议申请，维持北京市朝阳区人民法院（2020）京0105执异3289号执行裁定。

【法官后语】

本案当中异议人虽以执行异议的形式，但实际各方争议焦点并非执行行为的合法与否，而在于生效判决债务消灭。依照《最高人民法院关于人民法院办理执行异议和复议案件若干问题的规定》（2020年修正）第七条第二款规定，被执行人以债权消灭、丧失强制执行效力等执行依据生效之后的实体事由提出排除执行异议的，人民法院应当参照民事诉讼法第二百二十五条规定进行审查。故本案审查程序上，仍适用民事诉讼法当中关于执行行为异议的规定。

就本案而言，虽然判决中判令诚某公司向蒋某兵支付股权转让款，但是判决中亦对据以作出判决的股权转让协议的附件《承诺函》《授权委托书》进行了查明，且并未对效力进行否定。第三人健某公司亦认可诚某公司在判决生效后确已将相应股权转让款支付至该公司账户。故各方争议焦点在于法院已经作出生效判决，确认履行金额及履行对象的情况下，被执行人将执行款项支付至此前的《承诺函》中约定的代收人处，还能否产生债务消灭的法律后果。换言之，此前申请执行人作出款项由第三人代收合同款项的承诺，能否当然扩张解释为代收生效判决确认款项的承诺。

就此，合议庭认为诚某公司现以向判决确认之权利人之外的第三人付款为由，主张判决当中确认之义务履行完毕，缺乏事实及法律依据，其异议不应予以支持。主要基于以下几点：

其一，就执行程序而言，作为执行依据的是生效法律文书，即本案中的生效判决，而非当事人之间的股权转让协议或者承诺函。应当认为判决书已经是在对各方之间基础法律关系进行审理查明的基础上，对各方的实体权利义务进行的认定。当中已经就履行对象、履行方式以及金额予以明确，各方均应当严格按照判决书执行。在此情况下，被执行人未取得申请执行人同意，仍按照此前约定向第三人履行给付义务，与判决确认的履行方式、履行对象均不符，不应视为将判决确认债务履行完毕。

其二，第三人健某公司虽称其与本案申请执行人另有债权债务，但债权并未经生效法律文书确认，申请执行人亦未予以认可。本案中被执行人明显违反申请执行人的意思，直接向第三人履行，亦不能以代偿债务为由消灭本案生效判决确认的债务。

其三，基于审执分离的原则，执行中不宜直接对各方之间的实体权利义务进行审查和认定。就本案而言，虽然法律及司法解释并未就具体情况进行规定，但是参照司法解释中对被执行人到期债权的执行相关规定，除非该笔债权经过生效法律文书确认，否则亦不能将次债务人纳入强制执行的范围。反之同理，即使本案第三人确因对本案申请执行人享有到期债权，而致其代收款项的行为实体上具有正当性，亦不宜直接通过执行异议审查程序进行认定，更不宜据此认定被执行人代为履行债务的行为构成对本案生效判决的履行。

编写人：北京市朝阳区人民法院　苏辰园

33

到期未出资股东的出资额足以偿还公司债务的，不能追加未届出资期限股东为被执行人

——重庆市渝某建筑工程有限公司诉谭某于等申请执行人执行异议之诉案

【案件基本信息】

1. 裁判书字号

重庆市第三中级人民法院（2021）渝03民终288号民事判决书

2. 案由：申请执行人执行异议之诉

3. 当事人

原告（上诉人）：重庆市渝某建筑工程有限公司（以下简称渝某建筑工程公司）

被告（被上诉人）：谭某于、夏某会

第三人：重庆龙某生态农业发展有限公司（以下简称龙某公司）、中国农某重点建设基金有限公司（以下简称农某基金公司）

【基本案情】

谭某于、夏某会、农某基金公司系龙某公司股东。龙某公司章程载明：龙某公司注册资本3900万元，其中农某基金公司出资900万元、谭某于出资2700万元、夏某会出资300万元。首次缴纳出资情况：谭某于、夏某会于2013年6

月6日分别出资499.5万元、55.5万元；第二次缴纳出资情况：农某基金公司于2015年9月11日出资900万元；第三次缴纳出资情况：谭某于、夏某会于2025年6月30日分别出资2200.5万元、244.5万元。龙某公司的对公账户显示，2013年6月6日，谭某于、夏某会分别向龙某公司出资499.5万元、55.5万元；2013年6月8日至28日，该账户转账支付借款、工程款、货款等共计555万元。截至诉前，农某基金公司未履行出资义务。

基于（2018）渝03民终1564号民事判决，渝某建筑工程公司享有对龙某公司债权497万元。渝某建筑工程公司申请一审法院对该债权强制执行，法院在穷尽财产调查措施后，除冻结龙某公司银行账户并扣划存款3万元外，未发现有其他可供执行财产，遂裁定终结本次执行程序。

其后，渝某建筑工程公司以龙某公司股东谭某于、夏某会抽逃全部注册资本、农某基金公司自始未出资为由，申请追加谭某于、夏某会、农某基金公司为被执行人。一审法院审查后，裁定追加农某基金公司为被执行人，并以其认缴出资额900万元本息为限，向渝某建筑工程公司履行支付义务，驳回渝某建筑工程公司的其他申请。渝某建筑工程公司不服，向一审法院提起执行异议之诉，要求判令追加谭某于、夏某会作为（2018）渝03民终1564号民事判决确定的债权的被执行人，承担认缴出资加速到期义务。

诉讼中，渝某建筑工程公司明确表示不再主张谭某于、夏某会抽逃出资，而主张二人的未到期出资应加速到期。同时，渝某建筑工程公司提交《承诺书》一份，载明："若农某基金公司在2020年8月前执行兑现385万元，则永久放弃向农某基金公司追索或者主张农某基金公司作为龙某公司股东在股东出资方面承担责任的权利。"后农某基金公司主动兑现385万元，龙某公司尚欠渝某建筑工程公司109万元。

【案件焦点】

在到期未出资股东的出资本息足以偿还公司债务的情况下，债权人对已届出资期限而未出资股东权利放弃后，还能否要求追加未届出资期限股东为被执行人，并由其承担认缴出资加速到期义务。

【法院裁判要旨】

重庆市丰都县人民法院审理后认为：在公司股东存在已到期而未实际缴纳出资的情况下，应保障未届出资期股东的期限利益。本案中，人民法院裁定追加农某基金公司为被执行人，要求其以认缴出资额 900 万元本息为限，向渝某建筑工程公司履行支付义务。在农某基金公司兑现 385 万元债务后，渝某建筑工程公司自愿放弃向其主张股东出资方面承担责任的权利。渝某建筑工程公司放弃向农某基金公司主张权利系其对自身民事权利的处分，不违反法律规定，但并不能因此而剥夺其他股东的期限利益，加重其他股东的出资义务。

重庆市丰都县人民法院依照《中华人民共和国公司法》第二十八条、《中华人民共和国民事诉讼法》第一百四十四条、《最高人民法院关于适用〈中华人民共和国民事诉讼法〉的解释》第三百一十三条规定，判决如下：

驳回渝某建筑工程公司的诉讼请求。

渝某建筑工程公司不服一审判决，提起上诉。重庆市第三中级人民法院经审理认为：在农某基金公司到期应缴而未缴出资 900 万元的情形下，渝某建筑工程公司仅要求农某基金公司承担 385 万元后，放弃向其继续主张权利，进而向谭某于、夏某会主张应于 2025 年 6 月 30 日缴纳的出资加速到期，明显损害未届出资期限股东的正当利益，其诉讼请求依法不予支持。

重庆市第三中级人民法院依照《中华人民共和国民事诉讼法》第一百七十条第一款第一项规定，判决如下：

驳回上诉，维持原判。

【法官后语】

从公司注册资本制度与债权人保护的关系上看，股东缴纳出资的时间已向社会进行公示，债权人可以在审查公司股东出资时间等信用信息的基础上综合考察是否与公司进行交易。债权人一旦决定进行交易，即应受制于股东出资时间的约束。

1. 股东出资加速到期的情形认定

在注册资本认缴制下，对股东出资加速到期，应严格把握，谨慎处置。综合《中华人民共和国企业破产法》《中华人民共和国公司法》相关司法解释、《最高人民法院关于民事执行中变更、追加当事人若干问题的规定》及《全国法院民商事审判工作会议纪要》（法〔2019〕254号）等相关规定，股东出资加速到期只有以下几种情况：法院受理破产申请后，债务人的出资人尚未完全履行出资义务的，管理人应当要求该出资人缴纳所认缴的出资，而不受出资期限的限制；公司解散时，股东尚未缴纳的出资均应作为清算财产，股东尚未缴纳的出资，包括到期应缴未缴的出资，以及按照公司法规定分期缴纳尚未届满缴纳期限的出资；公司作为被执行人的案件，人民法院穷尽执行措施无财产可供执行，已具备破产原因，但不申请破产的；在公司债务产生后，公司股东（大）会决议或以其他方式延长股东出资期限的。让具备这些情形下的出资义务人提前履行出资义务，可更好保护债权人的利益，避免出资义务人通过认缴资本制度逃避法律义务。

2. 同时存在已届出资期限股东和未届出资期限股东的情况下，应优先追加已届出资期限股东为被执行人

虽然《中华人民共和国企业破产法》及《中华人民共和国公司法》相关司法解释等没有明确规定追加股东为被执行人时，是否区分已届出资期限股东和未届出资期限股东，而一并追加。但是从公司注册资本认缴制度的本旨来看，该制度倾向于保护未届出资期限而享有期限利益的股东。故，追加被执行人时，若同时存在已届出资期限股东和未届出资期限股东，未届出资期限股东享有顺位利益和期限利益，应按照以下具体情况予以区分：若已届出资期限股东的应出资金额加公司现有资产已经可以满足债权人申请执行的债权需要时，应只追加已届出资期限股东为被执行人，既足以保护债权人利益，又不妨碍未届出资期限股东享有的期限利益；若已届出资期限股东的应出资金额加公司资产少于债权人申请执行的债权金额时，则可以根据《中华人民

共和国企业破产法》《中华人民共和国公司法》相关司法解释等规定，牺牲未届出资期限股东的期限利益，将已届出资期限股东和未届出资期限股东一并追加为被执行人，以充分保护债权人利益。同时，对于后一种情形，已届出资期限股东应在未出资本金及应出资之日起计算的利息范围内对公司不能清偿的部分债务承担补充责任，而未届出资期限股东只需要在认缴出资的本金范围内承担补充责任。

3. 债权人权利的放弃不能对享有期限利益的股东产生不利影响

若已届出资期限股东出资已经足以保障债权人的情况下，债权人可与该股东协商，由其以出资本息向自己承担支付责任。若在执行和解中，债权人主动放弃对已届出资期限股东部分或全部权利，转而要求享有顺位利益和期限利益的未届出资期限股东承担责任的，应不予支持。这是因为，若已届出资期限股东足额出资，公司不会陷入破产或法院穷尽执行措施无财产可供执行的境地，未届出资期限股东出资是否加速到期，不影响公司的债权人债权实现。本案中，在谭某于、夏某会对未届出资期限的认缴出资享有顺位利益和期限利益，应驳回原告追加谭某于、夏某会为被执行人并承担认缴出资加速到期义务的诉讼请求。

编写人：重庆市第三中级人民法院　张景卫

34

抵押权人以未包含担保债务的公证债权文书为执行依据申请强制执行应不予受理

——唐某文执行复议案

【案件基本信息】

1. 裁判书字号

北京市第三中级人民法院（2021）京03执复76号执行裁定书

2. 事由：执行复议

3. 当事人

复议申请人（利害关系人）：唐某文

申请执行人：孙某鹏

被执行人：刘甲

【基本案情】

抵押权人孙某鹏依据（2015）京方正内民证字第104314号公证书及执行证书向北京市朝阳区人民法院（以下简称朝阳区人民法院即执行法院）申请执行，主张实现其就刘甲名下案涉房屋（即下文案涉标的物）的抵押权，执行过程中朝阳区人民法院查封了案涉标的物并进行网络拍卖。拍卖过程中，被执行人刘甲之母唐某文向执行法院提出案外人异议，主张其系案涉标的物的所有权人，请求排除执行。经审查，朝阳区人民法院裁定驳回案外人唐某文的异议请求。申请执行人孙某鹏向朝阳区人民法院出具继续执行责任保险保单保函，朝阳区人民法院依法继续拍卖案涉标的物。

案外人异议请求被驳回后，唐某文向朝阳区人民法院提出行政诉讼，请求撤销案涉标的物不动产登记行为。经审理，朝阳区人民法院作出（2018）京0105行初324号行政判决，撤销了北京市规划和国土资源管理委员会将该案涉标的物转移登记为刘甲的行政行为，同时撤销了刘甲名下《不动产权证书》。行政判决生效后，唐某文再次提出执行异议，主张案涉标的物并非登记在被执行人刘甲名下，且孙某鹏据以申请执行的公证债权文书中并未有抵押内容，此时径行执行案涉标的物违反《最高人民法院关于公证债权文书执行若干问题的规定》（以下简称《公证债权文书执行规定》）第六条的规定，即公证债权文书赋予强制执行效力的范围仅包含主债务的，对担保债务部分的执行申请不予受理。孙某鹏主张其对案涉标的物享有抵押权应继续执行的请求，应不予受理，继续拍卖案涉标的物执行行为应当予以撤销。朝阳区人民法院经审查认为，该案拍卖程序合法，据此作出（2020）京0105执异1093号执行裁定，裁定驳回其异议请求。唐某文不服，持相同理由向本院申请复议。

【案件焦点】

1. 本案的案件类型是申请不予执行公证债权文书还是利害关系人提起的行为异议；2. 抵押权人以未包含担保债务的公证债权文书为执行依据，申请强制执行，应如何处理；此外，执行异议审查过程中，执行法院遗漏对案涉公证债权文书是否包含担保债务部分进行审查，应如何处理；3. 从本案拓展开来，执行过程中，若案件事实发生重大变化，案涉标的物权属发生改变，执行实施机构应否另行审查执行依据。

【法院裁判要旨】

北京市第三中级人民法院认为：朝阳区人民法院裁定遗漏应审查事项，唐某文在异议审查程序中提出的理由为根据《公证债权文书执行规定》第六条规定，公证债权文书赋予强制执行效力的范围仅包含主债务的，对担保债务部分的执行申请不予受理。而本案据以执行的（2015）京方正内民证字第104314号公证书赋予强制执行效力的范围并不包含担保债务部分，朝阳区人民法院（2020）京0105执异1093号执行裁定认定基本事实不清。据此，北京市第三中级人民法院依照《最高人民法院关于人民法院办理执行异议和复议案件若干问题的规定》（以下简称《异议复议规定》）第二十三条第一款第三项之规定，裁定：

一、撤销朝阳区人民法院（2020）京0105执异1093号执行裁定；

二、发回朝阳区人民法院重新审查。

【法官后语】

本案是关于赋予强制执行效力的公证债权文书中有关担保问题的案例，案件看似简单，法律适用层面亦较为明确，但其中出现的焦点问题却是实践中容易忽略的重要问题。

焦点一，本案的案件类型是申请不予执行公证债权文书还是利害关系人提起的行为异议。

唐某文系被执行人刘甲的母亲，其以申请执行人孙某鹏据以申请强制执行的公证债权文书效力范围不包含担保债务部分为由，向执行法院提出异议请求不予执行。执行法院审查过程中，未要求唐某文就本次提出的异议类型予以明确即径行裁定驳回异议请求。就该案的案件类型认定，合议庭有两种意见：第一种意见，唐某文系根据《中华人民共和国民事诉讼法》第二百三十四条规定，认为其合法权益受到人民法院违法执行行为侵害，以利害关系人主体资格提出的执行行为异议。第二种意见，唐某文系作为公证事项的利害关系人，提起的申请不予执行公证债权文书案件。从理论上看，申请不予执行公证债权文书不同于一般的执行行为异议，其异议指向的是作为执行依据的公证书本身，而不是针对公证书的后续执行行为。具体到本案，表面上看是唐某文申请不予执行案涉公证债权文书，实则为对于执行法院的查封、拍卖行为提出异议，并非否定该公证债权文书作为执行依据的效力，仅是认为处置案涉标的物的执行行为侵害了其自身合法权益，故本案应认定为是唐某文作为利害关系人提起的执行行为异议，而非申请不予执行公证债权文书。

焦点二，抵押权人以未包含担保债务的公证债权文书为执行依据，申请强制执行，应如何处理；此外，执行异议审查过程中，执行法院遗漏对案涉公证债权文书是否包含担保债务部分进行审查，应如何处理。

本案据以执行的生效法律文书为公证债权文书，根据《中华人民共和国公证法》第三十七条第一款规定，对经公证的以给付为内容并载明债务人愿意接受强制执行承诺的债权文书，债务人不履行或者履行不适当的，债权人可以依法向有管辖权的人民法院申请执行。具体到本案，案涉公证债权文书未对借款合同之担保合同同时予以公证，案涉标的物的抵押权未被执行依据所确认，不应被纳入强制执行范围，因此本案应严格依照《公证债权文书执行规定》第六条“公证债权文书赋予强制执行效力的范围同时包含主债务和担保债务的，人民法院应当依法予以执行；仅包含主债务的，对担保债务部分的执行申请不予受理；仅包含担保债务的，对主债务部分的执行申请不予受理”之规定，以及《异议复议规定》第二十二条第一款“仅对主债务赋予强制执行效力未涉及担保债务的，对担保债务的执行申请不予受理”之规定进行审查，对于孙某鹏要求实现抵押权的强制执行申请不予受理。鉴于执行法院（2020）京 0105 执异 1093 号执行裁定认定基本事实不清，复议法院应撤销其裁定并发回重审。

焦点三，从本案拓展开来，执行过程中，若案件事实发生重大变化，案涉标的物权属发生改变，执行实施机构应否另行审查执行依据。结合本案查明的事实及存在的问题，整理下图：

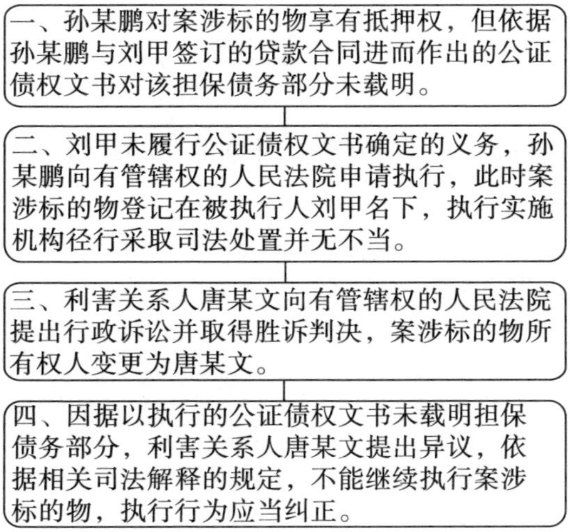

强制执行以追求“效率”为第一要务，但是在追求效率的同时，更要关注执行行为的合法性。本案值得深思，执行过程中，案件事实发生重大变化，执行标的物权属转移，被执行人的责任财产随之改变，执行实施机构应及时重新审查执行依据。具体到本案中，案涉标的物所有权人由被执行人变更为案外人，案涉标的物权属已经发生改变，此时据以执行的公证债权文书指向的案涉标的物权利人与登记权利人不符，根据形式审查原则，执行实施机构不能据此对公证债权文书指向的标的予以强制执行，否则将侵害真正权利人之合法权益。对此强制执行申请，执行法院应裁定不予受理，受理后，则应裁定驳回执行申请。

在执行案件数量激增的现实背景下，执行法官的工作压力明显增大，但执行行为的合法性仍是执行工作的核心和底线。本案具有较强的代表性和典型意义，对于该类执行过程中案件事实发生重大变化的案件，执行法官应当审慎对待，事实变化后应及时审慎审查执行依据，确定在执案件是否仍符合执行案件受理条件以及是否可以继续执行，以免错误的执行行为侵害当事人和案外人的合法权益。

编写人：北京市第三中级人民法院　戴梦依　徐欣

35

基于授信合同签订的借款合同是否具有强制执行效力

——郭某杰诉中某银行股份有限公司北京分行、刘某奎执行异议之诉案

【案件基本信息】

1. 裁判书字号

北京市第二中级人民法院（2021）京 02 民终 5323 号民事判决书

2. 事由：执行异议之诉

3. 当事人

原告（上诉人）：郭某杰

被告（被上诉人）：中某银行股份有限公司北京分行（以下简称中某北京分行）

被告（被上诉人）：刘某奎

【基本案情】

北京市大兴区人民法院经公开审理查明：2014 年 12 月 11 日，郭某杰、刘某奎与中某北京分行签订《综合授信及最高额抵押合同》，约定：甲方（受信人）刘某奎，抵押人刘某奎、郭某杰，乙方（授信人/抵押权人）中某银行股份有限公司总行营业部（以下简称中某营业部）；1.1 个人房产抵押综合授信额度是指甲方以其享有所有权或处分权的房产作为抵押物向乙方申请并经乙方审批同意所给予甲方授信的最高限额……4.1 甲方申请使用授信额度时，需按乙方要求签署借款合同、协议以及乙方认可的其他法律文件；4.2 甲方在本综合授信额度项下贷款的金额、期限、利率、罚息率、用途、贷款支付方式、支付对象（范围）、还款方式等要素，通过甲乙双方签订的借款合同予以约定……6.1 本综合授信额度项下贷款的担保方式为最高额抵押担保……17.1 经甲方申请，乙方同意向甲方提供总额为人民币 90 万元的综合授信额度；17.2 本合同授信期限为 132 个月从 2014 年 12 月 26 日起到 2025 年 12 月 26 日止……17.4 本合同约定的授信期限内，甲乙双方签署的借款合同为本合同项下具体业务合同，与本合同构成一套不可分割的合同体系，借款合同项下产生的债权属于本合同最高额抵押担保的债权范围。

2014 年 12 月 22 日，刘某奎、郭某杰、中某营业部前往北京市中信公证处办理公证，公证事项：赋予《授信合同》强制执行效力，2014 年 12 月 26 日，涉案房屋办理了房屋他项权证书，抵押登记的房屋他项权利人中某营业部，房屋所有权人刘某奎、郭某杰，他项权利种类最高额抵押，债权数额 90 万元。

2015 年 1 月 5 日，郭某杰、刘某奎与中某北京分行签订《借款合同》，约定：借款人、抵押人（甲方）刘某奎、郭某杰，贷款人/抵押权人（乙方）中某营业部；22.4 专项支付综合消费贷款的具体约定：贷款金额人民币 90 万元；贷款金额使用期限为 120 个月，自 2015 年 1 月 5 日起至 2025 年 1 月 5 日止；本借款合同编号为（2014）国奥银房授抵字第 3135 号的《授信合同》的具体业务合同及附件，本借款合同项下的抵押担保适用于编号为（2014）国奥银房授抵字第 3135 号的《授信合同》的相关规定，本借款合同项下债务全部纳入该综合授信及最高额抵押合同的担保范围。本合同占用编号为（2014）国奥银房授抵字第 3135 号的《授信合同》项下授信额度/贷款金额，为该合同项下具体业务合同，纳入该合同项下管理。

2019 年 4 月 15 日，北京市中信公证处出具（2019）京中信执字 00515 号执行证书，确认以下执行事项：一、被执行人：刘某奎、郭某杰；二、执行标的：1. 借款本金人民币 626148.97 元，2. 截至 2019 年 2 月 25 日欠付利息人民币 15020.09 元，3. 自 2019 年 2 月 26 日起至欠款清偿之日止的罚息（按约定贷款利率的 150%计算，具体计算方式以合同约定为准），4. 债权人为实现债权支出的公证费人民币 1270 元整，律师费（按执行标的金额的 5%计算）；三、责任范围：1. 刘某奎作为债务人，就上述债务向中某营业部承担清偿责任；2. 刘某奎、郭某杰作为抵押人，以其名下约定并已办理抵押登记的不动产抵押物就上述债务向中某营业部承担抵押担保责任。

后中某北京分行依据该执行证书向法院申请强制执行。本院于 2019 年 10 月 10 日查封了涉案房屋，现法院已拍卖涉案房屋。

【案件焦点】

中某北京分行是否能够依据基于授信合同签订的借款合同申请强制执行。

【法院裁判要旨】

北京市大兴区人民法院经审理认为：《中华人民共和国公证法》（以下简称《公证法》）第三十七条第一款规定，对经公证的以给付为内容并载明债务人愿意接受强制执行承诺的债权文书，债务人不履行或者履行不适当的，债权人可以依法向有管辖权的人民法院申请执行。最高人民法院、司法部、中国银监会发布的《关于充分发挥公证书的强制执行效力服务银行金融债权风险防控的通知》第一条明确规定："公证机构可以对银行业金融机构运营中所签署的符合《公证法》第37条规定的以下债权文书赋予强制执行效力：（一）各类融资合同，包括各类授信合同，借款合同、委托贷款合同、信托贷款合同等各类贷款合同，票据承兑协议等各类票据融资合同，融资租赁合同，保理合同，开立信用证合同，信用卡融资合同（包括信用卡合约及各类分期付款合同）……"根据上述规定，银行业金融机构运营中所签署的以给付为内容并载明债务人愿意接受强制执行承诺的授信合同，属于依法可被赋予强制执行效力的债权文书范围。《借款合同》是《授信合同》的具体业务合同等内容，双方对《授信合同》进行了赋予强制执行效力的公证，《借款合同》的授信业务种类、额度及期限也均在《授信合同》约定的范围内，基于《借款合同》产生的借款债务属于《授信合同》项下债务，应受《授信合同》的调整。郭某杰主张其系聋哑人，不清楚其签署的文件和公证的具体内容及法律后果，该院不予采信该主张。

北京市大兴区人民法院依照《公证法》第三十七条，《中华人民共和国民事诉讼法》第一百四十四条、第二百三十八条，《最高人民法院关于公证债权文书执行若干问题的规定》第十一条、第二十二条，《最高人民法院关于人民法院办理执行异议和复议案件若干问题的规定》第二十二条之规定，缺席判决如下：

驳回郭某杰的全部诉讼请求。

郭某杰不服判决提起上诉，北京市第二中级人民法院经审理认为：根据《公证法》第三十七条第一款规定，对经公证的以给付为内容并载明债务人愿意接受强制执行承诺的债权文书，债务人不履行或者履行不适当的，债权人可以依法向有管辖权的人民法院申请执行。《公证程序规则》第三十九条规定，具有强制执行效力的债权文书的公证，应当符合下列条件：（一）债权文书以给付为内容；（二）债权债务关系明确，债权人和债务人对债权文书有关给付内容无疑义；（三）债务履行方式、内容、时限明确；（四）债权文书中载明当债务人不履行或者不适当履行义务时，债务人愿意接受强制执行的承诺；（五）债权人和债务人愿意接受公证机构对债务履行情况进行核实；（六）《公证法》规定的其他条件。中某北京分行与刘某奎、郭某杰签订《综合授信及最高额抵押合同》，中某北京分行与刘某奎、郭某杰自愿向公证处申请办理赋予上述《综合授信及最高额抵押合同》强制执行效力的公证。北京市中信公证处作出的公证书载明《综合授信及最高额抵押合同》中有关受信人不履行合同项下义务时，受信人、抵押人自愿接受有管辖的人民法院予以强制执行的意思表示真实明确。此外，《借款合同》的授信业务种类、额度及期限均在《综合授信及最高额抵押合同》约定的范围内，系对《综合授信及最高额抵押合同》项下的贷款金额、利率、还款期限、罚息等事项的具体明确。一审法院的认定符合各方当事人的真实意思表示，并无不当。

北京市第二中级人民法院依照《中华人民共和国民事诉讼法》第一百七十条第一款第一项规定，判决如下：

驳回上诉，维持原判。

【法官后语】

授信是指商业银行向非金融机构客户直接提供的资金支持或对客户在有关经济活动中的信用向第三方作出保证的行为。简单来说，授信合同是确保最高可以贷款的额度。而签订授信合同，则是为后续可能出现的贷款合同提供保障。可见，仅签订授信合同，而没有实际用款或对第三方的承诺时，授信合同等同于“一纸空文”，处于“休眠期”，不涉及债权债务，更不涉及强制执行。一旦出现贷款或对第三方承诺的实践时，该授信合同便进入“活跃期”，执行对其项下的贷款合同产生保证、制约等效力。

最高人民法院、司法部、中国银监会发布的《关于充分发挥公证书的强制执行效力服务银行金融债权风险防控的通知》第一条明确规定：“公证机构可以对银行业金融机构运营中所签署的符合《公证法》第37条规定的以下债权文书赋予强制执行效力：（一）各类融资合同，包括各类授信合同，借款合同、委托贷款合同、信托贷款合同等各类贷款合同，票据承兑协议等各类票据融资合同，融资租赁合同，保理合同，开立信用证合同，信用卡融资合同（包括信用卡合约及各类分期付款合同）……”根据上述规定，银行业金融机构运营中所签署的以给付为内容并载明债务人愿意接受强制执行承诺的授信合同，属于依法可被赋予强制执行效力的债权文书范围。以本案为例，涉案《授信合同》约定商业银行对借款人提供额度为90万元的贷款业务，贷款人、抵押人不履行本合同项下义务的将自愿接受强制执行，同时约定了《借款合同》是《授信合同》的具体业务合同等，且双方对《授信合同》进行了赋予强制执行效力的公证。因此，能够明确的是，《借款合同》属于《授信合同》项下的内容，应受《授信合同》的调整，《借款合同》虽未进行公证，但其应当遵守《授信合同》关于强制执行的约定。

授信协议是在经济快速发展时期应运而生的框架式协议，其并不属于借款合同，仅是对未来可能发生的借款进行提前“约束”，也是一种“放权”。商业银行与客户签订授信协议后，未来一段时间内发生的贷款，符合授信协议约定的，都应当遵守授信协议的约束。从这一角度看，如果不赋予授信协议项下的借款合同以强制执行效力，那么授信协议的存在则几乎没有意义。从社会活跃度、商业来往质量、社会信任度等多个方面来看，未经公证的借款合同应遵守授信协议的相关约定，具有重大的社会实践意义。

编写人：北京市大兴区人民法院　蒋怡琴　张雪薇

36

针对全案纠纷形成的和解协议履行完毕后，申请执行人无权主张恢复执行原生效法律文书

——陈甲、戈某英执行异议案

【案件基本信息】

1. 裁判书字号

江苏省苏州市中级人民法院（2021）苏 05 执复 163 号执行裁定书

2. 事由：执行异议

3. 当事人

异议人（被执行人）：陈甲、戈某英

申请执行人：某银行股份有限公司太仓分行

被执行人：黄丙、蔡某妹、启东市新某蔬果专业合作社

【基本案情】

2013 年 9 月 26 日，原告某银行股份有限公司太仓分行（以下简称某行太仓分行）与被告黄丙、蔡某妹、陈甲、戈某英、启东市新某蔬果专业合作社就江苏省太仓市人民法院受理的（2013）太商初字第 1056 号金融借款合同纠纷一案达成调解协议。因各被告未履行生效法律文书确定的义务，江苏省太仓市人民法院根据某行太仓分行的申请，立案强制执行。执行过程中，各被执行人履行了部分义务，申请执行人某行太仓分行在与被执行人戈某英达成《还款计划》后于 2018 年 6 月 13 日撤回了执行申请。《还款计划》载明：双方就案涉借款合同项下的剩余款项制订还款计划，由戈某英自 2018 年 6 月起每月 11 日前偿付某行太仓分行借款本息 22451.26 元，直至 2020 年 5 月 11 日（共分 24

期）借款本息全部还清为止；若戈某英有任意逾期行为，某行太仓分行有权就未还借款本息等所有款项费用全额申请法院恢复执行。2020 年 12 月 30 日，申请执行人某行太仓分行以《还款计划》遗漏了 11 期，尚欠贷款本金 241018.5 元及相应利息为由，向法院申请恢复强制执行。

江苏省太仓市人民法院立案恢复强制执行后，被执行人陈甲、戈某英提出执行异议，认为戈某英与申请执行人签订《还款计划》后，已履行了《还款计划》中的全部义务，被执行人不应再承担任何还款责任。被执行人黄丙、蔡某妹、启东市新某蔬果专业合作社认为，各方在执行中经沟通确认剩余债务部分由戈某英偿还，《还款计划》签订后戈某英已全部履行，申请执行人因自身原因导致的错误，不应由被执行人承担责任。

【案件焦点】

1.《还款计划》是否系针对全案纠纷形成；2. 双方在执行中达成《还款计划》并经被执行人全部履行后，申请执行人是否可以《还款计划》错误为由申请继续执行。

【法院裁判要旨】

江苏省太仓市人民法院经审查认为：被执行人陈甲、戈某英以其已按照《还款计划》全面履行、法院恢复执行行为错误为由提出执行异议，应当按照《中华人民共和国民事诉讼法》第二百三十二条规定审查处理。本案中，异议人的异议请求能够成立，不应继续执行（2013）太商初字第 1056 号民事调解书，理由为：1.《还款计划》系由申请执行人负责起草，双方就主债务人、担保人所欠剩余款项订立的分期偿付计划，计划同时明确“若乙方有一期未能按照本计划第一条的约定内容履行付款义务的，甲方即有权就未还借款本息等所有款项费用全额申请法院恢复执行，包括通过申请法院处置抵押房屋实现抵押权”，应视为双方实质变更了前述民事调解书所确定的履行内容，不违反法律规定。申请执行人在协议起草及签订过程中应尽到审慎注意义务，但其并未提出任何异议。2. 在戈某英每次交付款项时，银行交易系统应当显示本次还贷本金和利息、贷款到期日和贷款余额等数据，申请执行人完全有能力查纠《还款计划》是否存在差错，但其未能在合理期限内提出。现戈某英一方至 2020 年 5 月 11 日已累计偿付 24 期借款本息，其间虽有部分付款迟延，但其已支付迟延履行利息，申请执行人对此亦不持异议。在此情形下，应视为被执行人一方已按《还款计划》约定全部履行完毕，申请执行人无权申请继续执行原生效法律文书。至于某行太仓分行认为《还款计划》存在可撤销的情形，其可依法通过另行诉讼解决。

江苏省太仓市人民法院依照《中华人民共和国民事诉讼法》第二百二十五条，《最高人民法院关于适用〈中华人民共和国民事诉讼法〉的解释》第四百六十七条，《最高人民法院关于执行和解若干问题的规定》第一条、第十二条、第十六条，《最高人民法院关于人民法院办理执行异议和复议案件若干问题的规定》第七条、第十七条第二项规定，裁定如下："终结本院（2013）太商初字第 1056 号民事调解书的执行。"

后某行太仓分行申请复议，江苏省苏州市中级人民法院同意一审法院裁判意见。

【法官后语】

通过梳理，我们发现，本案的审查重点在于确定申请执行人在双方签订和解协议并履行完毕后是否有权基于该和解协议的错漏主张恢复原生效法律文书的执行。一种意见认为，《还款计划》的确存在漏算情形，申请执行人并未作出明确放弃权利的意思表示，从维护金融安全、保障当事人实体权利的角度，可考虑驳回异议人的异议请求。另一种意见则认为，《还款计划》明显是针对全案剩余未付款项制定的分期归还协议，现被执行人一方已履行完毕，申请执行人在协议起草、签订及履行的整个过程中都没有明确提出异议，却在协议履行完毕后主张漏算部分款项，欠缺合理性。

事实上，针对执行和解协议履行完毕后是否可恢复原生效法律文书的执行这一基础问题，《最高人民法院关于执行和解若干问题的规定》对此已作出明确回应：执行和解协议履行完毕的，应作执行结案处理，申请执行人申请恢复执行的，裁定不予恢复执行；已进入恢复执行程序的，当事人、利害关系人可就恢复执行行为提出异议，法院审查后应裁定终结原生效法律文书的执行。当事人、利害关系人认为和解协议有无效或可撤销情形的，可另行提起诉讼，并在和解协议被确认无效或撤销后申请恢复执行。也就是说，在执行和解协议履行完毕后，申请执行人已丧失申请恢复执行原生效法律文书的权利。至于和解协议本身以及和解协议在履行过程中引发的争议，均应由相关当事人通过另行诉讼方式解决。在和解协议经法定程序推翻后，申请执行人可申请恢复执行。需要特别说明的是，此处探讨的和解协议，隐含着“针对全案纠纷形成”这一前提条件。

在获得此思路的指引后，我们尝试对案涉《还款计划》的文字内容以及双方在协议起草、签订及履行过程中的具体表现进行审视，以观察“《还款计划》是否系针对全案纠纷形成”。从协议文字内容来看，《还款计划》中明确协议系针对本案剩余款项的分期履行制定，其中约定的付款起止时间、分期期数、每期金额以及违约责任等条款相互印证，并无明显矛盾。从双方具体表现来看，《还款计划》由申请执行人负责审核起草文本，其在起草、签署及履行过程中都应当有能力查纠协议是否存在差错，并以适当方式及时提出异议。至戈某英一方至2020年5月11日偿付24期借款本息时，申请执行人均未明确提出异议。因此，申请执行人以其系统操作失误、存在认识错误，主张《还款计划》仅为双方针对部分未付款项的分期偿还形成的协议，难以令人信服。在明确《还款计划》系针对全案纠纷形成的基础上，被执行人一方已按约履行完毕，异议人的异议请求得以成立，法院不应继续恢复执行（2013）太商初字第1056号民事调解书。至于申请执行人在该过程中是否存在可撤销的情形，不在本案异议审查范围内，其应通过另案诉讼方式解决。

一审裁决作出后，申请执行人一方提出复议，二审法院经审查维持了一审裁决，侧面印证了本案裁判的合理性。在本案审查过程中，法院围绕双方争议的重点问题进行了翔实调查，在坚持执行异议审查原则的基础上注重对背后法理逻辑的有效梳理和充分释明，努力实现单个案件处置与整体纠纷化解的有机统一，最终取得良好效果。

编写人：江苏省太仓市人民法院 王伦

37

执行被继承人债务清偿案件，可将继承公证作为确定继承范围的依据

——王某执行复议案

【案件基本信息】

1. 裁判书字号

北京市第三中级人民法院（2021）京03执复247号执行裁定书

2. 事由：执行复议

3. 当事人

申请执行人：荣某某

被申请执行人（复议申请人）：王某

【基本案情】

荣某某与王某被继承人债务清偿纠纷一案，北京市顺义区人民法院（以下简称顺义法院）于2021年3月15日作出（2021）京0113民初2589号民事判决书：一、被告王某在继承王某某遗产范围内偿还原告荣某某借款本金1645500元及利息（以1645500元为基数，按照全国银行间同业拆借中心公布的同期贷款市场报价利率为标准，计算自2019年12月7日起至实际支付之日止），于本判决生效之日起七日内执行；二、驳回原告荣某某的其他诉讼请求。因王某未履行生效法律文书确定的义务，荣某某向顺义法院申请强制执行。执行过程中，顺义法院冻结了王某的银行账户。

2020年3月19日，北京市长安公证处（2020）京长安内民证字第2696号继承权公证书载明：……被继承人王某某与张某某系夫妻关系，王某某遗留以下财产：1. 登记在其本人名下的位于北京市朝阳区安翔南里×××号房屋（于2018年8月22日抵押给浦发银行北京经济技术开发区支行的房产）；2. 登记在其本人名下的位于北京市朝阳区北四环中路×××号房屋（于2019年7月12日抵押给廊坊银行股份有限公司营业部的房产）；3. 公积金余额267062.25元人民币；4. 北京市××电信股份有限公司股份348655.00股。上述财产系王某某和张某某的夫妻共同财产，王某某去世后上述财产中属于王某某的部分为其遗产……张某某、李某某在本公证员面前签署《放弃继承权声明书》……上述财产中属于被继承人王某某的部分应由其女儿王某一人继承，相关债务由其女儿王某一人承担。

2020年3月21日，王某及其母亲将北京市朝阳区北四环中路×××号房产以11250000元出售，2020年5月17日，王某及其母亲将北京市朝阳区安翔南里×××号房屋以3550000元出售。后王某偿还两套房屋的银行抵押债权7298992元，并清偿王某某欠付南京银行3431元、新华保险贷款112589.35元、招商银行信用卡110520.53元、东城法院案款435000元。

本案执行中，王某认为登记在王某某名下两套房产转让价格为1480万元，其继承了属于王某某50%的财产，即其中740万元，现实际清偿数额已超出继承财产实际价值，不应再向荣某某履行还款义务，故对顺义法院冻结其名下银行账户提出异议。

【案件焦点】

被继承人债务清偿案件执行中，执行依据未明确继承范围的，应如何确定继承范围。

【法院裁判要旨】

北京市顺义区人民法院认为，浦发银行北京经济技术开发区支行对位于北京市朝阳区安翔南里×××号房产享有抵押权，廊坊银行股份有限公司营业部对位于北京市朝阳区北四环中路×××号房产享有抵押权，故上述房产出售后所得价款应优先偿还抵押权人，剩余房款作为张某某与王某某的夫妻共同财产进行分割、继承。上述两套房产支付优先权后剩余款项合计为6790208.75元。该款项中的50%为王某可继承的财产。王某未在继承遗产范围内履行义务，北京市顺义区人民法院以1655305元为限冻结了被执行人王某的银行账户符合法律、司法解释的规定。王某主张上述房产全部所得价款均为夫妻共同财产，应由王某用继承的属于王某某的部分支付银行优先债权，没有法律依据，不予支持，故依照原《中华人民共和国民事诉讼法》第二百二十五条之规定，裁定驳回王某的异议请求。王某不服向北京市第三中级人民法院提出复议，北京市第三中级人民法院认为，因被继承的房产设定有抵押权，而抵押物变现后应当优先偿还抵押权人，并非先行进行分割、继承。现王某认可其继承王某某遗产的50%，其理应在该范围内对申请执行人承担给付义务。在王某取得遗产而未履行法定义务的情况下，执行法院有权对王某采取相应的执行措施，故依据《最高人民法院关于人民法院办理执行异议和复议案件若干问题的规定》第二十三条第一款第一项之规定，裁定：驳回复议申请人王某的复议申请，维持北京市顺义区人民法院（2021）京0113执异490号执行裁定。

【法官后语】

一、生效判决未明确继承范围的执行争议

在被继承人债务清偿案件中，生效判决笼统表述为“（继承人）在继承范围内清偿债务的”，不胜枚举。此类案件进入执行阶段，主要有以下五种处理方式：第一种是根据《最高人民法院关于人民法院执行工作若干问题的规定（试行）》第十八条规定、《最高人民法院关于执行案件立案、结案若干问题的意见》第二十条规定，以执行依据不明确为由，驳回申请执行人的执行申请；第二种是视同一般金钱债权执行案件，查询并控制被执行人（继承人）名下财产，向其送达执行通知书、财产报告令，并采取限制消费等措施，穷尽执行措施后以暂无财产可供执行而终结本次执行程序；第三种虽也以终结本次执行程序结案，但理由系“未查明被执行人继承了被继承人遗产，故案件目前不具备执行条件”，较前述本理由有所区别；第四种是执行法院以“依法调查未发现被继承人遗产，申请执行人也无法提供被继承人遗产，继承人未继承遗产”而终结执行；第五种是以等待实际继承财产金额确定而中止执行。

上述第三种、第四种处理方式，反映出应由执行部门依职权查询遗产范围及继承情况的观点；五种处理方式表明了执行部门无法解决继承问题，应通过其他程序予以明确的态度；而第二种方式，执行法院在未进行任何调查的情况下径行执行被执行人名下财产，对继承人和被继承人财产不加区分，更是极大可能逾越遗产债务有限清偿原则，损害继承人合法权益。

从执行权的性质和特点来看，执行部门应保持对执行依据的谦抑性，避免肆意扩大权利，成为审判程序的“二审”“三审”。故在被继承人债务清偿案件中，当审判部门或有关机构未对继承情况予以查证并回应的情况下，执行部门不得以执代审，突破审执分立原则，此时应驳回执行申请，待相关问题通过实体审判等相关程序解决后再行启动。

二、继承公证可作为明确继承范围的补充路径

执行被继承人债务清偿案件时，如果生效判决未明确继承范围，但当事人另行办理了继承公证，可将该继承公证作为确定继承范围的有效补充。正如王某申请执行复议一案，生效判决要求王某在继承范围内清偿欠款本金及利息，但该案未驳回执行申请，继续得以执行的重要原因，在于王某办理了继承公证，对被继承人王某某的财产状况、继承人情况等重要问题予以明确，且该公证在荣某某与王某被继承人债务清偿纠纷一案的生效判决中也予以确认。

继承公证是指公证机关根据申请，依照法律规定，证明哪些人对被继承人的遗产享有继承权，并证明其继承活动真实、合法的公证程序。根据公证法及民事诉讼法相关规定，公证具有较高的证明效力，加之程序高效便捷，在非诉纠纷解决中发挥了越来越重要的作用，因此在执行被继承人债务清偿案件时，应充分肯定继承公证的效力并积极鼓励推动，促进此类案件尽早具备执行条件。

但若被继承人财产状况较为复杂，如本案存在抵押、夫妻共有等多种情形，公证书内容无法明确至具体份额，此时执行法官可根据相关实体法律规定，根据抵押权优先、先析产后分割的原则进一步确定继承范围。

编写人：北京市第三中级人民法院　赵佳丽

五、特殊情况下的执行

38

被执行人为基金管理人时可作为案外人提出执行异议

——信某和业（济南）投资管理有限公司执行异议案

【案件基本信息】

1. 裁判书字号

北京市房山区人民法院（2021）京0111执异584号执行裁定书

2. 事由：执行异议

3. 当事人

申请执行人：陈某铎

被申请执行人：信某和业（济南）投资管理有限公司（以下简称信某和业投资管理公司）

【基本案情】

陈某铎与信某和业投资管理公司合同纠纷一案，房山区人民法院作出判决后，二审法院予以维持。由于信某和业投资管理公司未按照生效法律文书履行法定义务，申请执行人陈某铎向法院申请执行，执行案号为（2020）京0111执5088号。在执行过程中，执行法院冻结了信某和业投资管理公司在兴某银行账户为×××的存款。为此，异议人信某和业投资管理公司提出执行异议，要求立即解除对异议人管理的私募基金账号为×××（开户行：兴某银行）存款的冻结。

信某和业投资管理公司提出执行异议后，本院经过审查裁定后，信某和业投资管理公司申请复议，北京市第二中级人民法院作出（2021）京02执复2号执行裁定书，裁定指令北京市房山区人民法院对信某和业投资管理公司提出异议进行审查；北京市房山区人民法院据此审查后作出（2021）京0111执异252号执行裁定书，信某和业投资管理公司又申请复议，北京市第二中级人民法院以（2021）京02执复224号执行裁定书将本案发回北京市房山区人民法院重新审查。北京市房山区人民法院据此作出（2021）京0111执异584号执行裁定书。

另，在本案执行过程中，北京市高级人民法院于2021年3月31日作出（2020）京民申4728号民事裁定书，裁定：一、指定北京金融法院再审本案；二、再审期间，中止原判决的执行。本院于2021年4月8日依法作出（2020）京0111执5088号执行裁定书，本案中止执行程序。

【案件焦点】

执行依据通过审判监督程序决定再审并中止原判决的执行时，执行异议是否也应该中止审查；被执行人作为基金管理人代表基金份额持有人利益提出的异议是否为案外人异议，被执行人提出执行行为异议是否存在与案外人异议竞合的情形。

【法院裁判要旨】

北京市房山区人民法院经审理认为："信文通邮契约型私募基金"系在中国证券投资基金业协会备案的私募投资基金，该基金管理人为信某和业投资管理公司，依据《中华人民共和国证券投资基金法》《私募投资基金监督管理暂行办法》的相关规定及涉案《基金合同》的约定，基金管理人可以代表基金份额持有人利益行使诉讼权利或者实施其他法律行为。因此，本案信某和业投资管理公司所提异议请求，符合案外人异议的受理条件，应当按照《中华人民共和国民事诉讼法》第二百二十七条的规定进行审理。本案中，×××账户系信某和业投资管理公司管理的“信文通邮契约型私募基金”基金账户，该账户内资金属于基金财产，根据《中华人民共和国证券投资基金法》第七条规定，非因基金财产本身承担的债务，不得对基金财产强制执行。综上，异议人信某和业投资管理公司所提异议成立，本院予以支持。依照《中华人民共和国民事诉讼法》第二百二十七条的规定，裁定如下：中止信某和业（济南）投资管理有限公司在兴某银行股份有限公司北京经济技术开发区支行开立的，账户名称为信文通邮契约型私募基金账号×××的执行。

案外人、当事人对裁定不服，认为执行依据错误的，依照其他法律途径救济；与执行依据无关的，可以自本裁定送达之日起十五日内向本院提起诉讼。

【法官后语】

本案为被执行人对强制执行措施（冻结执行行为）提出的异议，争议焦点如下：首先，执行依据被决定再审并中止执行的，执行异议是否也应该予以中止审查；其次，被执行人作为基金管理人代表基金份额持有人利益提出的异议是否为案外人异议，被执行人提出执行行为异议是否存在与案外人异议竞合的情形。

对于焦点一，执行依据被决定再审并中止执行的，执行异议是否也应该予以中止审查。根据《中华人民共和国民事诉讼法》及《最高人民法院关于适用〈中华人民共和国民事诉讼法〉的解释》的规定，按照审判监督程序决定再审的案件，裁定中止原判决、裁定、调解书的执行。“中止执行”应该是一种中止、暂停的状态，已经采取强制措施的，一般情况下不能解除，未采取强制措施的，一般不可采取新的强制措施。而执行异议系对执行行为的监督机制，也是对当事人、案外人的合法权利进行救济的路径，其不属于“中止执行”所涵摄的范畴，如果执行行为确有错误，当然应该及时予以撤销或者更正，而不应该当然“中止”而不予审查。《北京市法院执行案件办理规范》（2017 年修正）第八十二条规定，中止执行期间，当事人、利害关系人依据民事诉讼法第二百二十五条提出异议，或者案外人依据民事诉讼法第二百二十七条的裁定提出异议的，执行法院应当依法进行审查并作出裁定。故本案中的执行异议系被执行人针对法院冻结执行行为提出的异议，执行依据虽被决定再审并中止原判决的执行，但执行异议并不因此中止审查。

对于焦点二，被执行人提出执行行为异议是否存在与案外人异议竞合的情形。根据《最高人民法院关于人民法院办理执行异议和复议案件若干问题的规定》第八条规定了案外人提出案外人异议时与执行行为异议竞合的两种情形：第一种竞合，案外人对执行标的既主张实体权利又作为利害关系人提出行为异议的，我国采取了实体异议吸收了程序异议的审理思路，即依照第二百二十七条（案外人异议）审理；第二种竞合，若案外人对执行标的主张实体权利，又作为利害关系人提出与实体权利无关执行行为异议，这本质上其实是两类不同性质的异议，那就应该分别按照案外人异议审理与执行行为异议审理，适用不同的审查程序，分别作出裁定。

但现行法律并没有针对被执行人提出执行行为异议时与案外人异议竞合的规定。这就需要区分执行行为异议与案外人异议。

从文义上看，执行行为异议与案外人异议的主体资格是不同的，即当事人、利害关系人、案外人是存在明确的不同点。根据《中华人民共和国民事诉讼法》第二百三十二条规定，有资格提起执行行为异议的人，必须是执行案件的当事人或利害关系人，执行行为对其利益产生影响、与其有法律上的利害关系；对其利益不产生影响、与其没有法律上利害关系的，则不具有异议人的主体资格、不得作为异议人提出执行行为异议。当事人即指申请执行人和被执行人，利害关系人是指当事人以外，对人民法院的执行行为提出程序性异议的公民（自然人）、法人和其他组织。[①]《中华人民共和国民事诉讼法》第二百三十四条规定，执行过程中，案外人可以针对执行标的提出异议。案外人，是指当事人以外，对执行标的主张所有权等阻止执行的实体权利的公民（自然人）、法

① 参见最高人民法院执行局：《最高人民法院关于人民法院办理执行异议和复议案件若干问题规定理解与适用》，人民法院出版社2015年版。

人和其他组织。①

从内涵上看，两者依据的基础权利以及审查内容、异议目的不同。当事人与利害关系人提出的执行行为异议系对执行行为提出的异议，依据的基础权利是程序权利，需要审查执行行为进行合法性判断，目的是纠正违法执行行为；而案外人依据的基础权利是实体权利（常见的比如：所有权、租赁权等），目的是排除对执行标的物的执行。

本案中，信某和业投资管理公司作为被执行人，针对冻结执行行为提出的异议，本应系执行行为异议，按照第二百三十四条进行审查。但是信某和业投资管理公司提出的异议主要是对执行标的主张实体权利，具有排除执行的目的。虽然形式上不符合案外人异议的标准，但是从内涵上看符合案外人异议的本质特征。案涉账户为私募投资基金账户，信某和业投资管理公司为该私募投资基金的管理人，依据《中华人民共和国证券投资基金法》《私募投资基金监督管理暂行办法》的相关规定及基金合同的约定，基金管理人可以代表基金份额持有人利益行使诉讼权利或者实施其他法律行为。信某和业投资管理公司作为基金管理人代表基金份额持有人利益行使诉讼权利时符合法律规定，其依据的基础权利是基金份额持有人的实体权利，目的是排除对执行标的的执行，符合案外人异议的本质特征，故本案应该依据民事诉讼法第二百二十七条（现为第二百三十四条）进行审查。根据《中华人民共和国证券投资基金法》第五条、第七条、第一百零一条规定，基金财产独立于基金管理人的固有财产，非因基金财产本身承担的债务，不得查封、冻结、扣划或者强制执行基金财产。本案的执行依据系信某和业投资管理公司与陈某铎之间的纠纷，而非基金账户中基金份额持有人的纠纷，故法院不应该冻结案涉账户。综上，法院裁定中止对案涉账户的执行，并给予当事人诉讼的权利，而非向上一级法院申请复议的权利。

编写人：北京市房山区人民法院　白雪梅

---

① 参见最高人民法院执行局：《最高人民法院关于人民法院办理执行异议和复议案件若干问题规定理解与适用》，人民法院出版社2015年版。

39

被执行人死亡后变更适格主体的审查规则

——某银行申请变更某区民政局为被执行人案

【案件基本信息】

1. 裁判书字号

北京市大兴区人民法院（2021）京0115执异112号执行裁定书

2. 事由：变更追加当事人纠纷

3. 当事人

申请执行人：某银行

被执行人：张甲

被申请人：某区民政局

【基本案情】

2017年3月6日，张甲与某银行分别签订《个人综合授信额度合同》及补充协议、《个人综合授信额度最高额抵押合同》。2017年3月9日，北京市中信公证处（以下简称中信公证处）针对上述两个合同，分别出具（2017）京中信内经证字17702号、（2017）京中信内经证字17703号公证书。2017年3月13日，张甲将其名下位于北京市大兴区某号楼1层1单元103房屋（以下简称涉案房屋）抵押给某银行。2017年3月21日，张甲与某银行签订《个人借款合同》，同日，某银行按照合同约定向张甲发放贷款2000000元。因张甲未按期还款，某银行向中信公证处申请出具执行证书。2019年1月15日，中信公证处出具（2018）京中信执字01947号执行证书，确认：张甲偿还某银行贷款本金1937425.24元及利息、罚息、复利等。

2019年4月3日，某银行向北京市大兴区人民法院申请强制执行，执行案号为（2019）京0115执4599号。涉案房屋的首封法院是北京市丰台区人民法院，因北京市大兴区人民法院执行案件的申请执行人某银行是第一抵押权人，北京市丰台区人民法院将涉案房屋的处置权移送北京市大兴区人民法院。2020年5月26日，北京市大兴区人民法院依法拍卖涉案房屋，拍卖款共计2895000元。

执行过程中，被执行人张甲死亡。张甲生前没有指定遗产执行人。张甲的第一顺位继承人为配偶刘乙、女儿张某悦、父亲张某仓、母亲曹某芹。北京市大兴区人民法院依法传唤刘乙、张某悦、张某仓、曹某芹到庭询问，其均表示放弃继承。张甲的第二顺位继承人祖父母、外祖父母都已去世，且张甲无兄弟姐妹。张甲生前的住所地为涉案房屋，住所地对应的民政部门为某区民政局。故某银行申请变更某区民政局为（2019）京0115执4599号案件的被执行人。

【案件焦点】

执行过程中被执行人死亡的，其没有继承人或者继承人均放弃继承的，如何确定变更后适格的被执行人。

【法院裁判要旨】

北京市大兴区人民法院经审理后认为：第一，从实体法的角度来看，根据《中华人民共和国民法典》第一千一百四十五条的规定，继承开始后，遗嘱执行人为遗产管理人；没有遗嘱执行人的，继承人应当及时推选遗产管理人；继承人未推选的，由继承人共同担任遗产管理人；没有继承人或者继承人均放弃继承的，由被继承人生前住所地的民政部门或者村民委员会担任遗产管理人。因此，继承开始后，无论被继承人是否在遗嘱中指定了遗嘱执行人、有无继承人、继承人是否放弃继承，都会存在遗产管理人。

第二，从程序法的角度来看，根据《最高人民法院关于民事执行中变更、追加当事人若干问题的规定》第十条第一款的规定，作为被执行人的自然人死亡或被宣告死亡，申请执行人申请变更、追加该自然人的遗产管理人、继承人、受遗赠人或其他因该自然人死亡或被宣告死亡取得遗产的主体为被执行人，在遗产范围内承担责任的，人民法院应予支持。即是说，被执行人在执行过程中死亡的，在遗产分割前，即便继承人放弃继承或者受遗赠人放弃受遗赠，法院也应变更遗产管理人为被执行人。只是在不同情形下，被变更主体分别为遗嘱执行人、继承人推选的遗产管理人、共同继承人、民政部门或者村民委员会。

第三，本案中，张甲生前并没有指定遗嘱执行人，继承人也没有推选遗产管理人，且共同继承人均明确放弃继承，此时应当由张甲生前住所地的民政部门作为遗产管理人，并在执行程序中作为被执行人。张甲生前住所地为涉案房屋，对应的民政部门为某区民政局，故法院应变更某区民政局为执行案件的被执行人。

综上所述，北京市大兴区人民法院依照《中华人民共和国民法典》第一千一百四十五条、《最高人民法院关于民事执行中变更、追加当事人若干问题的规定》第十条的规定，裁定如下：变更北京市某区民政局为（2019）京0115执4599号案件的被执行人。

【法官后语】

本案的焦点问题与民法典确定的遗产管理人制度有关，尤其在继承人放弃继承或者无继承人时，涉及《最高人民法院关于民事执行中变更、追加当事人若干问题的规定》（以下简称《变更追加规定》）第十条审查规则的变化，审查规则不同导致执行方式也不同。

《变更追加规定》是在2016年实施的，当时继承法没有规定遗产管理人制度，所以《变更追加规定》在立法时也没有使用遗产管理人的表述。2021年民法典出台实施后，我国确立了遗产管理人制度，于是《变更追加规定》第十条规定进行了相应的修改。

根据修改前的规定，被执行人死亡时，法院应当根据具体情况区分处理，如果有遗嘱执行人、继承人、受遗赠人的，变更追加相应的主体为被执行人；如果没有遗嘱执行人或者放弃遗产的，则由人民法院直接执行遗产。

根据修改后的规定，删除了“直接执行遗产”的表述，相应审查规则也进行了修改。这主要是基于民法典第一千一百四十五条关于遗产管理人制度的确立。从第一千一百四十五条的规定可以看出，继承开始后，无论被继承人是否在遗嘱中指定了遗嘱执行人；是否有继承人；继承人是否放弃继承；都会存在遗产管理人。相应地，在执行程序中被执行人死亡的，法院应根据不同情形，变更遗嘱执行人、继承人推选的管理人、共同继承人、民政部门或者村民委员会为被执行人。即使继承人放弃继承或者受遗赠人放弃受遗赠，法院也应变更遗产管理人为被执行人，而不是直接执行遗产，即是说，法院的执行不能绕过遗产管理人。

通过对上述审查规则变化的对比分析，可以看出：

第一，从实体法的法律依据来看，当被执行人死亡时，在继承人放弃继承或者受遗赠人放弃受遗赠的场合，原继承法第三十二条没有确定民政部门或者村委会作为遗产管理人的主体地位，没有相应的主体来承受相应的权利。所以《变更追加规定》第十条无法变更遗产管理人来作为被执行人，该条只能延续《最高人民法院关于适用〈中华人民共和国民事诉讼法〉的解释》第四百七十三条的规定，由人民法院直接执行被执行人的遗产。而民法典第一千一百四十五条确定了遗产管理人制度，因此《变更追加规定》第十条变更遗产管理人为被执行人具备实体法的依据，使得程序法与实体法能有效衔接。

第二，从法律体系上来看，旧条文存在一定的问题，《最高人民法院关于适用〈中华人民共和国民事诉讼法〉的解释》第四百六十一条规定，人民法院受理执行案件的条件之一，需被执行人明确。因此，当被执行人死亡时，规定人民法院直接执行遗产，相当于认可被执行人是可以缺位的。这实际上与《最高人民法院关于适用〈中华人民共和国民事诉讼法〉的解释》第四百六十一条关于受理执行案件条件的规定相冲突。有学者认为，在当前我国缺少对物诉讼或者对物执行制度的情况下，如此规定，存在争议和疑问。

第三，从权利的保障上来看，旧条文规定直接执行遗产是符合执行工作对效率的价值追求，但是如果法院执行错误，因被执行人的主体已不复存在，又没有新的主体来主张执行异议权，很难对执行行为进行监督和纠正。而遗产管理人作为变更后新的主体加入执行程序，一方面能够发挥其主体地位和核心作用，更好地配合法院调查财产；另一方面能积极能动地维护各方权利人合法利益。

编写人：北京市大兴区人民法院　程立

40

股东知情权执行异议的审查路径

——吕某执行异议案

【案件基本信息】

1. 裁判书字号

广东省珠海市中级人民法院（2021）粤04执复35号执行裁定书

2. 事由：执行异议

3. 当事人

异议人（申请执行人、复议申请人）：吕某

委托诉讼代理人：赖某，系吕某的丈夫

被执行人：某市易某软件有限公司

法定代表人：黄某，执行董事兼经理

【基本案情】

吕某与某市易某软件有限公司（以下简称易某公司）、黄某股东知情权纠纷一案，广东省珠海横琴新区人民法院于2019年9月16日作出（2019）粤0491民初957号民事判决书，判决：1. 易某公司于判决发生法律效力之日起十日内提供自2008年5月23日成立至今的全部公司章程、股东会会议记录、股东会会议决议、董事会会议决议、监事会会议决议、财务会计报告，供吕某查阅、复制；2. 易某公司于判决发生法律效力之日起十日内提供自2008年5月23日成立至今的全部公司会计账簿（含总账、明细账、日记账和其他辅助性账簿）供吕某查阅；3. 判决第一项确定的特定文件的查阅、复制，第二项确定的特定文件的查阅，由易某公司提供场所，时间为三个工作日；4. 驳回吕某的其他诉讼请求。吕某、易某公司均提出上诉，广东省珠海市中级人民法院作出（2019）粤04民终字3107号民事判决书，判决驳回上诉，维持原判。上述民事判决发生法律效力后，吕某向执行法院申请执行，执行法院立案执行，案号为（2020）粤0491执93号。

执行中，因双方无法就民事判决第三项确定的“易某公司提供场所”达成一致，执行法院召集双方到执行法院指定法庭履行判决第一项、第二项。易某公司出示了公司章程、股东会记录等供吕某查阅、复印；提供了诸如利润分配表、资产负债表、总分类账目等供吕某查阅。吕某对易某公司提供的章程、会议记录进行了查阅、复制，提出缺少某些股东会会议记录的意见。易某公司提出因公司没有董事会、监事会，故无该项会议记录。对判决第二项，吕某提出账目不全、虚假等意见，易某公司对此也进行了回应。

执行法院于2020年8月15日作出（2020）粤0491执93号结案通知书，该案执行完毕结案。吕某对此有异议，请求撤销结案通知书，继续执行。

【案件焦点】

1. 易某公司是否已依生效民事判决确定的义务提供特定文件供吕某查阅或复制；2. 执行结案方式即执行完毕是否正确。

【法院裁判要旨】

广东省珠海横琴新区人民法院认为，易某公司已提供民事判决第一项、第二项确定的特定文件供吕某查阅、复制，吕某已缴纳了案件受理费50元，故生效民事判决已执行完毕，为此裁定驳回吕某的异议请求。

广东省珠海市中级人民法院认为，股东知情权执行兼具物之交付与行为执行的特点，一是被执行人交出资料，供股东临时占有并查阅，具有物之交付执行的特点；二是被执行人配合股东查阅，不得干涉股东查阅，具有不作为行为执行的特点。本案应围绕易某公司是否已提供特定文件供吕某查阅或复制等进行审查，进而审查执行结案方式是否正确。1. 民事判决第一项确定的部分特定文件不存在，易某公司对此问题进行了回应，结案通知书中已根据相关诉讼案件中当事人的陈述及判决查明的事实进行了相应的审查，应确认民事判决第一项未完全履行完毕，因部分特定文件不存在而事实上存在部分执行不能。2. 民事判决第二项确定的特定文件，吕某提出账目不全、虚假及相关书面意见，易某公司进行了相应的回应，且易某公司的法定代表人书面承诺其提供的财务账册真实。结案通知书中已根据相关诉讼案件查明的事实进行了相应的审查，应确认民事判决第二项已履行完毕。3. 因无法就民事判决第三项确定的“易某公司提供场所”达成一致，执行法院召集双方到指定的法庭，该场所的变更不影响民事判决确定的义务的履行，可以认定民事判决第三项已执行完毕。4. 易某公司已缴纳案件受理费，故案件受理费部分已执行完毕。5. 生效的民事判决第一项存在部分执行不能，可参照物之交付执行的结案方式进行结案，应为终结执行而非执行完毕，为此裁定撤销执行异议裁定；变更结案通知书执行结案方式为“本案终结执行”；裁定终结（2020）粤0491执93号案的执行；驳回吕某的其他异议请求。

【法官后语】

在执行实践中，股东执行权的执行存在难度，如何执行、怎么执行、怎么结案、异议如何审查等均存在争议，为解决这些问题，需对股东知情权执行的特点作有效的理论讨论，在此基础上就股东知情权执行行为异议的审查规则作了有益的探求，以之指导本执行异议案的审查。

（一）股东知情权执行有其特点。1. 股东知情权的执行兼有物之交付请求权执行与行为请求权执行的特点。一是被执行人交出资料，供股东临时占有并查阅，具有物之交付执行的特点；二是被执行人配合股东查阅，不得干涉股东查阅，具有不作为行为执行的特点。2. 执行过程的持续性与不特定性。股东知情权的实现依赖于被执行人提供判决确定的资料，且需双方的配合。另查阅材料的过程，也是持续性，一般情形下均无法一次性完成。3. 采取执行措施的多样性。可能存在客观上账簿毁损、丢失、缺失等无法交出的情形，也存在主观上不配合，甚至故意藏匿、转移文件资料的情形，为此需针对具体情况对其采取直接或间接执行措施等。4. 结案方式的非特定性。上述股东知情权的执行特点，决定了结案方式并非单一即执行完毕，而应根据具体情况，选择不同的结案方式。

（二）股东知情权执行行为异议审查规则。1. 以股东知情权纠纷裁判为依据，对执行内容是否明确具体、执行可裁量的部分分别予以审查。如果执行机构发现上述内容缺失和不明的，则属于执行内容不明，应根据《最高人民法院关于人民法院立案、审判与执行工作协调运行的意见》第十五条的规定，书面征询审判部门的意见，由审判部门进行书面答复或者裁定予以补正。本案中，就对召集双方到执行法院指定的法庭为履行地点是否适当，是否仍需安排三个工作日，每天 8 小时是否必要性等进行审查。2. 以穷尽执行措施为原则，对执行方式方法的适当性、执行措施的合规性进行审查。直接强制执行措施的审查。必要时运用搜查、调取材料等直接强制执行措施；通过处以罚款、拘留、限制消费、纳入失信被执行人名单等间接强制执行措施。本案就对是否有进一步采取直接强制措施及间接执行措施进行了审查。3. 穷尽执行措施以后，对无法查找到执行依据所确定的资料，或者查明资料毁损、灭失等情形、申请执行人提出的异议等处理结果的审查。对于部分特定文件不存在的问题、账目不全、虚假及相关书面意见等，均应予以审查。4. 执行结案方式的审查。股东知情权纠纷执行具有物之交付的特点，执行过程中如果发现账簿等资料已经毁损、灭失的，则执行程序无法进行，可以参照上述司法解释关于物之交付执行的规定，以终结执行结案。因本案存在执行客观不能的情形，应裁定终结执行，以终结执行的方式结案，而非执行完毕。

本异议案虽仅指向结案通知书，但涉及股东知情权的全过程，对执行方式方法的适当性、执行措施的合规性、异议核查的合理性、执行结案方式的正确性等的审查过程，实际上就是股东知情权执行的规范操作过程。

编写人：广东省珠海市中级人民法院　涂远国

41

股东出资期限加速到期时追加原股东为被执行人的界定标准

——绥芬河江某经贸有限公司诉莫甲等申请执行人执行异议之诉案

【案件基本信息】

1. 裁判书字号

四川省成都市中级人民法院（2021）川01民终15615号民事判决书

2. 案由：申请执行人执行异议之诉

3. 当事人

原告（上诉人、申请执行人）：绥芬河江某经贸有限公司

被告（被上诉人、案外人）：莫甲、肖某萍、谭某伟、李某韬、石某坡

第三人（被执行人）：成都某给他商贸有限公司

【基本案情】

成都某给他商贸有限公司（以下简称某给他公司）于2016年1月11日登记成立，注册资金500万元人民币，其中莫甲出资300万元，肖某萍出资200万元，认缴出资时间2036年1月4日。2016年8月26日，某给他公司作出股东会决议，同意莫甲将其持有的300万元股权中的170万元公司股权转让给谭某伟，130万元公司股权转让给李某韬；同意肖某萍将其持有的本公司200万元股权中的165万元股权转让给石某坡，35万元股权转让给李某韬，认缴出资时间为2036年12月31日。某给他公司股东变更为谭某伟（出资170万元）、李某韬（出资165万元）、石某坡（出资165万元）。

2018年5月4日，某给他公司作出股东会决议，同意李某韬将其持有的165万元公司股权转让给谭某伟，认缴出资时间为2036年12月31日。某给他公司股东变更为谭某伟（出资335万元）、石某坡（出资165万元）。

2019年6月27日，某给他公司作出股东会决议，同意石某坡将其持有的165万元公司股权转让给莫甲，谭某伟将其持有的335万元公司股权转让给莫甲，认缴出资时间为2036年12月31日。某给他公司股东变更为莫甲（出资500万元）。

绥芬河江某经贸有限公司（以下简称绥芬河公司）与某给他公司买卖合同纠纷一案，四川省成都市金牛区人民法院于2019年5月24日作出一审判决，判决某给他公司向绥芬河公司支付货款2332847.96元、违约金、鉴定费等费用。某给他公司不服判决提起上诉，二审维持原判。绥芬河公司于2019年10月向法院申请强制执行，执行中查明被执行人某给他公司名下无可供执行财产，法院终结执行程序。

在执行过程中，绥芬河公司向法院提出追加莫甲、肖某萍、谭某伟、李某韬、石某坡为被执行人。2020年3月19日，四川省成都市金牛区人民法院作出（2020）川0106执异43号执行裁定书，驳回绥芬河公司的申请。绥芬河公司不服，提起本案诉讼。

【案件焦点】

是否应当追加莫甲、肖某萍、谭某伟、李某韬、石某坡为涉案执行案件的被执行人。

【法院裁判要旨】

四川省成都市金牛区人民法院经审理认为，某给他公司股东的认缴注册资本时间均为2036年，参照《全国法院民商事审判工作会议纪要》第六条规定，只有在某给他公司已具备破产原因但不申请破产的情况下，股东认缴期限才加速到期。由于绥芬河公司未举证证明某给他公司“已具备破产原因”，因此，对绥芬河公司要求追加莫甲、肖某萍、谭某伟、李某韬、石某坡为被执行人的诉讼请求，不予支持，判决驳回绥芬河公司的诉讼请求。

一审判决后，绥芬河公司不服，向四川省成都市中级人民法院提起上诉。

四川省成都市中级人民法院认为：1. 关于未届出资期限的股东是否应当被追加为被执行人问题。本案中，某给他公司作为被执行人的案件，人民法院穷尽执行措施无财产可供执行，公司已经具备破产原因，但不申请破产的，未届出资期限的股东的期限利益加速到期，应在未出资范围内对公司的债务承担补充赔偿责任。2. 关于未届出资期限即转让股权的股东是否应被追加为被执行人的认定问题。股东在明知公司对外负债且无力清偿的情况下，恶意转让未届出资期限的股权，转嫁经营风险，增加公司注册资本实缴到位的不确定性，损害与公司从事正常交易债权人的合法权益。参照《最高人民法院关于民事执行中变更、追加当事人若干问题的规定》第十九条规定，作为被执行人的公司，财产不足以清偿生效法律文书确定的债务，其股东未依法履行出资义务即转让股权，申请执行人申请变更、追加该原股东或依公司法规定对该出资承担连带责任的发起人为被执行人，在未依法出资的范围内承担责任的，人民法院应予支持。3. 关于未届出资期限股东“恶意”转让股权的判断标准问题。债务形成时间早于股权转让时间的，基于理性第三人的角度考虑，股东具有逃避公司债务、转嫁出资义务的重大嫌疑，应当追加为被执行人。本案中，某给他公司债务形成时间为2019年5月24日。2019年6月27日，石某坡、谭某伟向莫甲转让股权的时间晚于债务形成时间，此时转让股权，存在“恶意”逃避债务的重大故意，因此石某坡、谭某伟应当追加为被执行人，并在未出资范围内对公司债务承担补充赔偿责任，莫甲分别对石某坡、谭某伟的补充赔偿责任承担连带责任。

四川省成都市中级人民法院参照《最高人民法院关于民事执行中变更、追加当事人若干问题的规定》第十七条、第十九条，《最高人民法院关于适用〈中华人民共和国公司法〉若干问题的规定（三）》第十三条第二款、第十八条第一款，《中华人民共和国民事诉讼法》第六十四条第一款、第一百七十条第一款第二项，《最高人民法院关于适用〈中华人民共和国民事诉讼法〉的解释》第九十条、第三百零六条、第三百一十条、第三百一十二条规定，判决如下：

一、撤销四川省成都市金牛区人民法院（2020）川0106民初3473号民事判决；

二、追加石某坡、谭某伟、莫甲为（2019）川0106执7358号执行案件的被执行人；

三、石某坡在未出资额165万元范围内对（2019）川0106执7358号执行案件确定的某给他公司不能清偿的债务承担补充赔偿责任，莫甲在165万元范围内对石某坡的补充赔偿责任承担连带责任；

四、谭某伟在未出资额335万元范围内对（2019）川0106执7358号执行案件确定的某给他公司不能清偿的债务承担补充赔偿责任，莫甲在335万元范围内对石某坡的补充赔偿责任承担连带责任；

五、驳回绥芬河公司其他诉讼请求。

【法官后语】

本案主要涉及未届出资期限即转让股权的股东，在公司作为被执行人的执行案件中，是否应追加被执行人为承担相应责任的认定标准问题。《全国法院民商事审判工作会议纪要》第六条确定了股东出资加速到期的两种情形，但是并未明确在股权多次转让的情况下，转让股东被追加至哪一手的问题。股权多次转让的，涉及股东未届出资期限的期限利益、股东自由转让股权的处分权利、公司债权人实现债权的权利，我们在尊重股东期限利益、允许股权自由转让的同时，也应注重公司债权人合法权益，实现三个权益的平衡保护。

一、权益的衡量——股东期限利益与公司债权人债权保护内在矛盾和统一

股东期限利益，是指在注册资本认缴制下，股东可以自行约定注册资本的出资期限，在出资期限届满前，股东可以在任一时间内缴纳注册资本，并有权拒绝提前缴纳。对于公司债权人而言，公司认缴制在一定程度对其保护“虚化”，公司的注册资本仅显示在工商信息中，而无法直接偿付公司债务。当公司债权人要求股东履行出资义务时，股东往往以享有出资期限利益为由，拒绝

提前缴纳认缴资本。

股东出资构成公司资本，公司资本及其他财产构成公司的责任财产，这些是公司债权人的债权实现的基础。股东出资自由约定仅仅意味着股东和公司对于未来发展的提前预设，只要实际情况与所预设的有所不同，就应当可以打破之前的约定，破产和清算就属于打破这种预设的情形，公司债权人的债权不能受到清偿也属于该情形。

二、股东期限利益加速到期的情形分析——股东期限利益与公司债权保护的时空博弈

现行法律法规关于股东期限利益加速到期的规定，主要集中在破产和清算程序中，在公司作为被执行人的执行案件中，关于股东期限利益应否加速到期的问题，根据《全国法院民商事审判工作会议纪要》第六条的规定，公司作为被执行人的案件，人民法院穷尽执行措施无财产可供执行，已具备破产条件，但不申请破产的，股东期限利益加速到期，股东应在未出资范围内对公司不能清偿的债务承担补充赔偿责任。“已具备破产原因”是指企业法人不能清偿到期债务，并且资产不足以清偿全部债务或者明显缺乏清偿能力。经人民法院强制执行，无法清偿债务是企业法人“明显缺乏清偿能力”的一种具体表现。

三、恶意转让股权的股东应被追加为被执行人——股东期限利益、股权处分权利与公司债权保护的再平衡

股东认缴出资所体现的公司注册资本金是公司经营的经济基础，是交易相对方判断公司资信水平、偿债能力和衡量交易风险的重要依据，公司债权人对公司股东已认缴出资所对应的公司偿债能力产生合理信赖和可预见的期待。股东在明知公司对外负债的情况下，转让未届出资期限的股权，转嫁经营风险，增加公司注册资本实缴到位的不确定性，损害与公司从事正常交易债权人的合法权益，该股东应当追加为被执行人，在其未出资范围内对公司不能清偿债务承担补充赔偿责任，以实现股东期限利益、股权自由处分及公司债权人债权保护的再平衡。

四、“恶意转让股权”的认定标准——股东滥用股权转让权利侵害公司债

权人权利的具体表现

根据股东对公司经营状况的了解程度和公司债务的形成时间，可以将股东的“恶意转让股权”分成以下两种情形。

情形一，公司债务形成时间早于股权转让时间。基于理性第三人的角度考虑，股东在债务形成之后转让股权的，具有逃避公司债务、转嫁出资义务的重大嫌疑，难以令人确信该行为不存在恶意，因此，在此种情形下，股东应当追加为被执行人。

关于确定公司债务形成时间具体节点，应考虑股东对公司经营状况的了解程度，予以分别判断。股东系公司控制人或者高管，对公司经营状况较为了解、对公司财务状况较为熟悉，股东对是否能够履行公司债务是明知的，此时，可以债权人与公司签订合同时间、合同履行期届满时间，根据不同的案件事实，分情况予以确定。股东未参与公司经营，对公司状况不甚了解的，基于司法审判程序的公示效力，可以债权人起诉时间、判令公司承担债务的裁判时间，确定公司债务的形成时间。

情形二，股权转让时间早于公司债务形成时间，但是股权转让后，转让股东并未退出公司的经营管理，仍然是公司的实际控制人。公司债务的形成，是该股东直接参与或者授权他人参与，其对公司无履行债务的能力，是明知的。受让股东往往存在年龄较大、经济能力较差等明显不具备缴纳出资的能力。股东转让股权的目的就是逃避公司将来可能产生的债务，侵害了公司债权人的合法权益，属于股东禁止性行为。此种情形下，该股权转让行为不应得到法律的认可，转让股东仍需在未出资范围内对公司不能清偿的债务承担补充赔偿责任。

五、结语

公司法立法价值在于平衡公司、股东和债权人的利益，实现社会经济秩序安全，促进社会财富增加。因此，认缴制的改革应理解为公司设立时股东出资负担的减少，而不应是对交易安全、损害债权人利益保护力度的削弱。在认缴制下，股东不得利用期限利益，侵害公司债权人的合法权益。

编写人：四川省成都市中级人民法院　杨亚朋

42

竞买人以竞价失败为由对网络司法拍卖提出行为异议时执行法院可要求网络平台书面回复

——北京东某国双投资顾问有限公司执行异议案

【案件基本信息】

1. 裁判书字号

北京市第三中级人民法院（2021）京03执异803号执行裁定书

2. 事由：执行异议

3. 当事人

异议人（利害关系人）：北京东某国双投资顾问有限公司（以下简称东某国双投资顾问公司）

申请执行人：北京厚某融资担保有限公司（以下简称厚某担保公司）

被执行人：刘某民、高某纵、刘甲、李某明

【基本案情】

北海国际仲裁院作出的（2019）北海仲字第21-6854号调解书已经发生法律效力，厚某担保公司向北京市第三中级人民法院（以下简称北京三中院）申请强制执行，因被执行人未履行生效法律文书确定的义务，北京三中院查封被执行人刘甲名下房产一套（以下简称案涉房产）并于淘宝网司法拍卖网络平台上对案涉房产进行公开拍卖。上述司法拍卖结束后，利害关系人东某国双投资顾问公司提出书面异议，请求：一、立即停止对案涉房屋拍卖结果出具执行裁定书及协助执行裁定书等法律文书；二、依法审查并撤销本次拍卖结果，进行重新拍卖或者采取其他补救措施。事实和理由：东某国双投资顾问公司在拍卖网站上报名参拍案涉房产并已足额打入了保证金。第一次出价获得加价平台的认可，加价成功。第二次加价竞买时计算机显示尚有剩余45秒，此时出价却无法进入加价平台，屡次出价均没有被加价平台认可。最终案涉房产被他人竞买成功，东某国双投资顾问公司竞买失败。就上述情况，东某国双投资顾问公司向淘宝平台进行了电话投诉。其认为，本次竞买失败的结果严重侵犯了东某国双投资顾问公司的合法权益，淘宝网司法拍卖网络平台存在严重违反网络司法拍卖程序且损害当事人或者竞买人利益的情形，应当依法予以纠正。

本案查明的事实如下：一、北京三中院于2021年9月15日向浙江淘宝网络有限公司（以下简称淘宝公司）发送协助查询通知书，查询关于竞买人东某国双投资顾问公司的竞买记录等。淘宝公司于同年9月16日作出书面说明，载明“2021-09-0310：55：27到2021-09-0311：13：15期间，用户浏览器与淘宝拍卖系统网络交互正常，用户详情页信息更新正常”。二、东某国双投资顾问公司在2021年9月3日10：55：27出价后，除买受人外，还有他人参与竞买并出价成功。三、异议以及后续复议案件审查过程中，执行实施机构并未出具案涉房产拍卖成交等相关执行裁定。

【案件焦点】

1. 当事人、利害关系人应对其提出的主张承担举证责任，本案利害关系人仅以其书面陈述及对平台的投诉记录，是否足以证明拍卖程序存在违法情形；2. 案涉房产的拍卖程序是否存在严重违反网络司法拍卖程序且损害当事人或者竞买人利益的情形，对于此部分事实，执行法院应如何查明。

【法院裁判要旨】

根据《最高人民法院关于人民法院网络司法拍卖若干问题的规定》（以下简称《网拍规定》）第三十一条规定，由于系统故障等原因致使拍卖结果错误，严重损害当事人或者其他竞买人利益，或者存在其他严重违反网络司法拍卖程序且损害当事人或者竞买人利益的情形，当事人、利害关系人提出异议请求撤销网络司法拍卖的，人民法院应当支持。具体到本案，首先，因被执行人未履行生效法律文书确定的义务，北京三中院依法对被执行人名下财产采取司法拍卖措施并无不当。其次，关于利害关系人的异议请求，北京三中院认为，一、其主张案涉房产拍卖时平台存在系统故障、恶意串通等严重违反网络司法拍卖程序继而损害其利益的情形，并未提交证据予以证明。同时利害关系人作为平台用户，浏览器与网络司法拍卖平台系统交互正常，并且其他竞买人亦可正常出价并竞买成功，足以证明网络司法拍卖平台在竞买人加价时处于正常状态。另因案涉房产已经司法网络拍卖成交，如撤销拍卖结果，将损及其他竞买人利益。故对该项理由，北京三中院不予支持。二、根据《最高人民法院关于适用〈中华人民共和国民事诉讼法〉执行程序若干问题的解释》的相关规定，执行过程中，当事人、利害关系人认为执行法院的执行行为违反法律规定的，可以依照民事诉讼法第二百二十五条（现第二百三十二条）的规定提出异议。执行异议审查和复议期间，不停止执行。利害关系人虽向北京三中院提出了异议，但根据上述司法解释规定，实施机构无需停止执行。故对其该项请求，北京三中院亦不予支持。据此，北京三中院作出（2021）京03执异803号执行裁定书，裁定驳回东某国双投资顾问公司的异议请求。

东某国双投资顾问公司不服，向北京市高级人民法院申请复议，北京市高级人民法院作出（2021）京执复334号执行裁定，驳回其复议申请，维持北京三中院（2021）京03执异803号执行裁定。

【法官后语】

长期以来，破除资产变现难藩篱是解决执行难问题的重要一环，而司法拍卖正是资产变现的重要途径之一。网络司法拍卖是人民法院通过互联网拍卖平台，以网络电子竞价方式公开处置财产的方式。《网拍规定》自2017年实施以来，网络司法拍卖模式已为强制执行程序中财产处置工作的常态。最高人民法院工作报告中披露，2021年全国法院通过网络查控案件1971万件，网络拍卖成交 4323 亿元，分别同比增长 34.6%和 7.4%。[①] 网络司法拍卖有别于原有的线下拍卖机构拍卖，竞买人的参与方式更加便利自由，不受地域和时间的限制，有竞买意向的人均可登录拍卖平台进行浏览，通过网络拍卖平台可以看到全国法院的财产拍卖信息，信息获知范围不断扩大，拍卖信息除文字外还有照片、视频等，信息获取更加立体、直观。

焦点一，当事人、利害关系人应对其提出的主张承担举证责任，本案利害关系人仅以其书面陈述及对平台的投诉记录，是否足以证明拍卖程序存在违法情形。

本案中，利害关系人东某国双投资顾问公司就网络司法拍卖平台存在系统故障、恶意串通等严重违反网络司法拍卖程序的情形提出执行异议，该异议能否成立需要审查在案证据能否支持异议人之主张。根据《最高人民法院关于人民法院办理执行异议和复议案件若干问题的规定》第五条的规定，当事人、利害关系人认为人民法院的执行行为侵害其合法权益，可以提出书面异议。但是异议人需要提交相应的证据证明其主张，即“谁主张、谁举证”。本案利害关系人虽坚持主张其无法正常加价导致权利受损，但并未提供充分的证据证明，仅凭利害关系人的陈述，无法证实案涉房产竞买时存在系统故障等问题。

焦点二，案涉房产的拍卖程序是否存在严重违反网络司法拍卖程序且损害当事人或者竞买人利益的情形，对于此部分事实，执行法院应如何查明。

此类针对网络拍卖行为提出的异议，法官在审查时，可要求相关网络平台对案涉问题进行书面回复，以查清案件事实并作出裁判。比如，在竞拍时，利害关系人账户与网络拍卖平台的交互信息是否正确，该时间段内其他账户是否正常出价，上述问题需平台方及时予以回复。本案承办法官即采用该种方式，就利害关系人主张的相关事实要求平台方一一回应以查清事实。经审查，在利害关系人出价后，除案涉房产最终买受人出价外，还有其他竞买人正常参与竞价，故利害关系人主张案涉房产竞买时存在系统故障等问题，合议庭不予采信。

---

① 参见《2022 年最高人民法院工作报告》，载腾讯网 https：//new.qq.com/omn/20220315/20220315A06TPB00.html，最后访问日期：2022 年 5 月 8 日。

就类似案件，亦可参考本文裁判角度。

网络司法拍卖的优势不言而喻，但其中间仍然存在一定的问题，其高度的公开化、便捷化以及较高的社会参与度对法院行使执行权提出了更高的标准和要求。在网络司法拍卖中，执行法院离不开辅助机构的专业支持，例如辅助拍卖机构、网络拍卖平台等（以下均简称网拍辅助机构）。切实加强对网络拍卖平台的监督，是目前执行工作的重点。就如何加强对网拍辅助机构的监督，笔者尝试提出以下建议：

1. 细化现行司法解释。现行司法解释即《网拍规定》存在相关违反程序情形出现后可以依法撤销拍卖的规定，但上述规定之情形，当事人、利害关系人举证较为困难，同时人民法院在审查时难度较大，网络司法拍卖的执行异议审查容易出现流于表面的情形。据此，笔者认为，可以参考《最高人民法院关于人民法院确定财产处置参考价若干问题的规定》（以下简称《参考价规定》）第二十三条①，交由拍卖行业协会组织专业技术评审并出具结论。当事人、利害关系人如认为案涉标的物网络拍卖程序确实存在问题并径行提出异议时，由负责此次拍卖的平台先行作出答复，当事人、利害关系人对该答复仍不能接受时，交由拍卖行业协会进行专业技术评审，此时需当事人、利害关系人自行承担技术评审所需费用。如此规定，一可减少当事人、利害关系人利用执行异议拖延案涉标的物执行的情形，二可减轻执行异议的案件量，三可加快债权人债权实现速度。

2. 建立网拍辅助机构监督机制。网拍辅助机构，由人民法院或当事人选定，直接受人民法院管理，但是近年来人民法院案多人少的情况日益严峻，难以对辅助事务办理的全流程进行全方位的有效监督，故首先应当制定考核指标

① 《最高人民法院关于人民法院确定财产处置参考价若干问题的规定》第二十三条第一款："当事人、利害关系人收到评估报告后五日内对评估报告的参照标准、计算方法或者评估结果等提出书面异议的，人民法院应当在三日内交评估机构予以书面说明。评估机构在五日内未作说明或者当事人、利害关系人对作出的说明仍有异议的，人民法院应当交由相关行业协会在指定期限内组织专业技术评审，并根据专业技术评审出具的结论认定评估结果或者责令原评估机构予以补正。"

并建立“网拍辅助机构末位淘汰机制”，对于网拍辅助机构，建议引入第三方评估机构，对机构进行评审并公开相关数据，参照《最高人民法院关于建立和管理网络服务提供者名单库的办法》予以监督和管理，实现网拍辅助机构对人民法院执行工作的有效帮助。

编写人：北京市第三中级人民法院　戴梦依　徐欣

43

请求追加“被追加的”被执行人的合伙企业的合伙人无法律依据

——边某萍诉冯某恩执行异议之诉案

【案件基本信息】

1. 裁判书字号

北京市高级人民法院（2020）京民终 386 号民事判决书

2. 案由：执行异议之诉

3. 当事人

原告（上诉人）：边某萍

被告（被上诉人）：冯某恩

第三人：北京国信某投资管理中心（有限合伙）（以下简称国信某中心）、北京国信某能能源投资管理中心（有限合伙）（以下简称国信某能中心）、北京国信鼎某投资基金管理有限公司（以下简称国信鼎某公司）、北京正某能源科技有限公司（以下简称正某科技公司）、河北正某能源投资集团有限公司（以下简称正某能源公司）、北京绿某财富股权投资中心（有限合伙）（以下简称绿某财富中心）

【基本案情】

国信某中心系有限合伙企业，成立于2013年8月15日，其中，冯某恩为有限合伙人，国信鼎某公司为普通合伙人。合伙协议载明，冯某恩认缴出资100万元，实缴出资100万元。《认缴出资确认书》载明，冯某恩以货币的方式出资100万元，出资时间为2013年8月5日，上有冯某恩的签字和国信鼎某公司的公章。

2016年12月26日，北京仲裁委员会对边某萍与国信某能中心、国信鼎某公司、正某科技公司、正某能源公司、绿某财富中心仲裁一案作出（2016）京仲裁字第1890号裁决书，裁决：解除边某萍与国信某能中心、国信鼎某公司2015年11月28日签订的三份《合伙协议》；国信某能中心偿还边某萍本金342万元、截至2016年5月31日的利息209971.1元及以342万元本金为基数的利息（自2016年6月1日起至实际付清之日止），国信鼎某公司、正某科技公司、正某能源公司及绿某财富中心对上述款项承担连带责任，同时裁决了其他事项。

2017年2月15日，边某萍以该裁决书为依据向法院申请执行，（2017）京03执173号案件立案强制执行。后边某萍向法院申请追加国信某中心作为被执行人，执行法院作出（2017）京03执异140号执行裁定书，裁定驳回边某萍的申请，后边某萍提起执行异议之诉，遂形成（2017）京03民初365号案件。

2018年10月18日，（2017）京03民初365号民事判决书，判决："追加被告北京国信某投资管理中心（有限合伙）为被执行人并在五百万的本息范围内，对北京市第三中级人民法院（2017）京03执173号案件中第三人北京正某能源科技有限公司的还款义务承担补充赔偿责任。"

后申请人边某萍以冯某恩对国信某中心出资不实为由向执行法院申请追加冯某恩为被执行人，法院作出（2019）京03执异280号执行裁定书，裁定驳回边某萍的请求。边某萍不服向法院提起执行异议之诉，遂形成本案。

【案件焦点】

边某萍再次主张国信某中心的合伙人冯某恩为被执行人是否有法律依据。

【法院裁判要旨】

北京市第三中级人民法院经审理认为：《最高人民法院关于民事执行中变更、追加当事人若干问题的规定》第三十二条规定：“被申请人或申请人对执行法院依据本规定第十四条第二款、第十七条至第二十一条规定作出的变更、追加裁定或驳回申请裁定不服的，可以自裁定书送达之日起十五日内，向执行法院提起执行异议之诉。被申请人提起执行异议之诉的，以申请人为被告。申请人提起执行异议之诉的，以被申请人为被告。”本院于2019年4月28日作出（2019）京03执异280号执行裁定书，裁定驳回边某萍申请追加冯某恩为被执行人的请求，边某萍于2019年5月5日收到该裁定书，现边某萍以冯某恩为被告于2019年5月16日向本院提交起诉状提起执行异议之诉，符合上述法律及司法解释的规定。

（2017）京03执173号案件中，被执行人为国信鼎某公司、正某科技公司、正某能源公司、国信某能中心及绿某财富中心。后因国信某中心未按期足额向正某科技公司缴纳出资，生效判决已确认追加国信某中心为被执行人并在500万元的本息范围内，对（2017）京03执173号案件中第三人正某科技公司的还款义务承担补充赔偿责任。现边某萍再次主张被生效判决追加为被执行人的国信某中心的合伙人冯某恩为被执行人是否有法律依据系本案的争议焦点。

《最高人民法院关于民事执行中变更、追加当事人若干问题的规定》第十四条第二款规定：“作为被执行人的有限合伙企业，财产不足以清偿生效法律文书确定的债务，申请执行人申请变更、追加未按期足额缴纳出资的有限合伙人为被执行人，在未足额缴纳出资的范围内承担责任的，人民法院应予支持。”按照上述规定，作为被执行人的未按期足额缴纳出资的有限合伙人可以追加为被执行人，但该有限合伙人被追加为被执行人后，能否无限制追加出资人，目前尚无明确法律规定，考虑到目前变更、追加被执行人制度中当事人救济程序的不完善，应对该规定进行严格解释。因国信某中心未按期足额向正某科技公司缴纳出资，另案生效判决已支持了边某萍追加国信某中心为（2017）京03执173号案件被执行人的情况下，现边某萍再次起诉主张追加国信某中心的有限合伙人冯某恩为（2017）京03执173号被执行人，不应适用上述规定，其诉讼请求无法律依据，一审法院不予支持。

依据《最高人民法院关于民事执行中变更、追加当事人若干问题的规定》第十四条、第三十二条，《中华人民共和国民事诉讼法》第一百四十四条之规定，作出如下判决：

驳回原告边某萍的全部诉讼请求。

边某萍不服原审判决，提起上诉。北京市高级人民法院经审理认为：经边某萍申请，法院已经依据《最高人民法院关于民事执行中变更、追加当事人若干问题的规定》第十七条"……申请执行人申请变更、追加未缴纳或未足额缴纳出资的股东、出资人或依公司法规定对该出资承担连带责任的发起人为被执行人，在尚未缴纳出资的范围内依法承担责任的，人民法院应予支持"的规定，追加国信某中心为被执行人，在未履行的出资额范围内对（2016）京仲裁字第1890号裁决确定的正某科技公司债务不能清偿的部分承担补充赔偿责任。现边某萍申请追加冯某恩为本案的被执行人，法院认为，冯某恩既不是（2016）京仲裁字第1890号仲裁案件中确认的债务人，也不是正某科技公司的股东，不属于前述规定的适用范围，故边某萍关于依据《最高人民法院关于民事执行中变更、追加当事人若干问题的规定》第十四条第二款的规定追加冯某恩为被执行人的上诉请求，与法律规定不符，法院不予支持。

一审判决认定事实清楚，适用法律正确，应予维持。依据《中华人民共和国民事诉讼法》第一百六十九条第一款、第一百七十条第一款第一项之规定，作出如下判决：

驳回上诉，维持原判。

【法官后语】

执行程序中追加被执行人是一种兼顾程序效益和程序公正的选择，有其独特的价值。但另一方面，考虑到民事执行的性质在执行程序中直接对当事人追加时也应当有所限制，从而使得执行程序中当事人的追加能够最大限度地与通过民事审判程序所确定的实体权利义务关系相一致。对于是否追加被执行人的裁定不服，可以提起执行异议之诉，由审判程序进行审查。执行程序及执行异议之诉程序中追加被执行人是特定情形下对执行依据义务履行主体的扩张，应当严格遵照法律及司法解释关于追加被执行主体的相关规定。

一、追加被执行人应当秉持法定原则

《最高人民法院关于民事执行中变更、追加当事人若干问题的规定》第一条规定，“执行过程中，申请执行人或其继承人、权利承受人可以向人民法院申请变更、追加当事人。申请符合法定条件的，人民法院应予支持”。可见，司法解释开宗明义地指出，变更、追加当事人应当坚持法定原则，申请变更、追加执行当事人的事由须符合《最高人民法院关于民事执行中变更、追加当事人若干问题的规定》中的法定事由。

《最高人民法院关于民事执行中变更、追加当事人若干问题的规定》第十四条规定：“作为被执行人的合伙企业，不能清偿生效法律文书确定的债务，申请执行人申请变更、追加普通合伙人为被执行人的，人民法院应予支持。作为被执行人的有限合伙企业，财产不足以清偿生效法律文书确定的债务，申请执行人申请变更、追加未按期足额缴纳出资的有限合伙人为被执行人，在未足额缴纳出资的范围内承担责任的，人民法院应予支持。”通过上述规定可知，追加合伙企业的合伙人为被执行人需满足以下三个条件：作为被执行人的合伙企业；不能清偿生效法律文书确定的债务；普通合伙人或未按期足额缴纳出资的有限合伙人。

（一）作为被执行人的合伙企业

被执行人从性质上分为两种：一种是原被执行人，即依据基础的法律关系经生效法律文书所确定的被执行人；另一种是被追加的被执行人，即因作为原被执行人的公司的股东未缴纳或未足额缴纳出资、抽逃出资或因作为原被执行人的合伙企业的普通合伙人和有限合伙人未按时足额出资时，法院依法追加为该股东或合伙人为被执行人。因原被执行人与被追加的被执行人是不同的执行对象，且执行对象所承担的法律责任也不相同，故原被执行人与被追加的被执行人的性质不同，是两个不同的被执行人。《最高人民法院关于民事执行中变更、追加当事人若干问题的规定》第十四条规定中的作为被执行人的合伙企业应理解为“作为原被执行人的合伙企业”，对被执行人作限制性解释。故追加“被追加的”被执行人的有限合伙企业的有限合伙人无法律依据，不应支持。

（二）不足以清偿生效法律文书确定的债务

生效法律文书所确定的债务从性质上亦包含两种：一种是基础的债权债务关系所产生的生效法律文书确认的债务；另一种是经过变更、追加被执行人程序所产生的生效法律文书确定的债务；即前者不包括因未缴纳或未足额缴纳出资、抽逃出资、未依法出资即转让股权、资产混同、未经清算即办理注销登记而被追加为被执行人时所依法承担相应的连带责任所产生的债务。《最高人民法院关于民事执行中变更、追加当事人若干问题的规定》第十四条规定中的“不足以清偿生效法律文书确定的债务”应理解为经生效法律文书确认的基础债权债务，并不包含追加被执行人后所产生的在一定范围内承担连带清偿的债务，即对“不足以清偿生效法律文书确定的债务”中的债务亦应作限制性解释。故“被追加的”被执行人的有限合伙企业，并不存在“不足以清偿生效法律文书确定的债务”的情形，申请人请求追加“被追加的”被执行人的有限合伙企业的有限合伙人为被执行人，无法律依据，亦不应支持。

（三）具体到本案的法律适用

本案中，原告边某萍主张依据《最高人民法院关于民事执行中变更、追加当事人若干问题的规定》第十四条第二款“作为被执行人的有限合伙企业，财产不足以清偿生效法律文书确定的债务，申请执行人申请变更、追加未按期足额缴纳出资的有限合伙人为被执行人，在未足额缴纳出资的范围内承担责任的，人民法院应予支持”的规定，边某萍请求追加国信某中心的有限合伙人冯某恩为被执行人的主张是否符合上述司法解释的规定，正是争议的焦点所在。首先，生效法律文书（2016）京仲裁字第1890号裁决执行过程中，经申请执行人的申请，法院已经依据《最高人民法院关于民事执行中变更、追加当事人若干问题的规定》第十七条“……申请执行人申请变更、追加未缴纳或未足额缴纳出资的股东、出资人或依公司法规定对该出资承担连带责任的发起人为被执行人，在尚未缴纳出资的范围内依法承担责任的，人民法院应予支持”的规定，追加国信某中心为被执行人，在国信某中心未履行的出资额范围内对（2016）京仲裁字第1890号裁决确定的正某科技公司债务不能清偿的部分承担补充赔偿责任。其次，本案国信某中心并非最初生效法律文书（2016）京仲裁字第1890号裁决书所确定的债务人，亦并非法院最初依据（2016）京仲裁字第1890号而采取执行措施的（2017）京03执173号案件的原被执行人，即国信某中心系“被追加”的被执行人，故原告边某萍申请追加国信某中心的有限合伙人冯某恩为被执行人的请求，不符合上述司法解释规定的“作为被执行人的有限合伙企业”和“财产不足以清偿生效法律文书确定的债务”两个法定条件，不应支持。

二、类似执行异议之诉案件处理的思路

根据《最高人民法院关于民事执行中变更、追加当事人若干问题的规定》（2020年修正）中第十四条至第二十一条的规定，追加、变更被执行人异议之诉涉及的情形有以下七种：1. 作为被执行人的合伙企业，不能清偿生效法律文书确定的债务，申请执行人申请变更、追加普通合伙人为被执行人；2. 作为被执行人的有限合伙企业，财产不足以清偿生效法律文书确定的债务，申请执行人申请变更、追加未按期足额缴纳出资的有限合伙人为被执行人，在未足额缴纳出资的范围内承担责任；3. 作为被执行人的营利法人，财产不足以清偿生效法律文书确定的债务，申请执行人申请变更、追加未缴纳或未足额缴纳出资的股东、出资人或依公司法规定对该出资承担连带责任的发起人为被执行人，在尚未缴纳出资的范围内依法承担责任；4. 作为被执行人的营利法人，财产不足以清偿生效法律文书确定的债务，申请执行人申请变更、追加抽逃出资的股东、出资人为被执行人，在抽逃出资的范围内承担责任；5. 作为被执行人的公司，财产不足以清偿生效法律文书确定的债务，其股东未依法履行出资义务即转让股权，申请执行人申请变更、追加该原股东或依公司法规定对该出资承担连带责任的发起人为被执行人，在未依法出资的范围内承担责任；6. 作为被执行人的一人有限责任公司，财产不足以清偿生效法律文书确定的债务，股东不能证明公司财产独立于自己的财产，申请执行人申请变更、追加该股东为被执行人，对公司债务承担连带责任；7. 作为被执行人的公司，未经清算即办理注销登记，导致公司无法进行清算，申请执行人申请变更、追加有限责任公司的股东、股份有限公司的董事和控股股东为被执行人，对公司债务承担连带清偿责任。

在处理上述七种追加、变更被执行人异议之诉的审判程序中，应严格适用法定原则，追加、变更被执行人仅限于对基础债权债务生效法律文书所确定的债务，在裁定或判决已追加股东或合伙人为被执行人并责令其在未缴纳出资、未足额出资、抽逃出资、财产混同和未依法清算范围内承担连带清偿责任后，如果被追加的股东公司、合伙企业的财产不足以清偿生效法律文书确定的连带债务，申请追加“被追加的被执行人”的股东或合伙人，属于无法律依据，均不符合上述七种变更、追加被执行人的情形。总之，法院在处理执行异议之诉案件中，仅能追加对执行依据即生效法律文书所确认的被执行人负有连带承担义务的股东或合伙人，不能无限次地追加。

编写人：北京市第三中级人民法院　张玉娜　单海涛

44

“四步走”评判法则在民生兜底案件中彰显良法善意

——中国邮政储蓄银行股份有限公司永春县支行诉钟某兴案外人执行异议之诉案

【案件基本信息】

1. 裁判书字号

福建省泉州市中级人民法院（2021）闽05民终2872号民事判决书

2. 案由：案外人执行异议之诉

3. 当事人

原告（上诉人）：中国邮政储蓄银行股份有限公司永春县支行（以下简称邮储银行永春支行）

被告（被上诉人）：钟某兴

第三人：施某友、林某丽、施某超、李某兰、永春县南某柑桔贸易有限公司（以下简称南某柑桔公司）、曾甲、施某梅

【基本案情】

施某友与林某丽系夫妻关系，与施某超系父子关系，与李某兰系翁媳关系，四人长期分处楼上楼下生活。涉案标的物已经办理了房屋所有权和国有土地使用权证书：1. 房屋所有权证书三本，房屋所有权人分别为施某超、李某兰、施某友，共有情况为共同共有（除产权人外，另两人为共有人），登记时间为2015年8月28日，土地权属性质由集体变更为国有。2. 国有土地使用权证书三本，土地使用权人为施某友一人所有或施某超、李某兰两人共有；地类（用途）均为住宅，使用权类型为出让或划拨，登记时间为2013年12月和2015年7月。

2013年5月23日，钟某兴与施某友签订《房屋买卖合同》，向施某友购买房产，并于2013年5月23日支付房款15万元。涉案房产于2015年完成交付，但至今未办理产权过户手续。2015年9月8日，施某友与邮储银行永春支行签订《个人最高额综合授信合同》和《个人额度借款合同》，由邮储银行永春支行向施某友提供人民币300万元、自2015年9月8日至2025年9月8日期间可以循环使用的额度借款。同日，施某友、林某丽、施某超、李某兰与邮储银行永春支行签订《个人最高额抵押合同》，约定用涉案房产设定7919000元的最高额抵押担保，并于2015年9月10日办理了抵押登记手续。2015年8月1日南某柑桔公司、2015年9月8日施某超、李某兰向邮储银行永春支行出具《企业保证函》《担保函》，自愿为上述借款提供连带责任保证。2016年9月13日，施某友支用借款300万元，借款期限自2016年9月13日至2017年9月13日。后因借款人施某友逾期未还款，邮储银行永春支行于2017年10月13日向法院

提起诉讼，法院于2017年12月20日作出民事裁判。2018年6月11日，法院对涉案房屋进行查封。2020年4月10日，钟某兴向法院提出执行异议，法院于2020年4月14日裁定驳回钟某兴的异议请求。钟某兴于2020年5月6日向法院提起本案诉讼，请求法院判令不得执行涉案标的物。2020年9月2日，钟某兴按照法院通知将涉案标的物剩余房款8.1万元汇入指定账户。

【案件焦点】

案外人对涉案标的物是否具有排除法院强制执行的权利。

【法院裁判要旨】

福建省永春县人民法院经审理认为，本案中，邮储银行永春支行对执行标的物享有担保物权，案外人钟某兴主张其作为买受人对涉案标的物享有的权利是否能够排除法院执行，应考量以下四个要素：第一，2013年5月，钟某兴与施某友签订了合法有效的书面房屋买卖合同。第二，涉案标的物已于2015年完成交付，早于法院于2018年6月11日查封涉案标的物的时间。第三，钟某兴已依约支付房款15万元，对未支付的房款也按法院要求预交到指定账户。第四，钟某兴对涉案标的物无法办理过户登记不存在过错。因此，钟某兴主张对涉案标的物所享有的权利能够阻却法院强制执行。

福建省永春县人民法院依照《最高人民法院关于人民法院办理执行异议和复议案件若干问题的规定》第二十七条、第二十八条，《中华人民共和国民事诉讼法》第二百二十七条，《最高人民法院关于适用〈中华人民共和国民事诉讼法〉的解释》第三百零五条、第三百一十一条、第三百一十二条、第三百一十四条的规定，作出如下判决：

不得执行福建省永春县某91号1单元501室房屋。

宣判后，邮储银行永春支行不服一审判决提起上诉。因施某友于2020年12月7日因病死亡，二审法院依法追加曾甲、施某梅作为原审第三人参加诉讼。二审法院经审理，同意一审法院的认定事实，认为买受人对涉案标的物所享有的权利能够阻却法院执行。但是，因钟某兴购买的仅是涉案标的物整体中的一部分，本案整栋房屋的产权是登记在施某友、施某超、李某兰名下，法院若将整栋房屋区分为若干单元并编号，会与政府房地产主管部门颁发的不动产权证登记情况相矛盾，因此，一审法院在判决主文中径直对案涉房屋进行编号不妥，二审法院在判决中对此予以纠正。

福建省泉州市中级人民法院依照《中华人民共和国民事诉讼法》第一百七十条第一款第二项规定，作出如下判决：

变更福建省永春县人民法院（2020）闽0525民初1150号民事判决为：不得执行钟某兴与施某友于2013年5月23日签订的《房屋买卖合同》项下地址在福建省永春县某村7组的房产。该判决已发生法律效力。

【法官后语】

《最高人民法院关于人民法院办理执行异议和复议案件若干问题的规定》第二十八条规定了案外人对执行标的物主张物权期待权能够排除法院执行的四个要件，确立了在涉及民生权益的特定条件下，案外人的生存权高于申请执行人担保权的裁判规则，体现了兜牢民生底线、保护群众生存权的良法善意。人民法院应准确理解该条款精神，结合具体案件，运用以下“四步走”评判法则，通过司法裁判对案外人与申请执行人各自权益进行权衡，把法条里的善意转化为群众合法权益，让人民群众在具体案件中感受到公平正义。

一、初筛——分流案外人维护权益的路径

1. 审查诉讼请求。若案外人主张作为执行依据的生效裁判存在错误，则引导案外人申请再审或提起第三人撤销之诉。本案钟某兴请求法院判令不得执行涉案标的物，其主张的实体权利与原生效裁判并无直接关联，属于执行异议之诉的审理范围。

2. 审查优先受偿权。如果申请执行人对涉案标的物不存在优先受偿权，则不属于案外人异议之诉的处理范围。本案中，虽然邮储银行永春支行对涉案标的物设定抵押权存在一定过错，但因该抵押权经依法登记，且经法院生效裁判确认，在依法撤销抵押登记和生效裁判之前，该抵押权合法有效并具有强制执行力。

二、甄别——区分虚假诉讼与案外人异议之诉

法院在审理案外人异议之诉案件时，对该案是否属于虚假诉讼加以甄别，可预防被执行人与案外人通过恶意串通以拖延、规避和阻碍执行现象发生。主要考量以下因素：一是案外人与被执行人是否有关联；二是交易价款是否合理；三是支付方式是否有违常理；四是涉案标的物是否实际交付。

具体到本案中，第一，钟某兴与施某友是房屋买卖合同的履约双方，存在紧密关联；第二，双方当事人约定的标的物交易价格，符合一般交易行情；第三，钟某兴已依约支付大部分的房款，交付方式符合常理；第四，涉案标的物已完成交付并由案外人实际占有。因此，本案不存在虚假诉讼问题。

三、判断——审查排除执行的法定要件

依照《最高人民法院关于人民法院办理执行异议和复议案件若干问题的规定》第二十八条规定，案外人对执行标的物主张物权期待权的，符合四个要件才能排除执行。第一，2013年5月，钟某兴与施某友签订了书面的房屋买卖合同；第二，涉案标的物于2015年完成交付，早于法院对该标的物的查封时间；第三，钟某兴已依约支付大部分的房款，未支付的部分业已按法院要求预交到指定账户；第四，钟某兴对涉案标的物无法办理过户登记不存在过错。因此，本案的案外人对执行标的物主张权利，能够排除法院执行行为。

四、补阙——补足一审裁判主文表述中的瑕疵短板

因钟某兴购买的仅是涉案标的物整体中的一部分，根据《中华人民共和国民法典》第二百一十六条“不动产登记簿是物权归属和内容的根据。不动产登记簿由登记机构管理”之规定，本案整栋房屋产权登记在施某友、施某超、李某兰名下，法院没有权限直接将整栋房屋区分为若干单元并编号，并且此种行为会造成法院裁判与不动产权证登记情况相矛盾。因此，一审法院在判决主文中径直对案涉房屋进行编号不妥，二审法院对此予以纠正，补上了本案一审裁判主文表述的瑕疵短板。

编写人：福建省泉州市永春县人民法院　吴志文

45

执行异议之诉审查标准和审理范围的界定

——王甲诉张某、秦乙案外人执行异议之诉案

【案件基本信息】

1. 裁判书字号

北京市第一中级人民法院（2021）京01民终7651号民事判决书

2. 案由：案外人执行异议之诉

3. 当事人

原告（上诉人）：王甲

被告（被上诉人）：张某、秦乙

【基本案情】

张某因与秦乙等人房屋买卖合同纠纷一审，法院判决秦乙向张某支付违约金等，后秦乙未履行判决义务，张某向法院申请强制执行，执行过程中，法院预查封了涉案房屋。

经查，北京市东升农工商总公司（腾退人、甲方）与李某珍、顾某华、顾丙（被腾退人、乙方）签订拆迁补偿协议，安置人口为：李某珍、顾某华、顾丙、秦乙和孙某五人，安置包括涉案房屋在内的五套房屋。

顾丙、秦乙、孙某（出卖人，甲方）与王甲（买受人，乙方）签订房屋买卖合同，合同载明共有人为顾丙、秦乙、孙某，出卖人承诺相关权利人及继承人均放弃涉案房屋产权权利及优先购买权；若甲方发生遗产继承及析产纠纷，与涉案房屋无关，该房屋甲方有完整的处分权，不得以此套房屋参与拆迁析产继承的份额……签订合同时，李某珍、顾某华已去世。

后王甲就涉案房屋提起案外人执行异议，一审判决后，王甲受让了张某的债权，债权转让通知送达了秦乙。

【案件焦点】

1. 申请执行人将债权转让给案外人后，对于案外人提起的执行异议之诉，是否应当进行实体审理；2.《最高人民法院关于人民法院办理执行异议和复议案件若干问题的规定》（以下简称《执行异议和复议规定》）第二十八条的适用要件；3. 对于执行异议之诉中原告提出的确权等其他诉讼请求，应如何处理。

【法院裁判要旨】

北京市海淀区人民法院经审理认为，涉案房屋系顾丙、李某珍、顾某华基于拆迁腾退而取得的安置房，安置的居住人口为顾某华等五人，故涉案房屋应当认定属于上述五人共同所有。虽然签订合同时李某珍、顾某华已经去世，但其继承人并未对涉案房屋进行继承分割。王甲对涉案房屋涉及其他被安置人的利益应当知晓，对涉案房屋并未办理房屋产权证书亦是明知。在此情况下，王甲仍签订房屋买卖合同，其对涉案房屋不能过户至其名下具有过错。

北京市海淀区人民法院依照《执行异议和复议规定》第二十八条，《最高人民法院关于适用〈中华人民共和国民事诉讼法〉的解释》第三百零四条、第三百一十一条、第三百一十二条之规定，判决：驳回王甲的全部诉讼请求。

王甲不服一审判决，提出上诉。北京市第一中级人民法院经审理认为，标的物被法院采取强制执行措施，且尚未执行完毕，在满足法定要件的情况下，对于案外人提起的执行异议之诉，法院应当进行实体审理。本案中，王甲受让了张某的债权，且张某的债权尚未得到清偿，本案所涉执行案件尚未终结，王甲仍对本案享有诉的利益。

案外人提出实体异议所依据的权利是否具有排除执行的效力，应严格依照法律规范来确定。买受人主张排除执行的前提是不动产登记在被执行人名下，而本案中，涉案房屋至今未登记在顾丙、秦乙等名下，故本案并不符合适用

《执行异议和复议规定》第二十八条的前提条件。王甲要求排除对涉案房屋的强制执行缺乏法律依据。

案外人执行异议之诉中对是否应排除执行的判断仅限于对实体权属的认定这一基础，但因本案不应适用《执行异议和复议规定》第二十八条，故对于王甲主张确认涉案合同有效，本院不予处理。王甲提出的确认其享有居住使用权、配合办理过户手续之诉讼请求，系基于房屋买卖合同的继续履行，不属于案外人与排除执行直接相关的实体权益审理范围，本院对此亦不予处理。

北京市第一中级人民法院依照《中华人民共和国民事诉讼法》第一百七十条第一款第一项、《最高人民法院关于适用〈中华人民共和国民事诉讼法〉的解释》第三百零五条之规定，判决：驳回上诉，维持原判。

【法官后语】

本案系不动产买受人所提起的执行异议之诉。民事诉讼法对于执行异议之诉的规定较为笼统，实践中该类案件的审理常会出现争议。本案审理过程中，涉及如下三个法律适用问题。

一、原告受让申请执行人的债权后是否仍享有诉的利益

一般而言，只有在执行标的执行终结或者执行程序终结的情况下，原告丧失诉的利益，常见的情形有执行标的已经被拍卖、执行依据的判决被撤销等。本案一审判决后，原告受让了申请执行人的债权，二审中原告主张应当裁定驳回其诉讼请求，这一主张是不成立的，主要基于如下的考虑：首先，被告尚未偿还债务，债权本身仍未消灭；其次，原告虽然受让了债权，但其是否能够完成申请执行人的变更仍然具有不确定性；最后，即便申请执行人变更为原告，原告作为新债权人是否会申请解封亦是不确定的，尤其在被执行人未还清债务的情况下，原告仍然可能选择继续查封房屋来保障自己的债权。因此，本案仍然有继续进行实体审理的必要。

二、本案是否适用《执行异议和复议规定》第二十八条

司法解释第二十八条赋予了特定条件下的买受人超越普通债权的权利。实践中一般争议的是对该条规定的四要件的理解，而忽视了该条规定的前提，即

“金钱债权执行中，买受人对登记在被执行人名下的不动产提出异议”。这一前提条件暗含的逻辑在于，如果房屋尚未办理权属登记，此时进行房屋交易存在极大的不安定性，一是此类住房可能存在禁止交易期的限制，二是房屋权属存在不确定性，影响交易安全。在此情况下，买受人仍然签订买卖合同，并非理性人的选择，不应得到法律的特殊保护。本案中，涉案房屋为拆迁安置房，被安置人口为一家五口，后其中两位被安置人去世，但涉案房屋并未进行继承分割，此种情况下对涉案房屋的处分可能涉及其他继承人的权益，而原告对该权利瑕疵是明知的，且涉案房屋并未办理产权登记，进一步导致房屋交易具有很大不确定性。综合上述考量，本案不适用第二十八条是符合立法本意的。

三、确认合同效力、协助办理过户等诉求是否属于本案审理范围

一般而言，执行异议之诉的审理思路分为两个层次，一是原告是否对执行标的享有某种权利，二是该权利是否能够对抗和排除强制执行，故将确权的诉讼请求在执行异议之诉中一并审理是必然路径，也是诉讼经济的选择。一般而言，原告基于房屋买卖合同请求排除强制执行，应当审查合同的效力，进而确定原告是否享有真实合法的权利。而本案的特殊性在于，因为房屋未办理权属登记，被执行人和出卖人并不完全一致，且涉案合同可能还处分了其他继承人的权益，因此，本案没有必要也无法对房屋买卖合同的效力进行处理。

对于原告提出的给付请求，则应当审慎考虑，不宜过分扩大执行异议之诉的审理范围，避免出现规避管辖、影响第三人权利的情形。本案中，原告提出的办理过户登记的诉求，这是与房屋买卖合同履行相关内容，与排除强制执行并不直接相关，故亦不属于执行异议之诉的审理范围。

对于原告提出的确权的诉讼请求，不动产的权属和内容应当根据不动产登记簿的记载，如果当事人有证据证明不动产登记簿的记载与真实权利状态不符、其为真实权利人，可以请求确认其享有物权，但原告作为买受人无法基于房屋买卖合同直接要求确认所有权。

编写人：北京市第一中级人民法院　李正

46

股东提起股东代表诉讼公司可以自己的名义申请强制执行

——星某科技公司与岭某房地产公司执行复议案

【案件基本信息】

1. 裁判书字号

重庆市第五中级人民法院（2021）渝05执复77号执行裁定书

2. 事由：执行复议

3. 当事人

申请执行人（复议申请人）：重庆星某科技实业发展有限责任公司（以下简称星某科技公司）

被执行人：重庆晋愉岭某房地产有限公司（以下简称岭某房地产公司）

第三人：重庆晋愉岭某投资有限公司（以下简称岭某投资公司）

【基本案情】

星某科技公司与岭某房地产公司、第三人岭某投资公司损害公司利益责任纠纷一案，重庆市第五中级人民法院（以下简称五中院）于2019年12月23日作出（2019）渝05民初1285号民事判决，判令岭某房地产公司于该判决生效之日起十日内支付第三人岭某投资公司借款30000000元及资金占用利息（利息以30000000元为基数，自2019年5月30日起至本金付清时止，按年利率6%计付）。因岭某房地产公司逾期未履行（2019）渝05民初1285号民事判决确定的义务，星某科技公司向五中院申请强制执行。五中院于2020年5月7日立案执行，案号为（2020）渝05执640号。同年5月18日，五中院作出（2020）渝05执640号执行裁定，裁定该院（2019）渝05民初1285号民事判决由重庆市大渡口区人民法院（以下简称大渡口法院）执行。大渡口法院于2021年3月3日立案执行，案号为（2021）渝0104执439号。同年3月9日，大渡口法院向岭某房地产公司发出执行通知书及报告财产令。同年3月29日，大渡口法院作出（2021）渝0104执439号执行裁定，裁定驳回星某科技公司的执行申请。星某科技公司认为该裁定适用法律错误，遂申请复议，请求撤销大渡口法院作出的（2021）渝0104执439号执行裁定，并责令大渡口法院依法受理该公司的执行申请。

另查明，岭某投资公司成立于2012年11月27日，注册资本为330000000元。晋愉地产集团、星某科技公司系岭某投资公司的两个股东，分别认缴出资额214500000元、115500000元，其持股比例分别为65%、35%。

【案件焦点】

星某科技公司作为岭某投资公司的股东，是否有权申请强制执行（2019）渝05民初1285号民事判决。

【法院裁判要旨】

重庆市第五中级人民法院经审理认为：在他人已侵害公司利益而公司怠于追究其责任时，符合法定条件的股东可以为维护公司利益而以自己的名义提起诉讼。在股东代表诉讼中，股东的个人利益并未直接受到损害，只是因公司利益受到他人侵害而间接受损。因此，股东代表诉讼是股东为维护公司利益而直接提起的诉讼，相应地，胜诉后所获利益也应归属于公司。本案中，星某科技公司作为岭某投资公司的股东，其所提起的损害公司利益责任纠纷之诉亦属于股东代表诉讼的范畴。既然本案据以执行的（2019）渝05民初1285号民事判决已认定星某科技公司具备提起诉讼的主体资格，并依其主张判令岭某房地产公司支付岭某投资公司借款30000000元及资金占用损失，那么，在上述民事判决已发生法律效力且岭某房地产公司逾期未履行义务的情况下，星某科技公司出于继续维护其所持股的岭某投资公司利益之目的，向大渡口法院申请强制执行上述民事判决，符合股东代表诉讼这一制度设计的内在逻辑。相反，若星某科技公司取得上述民事判决后却无权申请强制执行，则上述民事判决所载明的给付内容将因不能付诸执行而无法最终实现，这将使股东代表诉讼制度的立法初衷实际上落空。因此，股东申请强制执行应是股东代表诉讼在执行阶段的自然延伸。大渡口法院以星某科技公司不是上述民事判决主文确定的权利人或者继承人、权利承受人为由裁定驳回其执行申请确有不当，依法予以纠正。

重庆市第五中级人民法院依照《中华人民共和国民事诉讼法》第二百二十五条、《最高人民法院关于人民法院办理执行异议和复议案件若干问题的规定》第二十三条第一款第二项之规定，作出如下裁定：

一、撤销重庆市大渡口区人民法院（2021）渝 0104 执 439 号执行裁定；

二、继续执行（2021）渝 0104 执 439 号执行案件。

【法官后语】

本案系公司股东提起损害公司利益责任纠纷诉讼并取得胜诉判决后申请强制执行遭驳回执行申请的典型案例。所谓损害公司利益责任纠纷，是指公司股东滥用股东权利或者董事、监事、高级管理人员违反法定义务，损害公司利益而引发的纠纷。在公司股东提起损害公司利益责任纠纷诉讼并取得胜诉判决后，究竟是由利益归属者即公司直接申请强制执行，还是由胜诉原告即公司股东以自己的名义申请强制执行，立法上并无明文规定，实务中也是众说纷纭，目前相对占据主流地位的仍是前一种观点。本案认为，损害公司利益责任纠纷诉讼中的股东，在法院作出生效胜诉判决后，为维护公司利益，依然可以自己的名义申请强制执行。这一裁判思路对同类型案件的立案执行可提供指导与参考，具有一定的借鉴意义。

本案中，法院根据《中华人民共和国公司法》（2018 年修正）第一百四十九条“董事、监事、高级管理人员执行公司职务时违反法律、行政法规或者公司章程的规定，给公司造成损失的，应当承担赔偿责任”、第一百五十一条“董事、高级管理人员有本法第一百四十九条规定的情形的……他人侵犯公司合法权益，给公司造成损失的，本条第一款规定的股东可以依照前两款的规定向人民法院提起诉讼”之规定，从损害公司利益责任纠纷诉讼的立法本意中得出结论，即股东为维护公司利益有权直接提起诉讼，胜诉后所获利益也当然归属于公司。在此基础上，法院将诉讼与执行视为一个整体，并进一步推演出胜诉股东出于继续维护其所持股公司的合法利益的目的以自己的名义申请强制执行，乃是损害公司利益责任纠纷诉讼在执行阶段的自然延伸。换言之，既然股东有权为了公司利益而以自己的名义直接提起诉讼，那么基于胜诉后利益最终归于公司的理念，其继续向法院申请强制执行胜诉判决便是应有之义。故而，提起损害公司利益责任纠纷诉讼的公司股东是适格的申请执行人，法院不得以胜诉利益归属于公司、与公司股东自身无关系为由，裁定驳回公司股东的执行申请。

执行中，法院不应拘泥于执行依据所载明的各方当事人，特别是针对损害公司利益责任纠纷诉讼、股东代表诉讼等诉讼主体与利益归属主体相异之情形，应下好审判、执行“一盘棋”，保障提起上述诉讼之公司股东的强制执行请求权，避免让胜诉判决沦为“空判”。

编写人：重庆市第五中级人民法院　蒋晓亮

六、执行程序

47

刑民交叉案件中刑事退赔与民事执行竞合的处理原则

——张某云集资诈骗罪责令退赔执行案

【案件基本信息】

1. 裁定书字号

广东省广州市花都区人民法院（2021）粤0114执3914—3948号执行财产分配方案

2. 事由：责令退赔执行

3. 当事人

申请执行人：谢甲等

被执行人：张某云

【基本案情】

2011年1月至2012年6月，张某云及其经营的广州某房地产开发有限公司在已欠下巨额款项、资不抵债，且未经有关部门依法批准的情况下，通过电视、传单等途径向社会公开宣传销售“某商务复式公寓及别墅”项目，形式为返本销售，售后返租。公告发布后，共有41人购买该项目的公寓或别墅的使用权。后因该公司及张某云未按合同约定定期返利，2013年至2015年，购买该项目的钟某某、罗某某等6名业主先后向广州市花都区人民法院起诉要求解除合同并退还购房款，谢某等其余35位业主则选择向公安报案。

2019年4月18日广州市花都区人民检察院以张某云涉嫌集资诈骗罪向广州市花都区人民法院移送起诉，2020年5月28日，广州市花都区人民法院作出（2019）粤0114刑初771号刑事判决，判处张某云犯集资诈骗罪，判处有期徒刑十一年，并处罚金30万元，并责令张某云退赔违法所得7741674元给各被害人。退赔被害人的名单及金额附表在后，但该附表未包含已进行民事诉讼的6名业主。张某云不服，提出上诉，广州市中级人民法院于2021年1月7日作出（2020）粤01刑终1337号刑事裁定书，判决驳回上诉，维持原判。

2021年2月2日，张某云系列退赔案件在广州市花都区人民法院立案执行。2021年7月19日，广州市花都区人民法院作出（2021）粤0114执3914—3948号执行财产分配方案，将执行案款按债权比例分配给包括民事申请执行人在内的41名当事人。

【案件焦点】

刑民交叉执行案件，当被执行人的财产不足以履行全部义务的情况下，刑事被害人与民事债权人之间权益如何分配。

【法院裁判要旨】

本案中被执行人张某云以高额、长期投资回报为诱饵，通过电视、传单等形式公开宣传“某商务复式公寓及别墅”项目，向社会公众募集资金，募集资金则均被被执行人张某云用于归还银行贷款、个人借款，张某云带有非法占有故意的欺骗行为同时侵害了41名业主的财产权利。基于程序选择权，这41名业主中，6人选择了民事诉讼，35人选择了刑事程序，不同的救济途径选择导致了执行阶段的民事强制执行程序和刑事责令退赔程序的冲突。刑事责令退赔和民事强制执行虽然一个是对刑事裁判涉财产部分的执行，一个是依据民事执行依据的强制执行，二者之间执行依据的性质有所不同，但是从其本质出发，二者都是财产权受到侵害后的救济程序。

执行分配方案应充分考虑合法性、合理性和公平性。6名民事纠纷的当事人和35名刑事案件被害人的财产权均被张某云的集资诈骗行为所侵害，只是权利救济途径的选择不同，对于执行到位案款，民事纠纷当事人与刑事案件受害人应平等获得受偿才更符合法律的公平性原则。

【法官后语】

经济类的刑事涉众案件涉案金额大，被害人覆盖面广，涉案财产分布散，已然成为刑事涉财案件执行的难点。而执行阶段的刑民交叉，被害人与债权人之间权益如何分配，不能直接依据《最高人民法院关于刑事裁判涉财产部分执行的若干规定》（以下简称《刑事涉财产执行规定》）第十三条的规定，机械地适用先刑后民的原则。而应在“刑”与“民”中找到两方的平衡点，探索出更为公平合理的处理原则。

一、实践现状：刑民交叉案件的处理原则辨析

（一）先刑后民。依据《刑事涉财产执行规定》第十三条规定，在被执行人财产不足以同时履行民事义务和刑事责任时，退赔被害人的损失先于其他民事债务执行，这一规定体现了责令退赔先于部分民事债务执行的原则是刑民交叉案件处理的普遍原则。

（二）先民后刑。依据《中华人民共和国刑法》第三十六条第二款规定：“承担民事赔偿责任的犯罪分子，同时被判处罚金，其财产不足以全部支付的，或者被判处没收财产的，应当先承担对被害人的民事赔偿责任。”该条规定说明在执行过程中，被判处财产刑的犯罪分子应当承担对被害人的民事赔偿责任，或对其他债权人负有应当偿还的民事债务时，如果民事责任经人民法院生效法律文书确定，犯罪分子合法所有的财产应当优先承担民事责任，在执行民事债务后，如果还有剩余财产，再执行财产刑，即所谓的“先民后刑”原则。

（三）刑民并行。“刑民并行”原则，是指刑事责令退赔受害人与民事债权人平等受偿。虽然在我国现行的法律中没有对“刑民并行”原则明确规定，但在经济类涉众型犯罪中，有争议观点认为责令退赔被害人财产与其他普通民事债务按比例平等受偿具有合理性。

二、具体适用：民事债权与刑事退赔平等受偿的条件

（一）执行人同一行为引发的程序冲突。以行为的构成要件作为切入点，刑民交叉指的是同一行为人的同一行为同时符合刑事犯罪的构成要件和民事侵权行为的构成要件，且行为事实已被生效判决确定。以本案为例，被执行人"以诈骗方式非法占有"的一个行为不仅侵害了谢某等35名受害人的财产权，也损害了民事强制执行申请执行人钟某某等6人的财产权，而因为当事人选择的救济途径不同，导致了刑事法律责任和民事法律责任的竞合，从而导致责任实现程序的冲突。

（二）民事债权是在财产刑判决生效前经民事程序确定的合法债权。最高人民法院在《刑事涉财产执行规定》的理解与适用中解读，"在财产刑执行过程中，对于人身损害赔偿和其他民事债务，权利人要求从执行财产中受偿的，参照民事执行参与分配的有关规定，应当要求取得生效裁判作为执行依据"。民事债权人在通过诉讼、仲裁等方式取得法律文书后再向法院申请执行，需要经过一个漫长的诉讼周期，如果在刑事退赔阶段还要等待民事债权的确定会严重地影响执行效率，对于涉众案件来说可能会产生信访风险。

（三）被执行人财产不足以同时承担责令退赔和民事债务。《刑事涉财产执行规定》第十三条第一款将"被执行人在执行中同时承担刑事责任、民事责任，其财产不足以支付的"作为财产刑案件中民事债权优先受偿的统一条件，不论是判处罚金还是没收财产，也不论是刑事附带民事赔偿责任、责令退赔还是其他民事债权，案款分配的前提均为被执行人财产不足以履行全部义务。

三、路径探新：刑民并行原则的合理性分析

刑事责令退赔与民事执行程序冲突问题是司法实践中经常遇到的重要问题，当前普遍适用"先刑后民"的法律规定并不能很好地解决我们当前所面临的复杂法律关系，因而在具体案件的中"刑民并行"原则更具有合理性。

（一）构成犯罪不能直接否定民事裁判的效力。在合同诈骗、集资诈骗、非法吸收公众存款等经济类刑民交叉的案件中，虽然被告人的行为经过刑事审判后被判决构成了犯罪，但是这并不排除其他民事法律关系的存在，与刑事犯

罪相关联的民事主体如何承担民事责任，则需要根据案件的具体情况加以区分。法律之适用，并非单纯的概念逻辑推演，实系价值判断及当事人间利益之衡量，比如，在上文讨论的集资诈骗案件中，张某云与钟某某等6人在先签订的合同效力不能因为涉及犯罪而当然无效，民事合同的效力和民事责任的承担也在民事审判中被认定，因此若未经过具体分析，简单地依据《刑事涉财产执行规定》第十三条的规定，在执行到位金额不足以履行全部债务时，优先退赔刑事案件的受害人，显然不符合法律的公平性原则。

（二）完全排除民事债权违背责令退赔制度设计的初衷。责令退赔制度设计的初衷是救济被害人受到侵害的财产权利，这与民事强制执行制度设计的初衷是一致的，当特定法律主体的财产不足以清偿全部债务时，民事债权是优先于罚金、没收财产等财产性公法责任的，虽然《刑事涉财产执行规定》第十三条第一款对不同的民事债权排列了清偿顺位，即第一是人身损害赔偿中的医疗费用；第二是退赔被害人的损失；第三是其他民事债务；第四是罚金；第五是没收财产。但基于“国不与民争利”的原则，民事债权是整体优先于财产刑受偿的。在本案中，民事强制执行的申请执行人与刑事案件的被害人的财产权利受到同一行为的侵害，民事强制执行的申请执行人虽然未在刑事审判的附表中列明，但从侵害事实来看，可以认定其为广义的受害人。综上所述，既然责令退赔与民事强制执行的本质都是为了救济受到侵害的财产权利，当不同主体受到同一事实行为侵害时，民事债权人与责令退赔的申请人理应处于同一顺位受偿。

（三）人民法院办理案件应符合社会主义核心价值观。案件执行顺序涉及当事人切身利益，考虑到本案中民事诉讼与刑事诉讼救济当事人所遭受的损失具有同因性，应从公平、合理的角度出发，将二者确定为同一顺位受偿，经办法官通过召开债权人会议反复沟通释法明理，按照债权比例对执行到位的案款进行分配制作的分配方案，获得了41名债权人的一致同意，在化解案件的同时也化解了群访风险，维护了社会的稳定。由此可见，刑民交叉案件中当被执行人的同一财产分配产生救济程序冲突时，对处理原则的探索应当符合社会主义核心价值观，通过“刑民并行”的执行顺序获得当事人对法院执行行为的认可，进而对社会整体行为产生正向引导。

编写人：广东省广州市花都区人民法院 夏雪 肖园园

48

实质审查一定条件下可作为形式审查原则的必要补充

——高甲甲执行复议案

【案件基本信息】

1. 裁定书字号

北京市高级人民法院（2021）京执复 190 号执行裁定书

2. 事由：执行复议

3. 当事人

复议申请人：高甲甲

申请执行人：韩乙

被申请执行人：舟山普某股权投资合伙企业（有限合伙）、天津华某股权投资合伙企业（有限合伙）、天津瑞某投资管理有限公司（以下简称瑞某公司）、北京华某投资管理有限公司

【基本案情】

因舟山普某股权投资合伙企业（有限合伙）、天津华某股权投资合伙企业（有限合伙）、瑞某公司、北京华某投资管理有限公司未依照北京市高级人民法院于 2019 年 4 月 30 日作出的（2019）京民终 152 号民事判决书履行义务，韩乙向北京市第二中级人民法院（以下简称北京二中院）申请强制执行，要求四被执行人给付人民币 237883600 元及加倍支付迟延履行期间的债务利息。北京

二中院以（2019）京02执610号立案受理。执行过程中，北京二中院作出（2019）京02执610号限制消费令，限制舟山普某股权投资合伙企业（有限合伙）及其执行事务合伙人瑞某公司委派代表高甲甲、天津华某股权投资合伙企业（有限合伙）及其执行事务合伙人北京华某投资管理有限公司委派代表阮丙、瑞某公司及其法定代表人高甲甲、北京华某投资管理有限公司及其法定代表人李某东进行高消费行为。

2019年8月，高甲甲向北京二中院提出异议，请求解除对其采取的限制高消费措施。2019年8月16日，北京二中院作出（2019）京02执异1050号执行裁定，驳回高甲甲的异议请求。高甲甲向北京市高级人民法院（以下简称北京高院）申请复议，北京高院作出（2019）京执复226号执行裁定，驳回复议申请，维持原裁定。北京高院在（2019）京执复226号执行裁定"本院认为"部分表述，"若高甲甲不再登记为瑞某公司的法定代表人后，其可以向北京二中院申请解除对其采取的限制消费措施"。

2019年9月18日，天津市武清法院作出（2019）津0114民初9590号民事判决，判决"由天津瑞某投资管理有限公司于本判决生效之日起十五日内到天津市武清区市场监督管理局涤除高甲甲作为天津瑞某投资管理有限公司法定代表人的登记事项"，在该判决"本院认为"部分表述，"……本案中，从高甲甲提交的国家税务总局天津市武清区税务局处理结果看，瑞某公司不是高甲甲的受雇单位，从高甲甲提交社会保险参保证明上看，在此期间高甲甲的社会保险义务人并非瑞某公司，可以证实高甲甲并未参与公司管理。从高甲甲与阮丙签订的委托持股协议上看，高甲甲只是瑞某公司名义股东，不参与公司经营运作，不享有出资股权的任何权益……"

2020年4月15日，天津市武清区市监局出具证明，证明"……根据天津市武清区人民法院（2019）津0114民初9590号民事判决，高甲甲不再担任天津瑞某投资管理有限公司法定代表人。目前天津瑞某投资管理有限公司法定代表人一职空缺"。

2021年5月，高甲甲向北京二中院再次提出异议称，请求北京二中院解除对其限制高消费的措施。北京二中院作出（2021）京02执异213号执行裁定，裁定驳回高甲甲的异议申请。高甲甲不服该裁定，向北京高院申请复议称，请求依法撤销上述裁定，解除对其的限制高消费措施。

【案件焦点】

执行裁决案件中，运用形式审查原则进行审查存在明显弊端时，可否在一定程度上进行实质审查；上级法院发现下级法院纳入采取限制消费措施存在错误的，可否依法直接纠正。

【法院裁判要旨】

北京市第二中级人民法院经审理认为，公民、法人或其他组织对被纳入失信被执行人名单申请纠正的，执行法院应当自收到书面纠正申请之日起十五日内审查，理由成立的，应当在三个工作日内纠正；理由不成立的，决定驳回。公民、法人或其他组织对驳回决定不服的，可以自决定书送达之日起十日内向上一级人民法院申请复议。上一级人民法院应当自收到复议申请之日起十五日内作出决定。对被采取限制消费措施申请纠正的，应当参照上述规定办理。因此，高甲甲请求解除对其采取的限制高消费措施，应当向执行实施部门提出，由执行实施部门对此进行审查并作出决定，对决定不服的，可以向上一级法院申请复议。高甲甲所提异议申请，不属于执行行为异议审查范围，对其异议申请应从程序上予以驳回。北京市第二中级人民法院依照《最高人民法院关于人民法院办理执行异议和复议案件若干问题的规定》第二条第一款之规定，作出如下裁定：驳回高甲甲的异议申请。

北京市高级人民法院经审理认为，根据《最高人民法院关于限制被执行人高消费的若干规定》第三条第二款规定，“被执行人为单位的，被采取限制消费措施后，被执行人及其法定代表人、主要负责人、影响债务履行的直接责任人员、实际控制人不得实施前款规定的行为”。本案中，天津市武清区法院已判决由瑞某公司到天津市武清区市监局涤除高甲甲作为该公司法定代表人的登记事项，天津市武清区市监局出具证明高甲甲不再担任瑞某公司法定代表人，故不应对高甲甲采取限制消费措施。鉴于高甲甲曾就解除限制消费措施提出过异议、复议，并就解除限制消费措施向北京二中院进行了反映，北京二中院对高甲甲的异议请求以不属于执行行为异议审查范围为由从程序上径行驳回，虽未违反司法解释的规定，但为减少当事人诉累，实质化解争议，本院直接在复议程序中对高甲甲的异议请求予以解决。综上，限制高甲甲消费的法定情形已消除，对其复议请求应予支持。北京市高级人民法院依照《中华人民共和国民事诉讼法》第一百五十四条第一款第十一项之规定，作出如下裁定：解除对高甲甲的限制消费措施。

【法官后语】

笔者认为，该案例具有一定的新颖性和指导性，主要体现在两个方面：一是用实质审查标准对高甲甲是否系被执行人的法定代表人进行审查判断，维护了当事人的合法权益；二是强化善意文明执行理念，发现下级法院采取限制消费措施应予纠正时，依法直接纠正，减少当事人诉累。

执行实践中，执行裁决程序仍属执行程序的组成部分，审查标准总体上与执行实施程序中财产权属判断规则更为相近，更倾向于以形式审查为原则，实质审查为例外。本案中，在判断高甲甲是否为瑞某公司的法定代表人时，如果严格拘泥于形式审查标准，以市场监管机关的登记来判断，则高甲甲仍然为瑞某公司的法定代表人，对其采取的限制消费措施不应解除。考虑到高甲甲已经通过法定代表人涤除之诉、让天津市武清区市监局出具证明等方式从实质上证明其目前已非瑞某公司的法定代表人，市场监管机关的登记表象和实际情况并不一致，对高甲甲合法权益已无其他救济渠道，北京高院突破形式审查原则，通过现有证据综合认定高甲甲已不再担任瑞某公司的法定代表人这一事实，进行一定程度的实质审查，维护了高甲甲的合法权益。

采取或者解除限制消费措施，必须严格依照《中华人民共和国民事诉讼法》《最高人民法院关于限制被执行人高消费及有关消费的若干规定》等规定的条件和程序进行。限制消费规定并未规定采取限制消费措施错误时相应的救济程序。2019 年《最高人民法院关于在执行工作中进一步强化善意文明执行理念的意见》规定对被采取限制消费措施申请纠正的，参照《最高人民法院关于公布失信被执行人名单信息的若干规定》第十二条规定办理。本案中，一审法院参照适用上述规则，认为高甲甲所提执行异议申请不属于执行行为异议审查范围，其应先向执行实施部门申请纠正，纠正申请被驳回后再向上一级法院申请复议。由于高甲甲在善意文明执行理念的意见未实施前曾就解除限制消费措施提出过异议、复议，并就解除限制消费措施向执行法院进行了反映，如简单从程序上予以驳回并要求高甲甲按新程序规定再次寻求救济，必然增加当事人诉累，不利于矛盾的化解。北京高院强化善意文明执行理念，在依法保障胜诉当事人合法权益的同时，力求最大限度减少对其他当事人合法权益的影响，通过在复议案件中依法直接纠正限制消费措施，有效化解了社会矛盾，实现了法律效果与社会效果的有机统一。

编写人：北京市高级人民法院　王翊民

49

基于行政非诉执行依据申请追加被执行人的裁判认定

——张某琪诉某区市场监督管理局、果某红申请执行人执行异议之诉案

【案件基本信息】

1. 裁判书字号

天津市第一中级人民法院（2021）津01民终8615号民事判决书

2. 案由：申请执行人执行异议之诉

3. 当事人

原告（被上诉人）：某区市场监督管理局

被告（上诉人）：张某琪

被告（被上诉人）：果某红

【基本案情】

天津市第一中级人民法院经审理查明，天津市久某食品销售有限公司于2013年4月10日成立，类型为自然人独资有限责任公司，股东为张某琪，出资比例100%，法定代表人为张某琪。2016年11月28日，天津市久某食品销售有限公司设立第一分公司，负责人为张某琪。经天津市某区市场监督管理局（以下简称市场监督管理局）查明，2016年11月至12月期间，天津市久某食品销售有限公司法定代表人张某琪先后从天津亮某食品有限公司、衡水明某食品生物科技有限公司、河北丰某食品销售有限公司购进裸瓶未标注生产日期的食品饮料，在其坐落在蓟州区某村的天津市久某食品销售有限公司第一分公司院内，对购进的裸瓶饮料进行包装并在产品包装上标注虚假生产日期准备销售，标注虚假生产日期的食品共11559箱零1005盒，货值金额共计86324元。在市场监督管理局处理天津市久某食品销售有限公司加工销售标注虚假生产日期食品的行为期间，2017年4月5日，张某琪将其在天津市久某食品销售有限公司的股权转让给果某红，天津市久某食品销售有限公司的股东、法定代表人由张某琪变更为果某红。2017年6月14日，市场监督管理局作出津市场监管蓟稽食罚（2017）4号行政处罚决定书，对天津市久某食品销售有限公司给予以下行政处罚：1. 没收标注虚假生产日期的食品11559箱零1005盒，产品外包装箱44780个，苹果醋盒盖5公斤，顺德府小磨香油标签18000张；2. 罚款870000元。行政处罚决定书生效后，天津市久某食品销售有限公司未履行行政处罚决定书确定的法律义务，市场监督管理局于2018年1月30日向一审法院提出强制执行申请。2018年2月5日，一审法院作出（2018）津0119行审23号行政裁定书，裁定准予强制执行市场监督管理局作出的上述行政处罚，执行费用11100元，由天津市久某食品销售有限公司负担。2018年9月27日，市场监督管理局申请一审法院强制执行，一审法院立案执行，案号为（2018）津0119执4488号。2020年4月2日，天津市久某食品销售有限公司股东决定将公司注销，清算组成员为果某红、张某宝，清算组负责人为果某红。2020年5月27日，天津市久某食品销售有限公司注销，清算报告中记载公司资产总额0元，负债总额0元。2020年8月20日，市场监督管理局申请追加果某红、张某琪为（2018）津0119执4488号执行案件的被执行人。2020年10月9日，一审法院作出（2020）津0119执异151号执行裁定书，驳回市场监督管理局追加果某红、张某琪为案件被执行人的申请。市场监督管理局不服该裁定，向一审法院提起执行异议之诉。

另查，2013年4月9日，天津津某会计师事务所审验了天津市久某食品销售有限公司截至2013年4月9日止申请设立登记的注册资本实收情况并出具验资报告，截至2013年4月9日止，天津市久某食品销售有限公司已收到张某琪缴纳的注册资本100000元，张某琪于2013年4月9日缴存天津市久某食品销售有限公司在中国邮政储蓄银行股份有限公司天津蓟县支行开立的账户9120080100××××××××账号内。经一审法院出具律师调查令查询，天津市久某食品销售有限公司账号为9120080100××××××××账户的交易明细显示：2013年4月9日该账户存入100000元；2013年4月19日和2013年4月22日该账户两次向杨某芝账户转账，金额分别为50000元和49000元；该账户没有其他大额交易明细。张某琪与杨某芝当时系夫妻关系，于2017年1月13日离婚。

张某琪主张，2016年12月天津市久某食品销售有限公司仍有资产100000元，其中包括行政处罚决定书中认定的货物，货值金额86324元。在2016年12月30日市场监督管理局对张某琪所作的询问笔录中，张某琪称“我公司没有生产资格，库房内的食品都是我购进的”“都是今年十一月和十二月分别从上述公司进的货”“都是我出面联系的厂家，业务往来的货款也是我负责的”。经一审法院出具律师调查令向税务机关查询天津市久某食品销售有限公司2016年资产负债表、利润表、现金流量表申报为0。

再查，张某琪与张某宝系兄弟关系，张某宝与果某红原系夫妻关系，即果某红系张某琪弟妹。天津市久某食品销售有限公司系2013年4月10日成立，性质为有限责任公司，发起人及股东是张某琪，实缴注册资本10万元。张某琪认可，其于2013年4月19日和2013年4月22日将公司注册资金，分两次向其妻子杨某芝账户转账，金额分别为50000元和49000元。但其认为，公司因未取得食品许可证，当时并无经营，其取出款项已实际用于后续公司经营。蓟州区市场监督管理局提交了证据，证实该公司一直存在经营，且当时已取得食品流通许可证。

【案件焦点】

应否追加张某琪为（2018）津0119执4488号案件的被执行人。

【法院裁判要旨】

天津市第一中级人民法院经审理认为：《中华人民共和国公司法》第二十条规定，公司股东应当遵守法律、行政法规和公司章程，依法行使股东权利，不得滥用股东权利损害公司或者其他股东的利益；不得滥用公司法人独立地位和股东有限责任损害公司债权人的利益。公司股东滥用股东权利给公司或者其他股东造成损失的，应当依法承担赔偿责任。公司股东滥用公司法人独立地位和股东有限责任，逃避债务，严重损害公司债权人利益的，应当对公司债务承担连带责任。第六十三条规定，一人有限责任公司的股东不能证明公司财产独立于股东自己财产的，应当对公司债务承担连带责任。上述法律规定要求一人有限责任公司的股东应将公司财产与个人财产严格分离，不得滥用公司法人独立地位和股东有限责任逃避债务，且股东应就其个人财产是否与公司财产相分离负举证责任。本案中，蓟州市场监管局提交了市场监管部门行政处罚卷宗材料、公安机关询问笔录，并申请调取了天津市久某食品销售有限公司及张某琪银行账户流水、涉案公司资产负债表、利润表、现金流量表等一系列足以产生合理怀疑的证据材料，张某琪认可其将公司注册资本转至其妻子杨某芝账户，且未能提交充分证据证实其个人财产与公司财产相互独立，其应当就公司债务承担连带清偿责任。蓟州市场监管局就涉案惩罚性债权申请追加张某琪为执行案件的被执行人，符合《中华人民共和国行政诉讼法》第一百零一条、《中华人民共和国公司法》《中华人民共和国民事诉讼法》及《最高人民法院关于民事执行中变更、追加当事人若干问题的规定》的相关规定。张某琪以其经营情况、股权转让情况以及公司已注销为由主张不应当被追加为（2018）津0119

执 4488 号案件的被执行人，依据不足，本院不予支持。

综上所述，上诉人的上诉请求不能成立，应予驳回；一审判决认定事实清楚，处理结果并无不当，应予维持。依照《中华人民共和国民事诉讼法》第一百七十条第一款第一项规定，判决如下：驳回上诉，维持原判。

【法官后语】

本案系行政非诉执行适用民事执行中变更、追加当事人规定，追加一人公司股东为被执行人的案件。行政机关向人民法院申请执行行政决定，一般称为非诉行政执行。关于行政非诉执行能否适用民事执行中变更、追加当事人规定的问题，有两种意见。第一种意见认为，依照行政诉讼法、民事诉讼法、公司法等规定，本案应当追加一人公司的前股东张某琪及现股东果某红为被执行人。第二种意见认为，法律司法解释对于罚款的强制执行能否适用民事执行中变更、追加当事人规定的问题，无明确规定，诉讼法性属公法，遵循“法无明文规定不可为”原则，本案应驳回原告诉讼请求。我们采纳了第一种意见，主要理由如下。

首先，本案适用民事执行中变更、追加当事人规定有法律依据。《中华人民共和国行政诉讼法》第一百零一条规定：“人民法院审理行政案件，关于期间、送达、财产保全、开庭审理、调解、中止诉讼、终结诉讼、简易程序、执行等，以及人民检察院对行政案件受理、审理、裁判、执行的监督，本法没有规定的，适用《中华人民共和国民事诉讼法》的相关规定。”行政非诉执行除适用有关行政诉讼法外，可以适用民事诉讼法的有关规定。而《最高人民法院关于民事执行中变更、追加当事人若干问题的规定》系最高人民法院根据《中华人民共和国民事诉讼法》等法律规定，结合执行实践所制定。从法律位阶看，上位法对法律适用进行了规定，并非“法无明文规定”，故而可以适用民事执行的有关司法解释规定。本案中，执行案件的基础是经人民法院司法程序核准的行政非诉执行裁定，依照《最高人民法院关于民事执行中变更、追加当事人若干问题的规定》第二十条规定，人民法院在执行中，因被执行人无财产可供执行，市场监督管理局请求追加自然人独资公司股东为被执行人，即根据该规定和相关案件事实证据，追加果某红为被执行人，在法律适用上并无不妥。

其次，行政罚款系公法债权，在实现途径上适用私法的保护方式并无不妥。公法债权是国家机关为了实现公共利益，基于公法关系，运用公权对自然人、法人或其他组织所产生的国家债权。尽管该债权债务关系的双方与普通平等民事主体之间的地位有所不同，但其本质仍是权利主体请求义务主体履行义务，从而实现自己的权利。行政罚款系公法债权的一种形式，当义务人不主动履行义务时，需要通过人民法院的保全程序、执行程序等加以实现，从而保障国家公权力的正常运转，进而维护社会公共利益。本案中，2017 年 6 月 14 日，市场监督管理局即已作出行政处罚决定书，后该处罚决定书生效，久某食品公司却一直未履行行政处罚决定书确定的法律义务。2020 年 4 月 2 日，天津市久某食品销售有限公司股东决定将公司注销，清算组负责人为果某红。2020 年 5 月 27 日，天津市久某食品销售有限公司注销，清算报告中记载公司资产总额 0 元，负债总额 0 元。而在市场监督管理局对天津市久某食品销售有限公司作出行政处罚时，果某红已是公司的股东和法定代表人，对行政处罚的 87 万元罚款应是明知的。其在明知公司尚有行政罚款未缴纳、存在公法债务的情况，仍提供虚假的清算报告并决定注销公司，严重损害了债权人的利益。从价值引导与利益衡量的角度看，司法裁判塑造着人们对特定行为后果的期待，从而引导人们的生活方式。倘若不追加公司股东为被执行人，案涉公法债权无法通过民事执行程序得以实现，对于类似食品公司制假售假行为，一旦发起人转让股权或者公司注销，将无从打击。参照最高人民法院关于非诉执行案件中作为被执行人的请示的答复①，追加公司股东为被执行人亦符合有关规定。

最后，在一人公司的股东未能举证证明其在持股期间公司财产独立于自己财产的情况下，该股东对其持股期间产生的公司债务所承担的连带责任不因股权转让而消灭。股东有限责任原则和公司法人格独立是公司法的核心理念，也是公司制度得以运作的基石。《中华人民共和国公司法》第二十条对此进行了

---

① 最高人民法院对《关于非诉执行案件中作为被执行人的法人终止，人民法院是否可以直接裁定变更被执行人的请示》的答复（法行〔2000〕16 号）。

明文规定。而由于一人公司决策者仅有一人，公司意志与个人意志容易发生混合，基于其特殊性，《中华人民共和国公司法》第二章第三节对一人有限公司作了特别规定。公司财产与股东财产的分离则是公司独立人格和股东有限责任的基础。为尽可能防止股东以公司意志实施法律行为，利用公司的有限责任形式逃避债务的情况，法律科以一人公司股东负担财产分别管理的举证责任。本案中，蓟州市场监管局提交了市场监管部门行政处罚卷宗材料、公安机关询问笔录，并申请调取了天津市久某食品销售有限公司及张某琪银行账户流水、涉案公司资产负债表、利润表、现金流量表等一系列足以产生合理怀疑的证据材料，张某琪亦认可其将公司注册资本转至其妻子杨某芝账户，且未能提交充分证据证实其持股期间个人财产与公司财产相互独立。在市场监督管理局处理违法行为期间，张某琪将公司股权转让给果某红，却并未提交股权转让实际交付的证据。综合上述事实，根据法律规定，即便张某琪并非公司现股东，因其未能举证证明在持股期间公司财产独立于自己财产，则对其持股期间产生的公司债务所承担的连带责任不因股权转让而消灭，张某琪应当就公司债务承担连带清偿责任。

编写人：天津市第一中级人民法院　杨威　王珊

50

分配方案中程序性异议事项属于执行异议的审查范围

——林某杰、王某蓉对下级法院执行异议裁定的复议案

【案件基本信息】

1. 裁判书字号

广东省广州市中级人民法院（2022）粤 01 执复 236 号执行裁定书

2. 事由：对下级法院执行异议裁定的复议

3. 当事人

异议人（债权人、复议申请人）：林某杰、王某蓉

申请执行人：中国长某资产管理股份有限公司广东省分公司（以下简称长某资产管理公司）

负责人：陈某

被执行人：广州市康某房地产开发有限公司（以下简称康某房地产公司）

法定代表人：喻某

【基本案情】

复议申请人林某杰、王某蓉认为广州市增城区人民法院（以下简称增城法院）制作的（2019）粤0118执恢391号分配方案（以下简称案涉分配方案）中存在以下错误：1. 错误将抵押权与建设工程价款优先受偿权同属第二顺序优先受偿；2. 错误认定建设工程标的物的范围不及于所涉土地使用权；3. 错误将另案执行费用在本案中扣除；4. 错误认定其二人垫付的鉴定费为申请执行人长某资产管理公司垫付。经增城法院告知可依法提起执行异议之诉后，坚持向增城法院提出书面异议。

案经两次驳回执行异议申请，广东省广州市中级人民法院（以下简称广州中院）两次指令审查后，增城法院经审查驳回林某杰、王某蓉的异议请求。林某杰、王某蓉不服以相同理由提出复议，并认为增城法院未另组合议庭审查本案存在程序错误。

法院查明：本案的执行依据确定康某房地产公司应向原债权人偿还借款及利息。后增城法院依申请立案强制执行，并依法裁定变更受让上述债权的长某资产管理公司为申请执行人。执行过程中，增城法院对案涉土地使用权、地上建筑物执行变现后作出案涉分配方案，并送达各方当事人。

林某杰、王某蓉受让另案判决确定的债权后成为康某房地产公司的债权人。该另案判决确定原债权人对案涉建筑物在工程款17048970.3元范围内享有优先受偿权等。后林某杰、王某蓉对（2019）粤0118执恢391号案中涉及康某房地产公司的财产参与分配。

案涉分配方案认为，在执行所得价款中先行扣除本案、另案共 5 个案件的案件受理费、执行费、鉴定费等第一顺序优先受偿的款项后，将剩余价款分配给第二顺序优先受偿权人，即长某资产管理公司和林某杰、王某蓉；长某资产管理公司应在案涉土地使用权执行所得价款余额中优先受偿，林某杰、王某蓉应在案涉建筑物执行所得价款余额中优先受偿。鉴于执行所得价款不足以清偿优先受偿的债务，故一般债权无可分配的款项。

另查明，另外 4 个案件均未执行到财产。

【案件焦点】

1. 有关分配方案的异议哪些属于执行异议的审查范围；2. 林某杰、王某蓉的复议理由是否成立。

【法院裁判要旨】

被执行人是法人的，执行法院需要对多个债权进行分配时，也需要制作分配方案。当事人不同意该分配方案的，可以根据有关异议的性质，对程序性事项提起分配方案异议，对实体性事项提起分配方案异议之诉。

分配方案中，待分配主体资格的认定、可供分配款项总额的认定、分配方案的送达与救济途径的通知等行为，涉及的是执行程序的推进与当事人的程序权利，属于执行异议的审查范围。待分配债权总额的确定、待分配的各债权人的债权数额的确定、待分配的债权的性质的确定、分配顺序及各债权受分配的比例和数额的确定，均涉及债权人和被执行人的实体权利，不属于执行异议的审查范围，当事人就上述行为有异议的应依法提起执行分配方案异议之诉。

复议申请人要求确认建设工程价款优先受偿权应及于建设工程所涉土地使用权执行所得价款并优先于其他债权的请求，不仅涉及就部分执行所得价款参与分配资格的问题，还涉及待分配各类债权的性质及分配顺序的问题，属于实体性异议，应当通过依法提起执行分配方案异议之诉救济其合法权益。

复议申请人对在本案中扣除另案执行费用的复议，实质是有关执行费用扣除的异议。根据《最高人民法院关于适用〈中华人民共和国民事诉讼法〉的解释》（以下简称民诉法解释）第五百一十条、第五百一十六条规定，执行所得价款均应扣除执行费用，并清偿应当优先受偿的债权后，再依法清偿普通债权，且对执行费用扣除的异议涉及执行程序推进及当事人的程序权利，属于对执行行为的异议和执行异议的审查范围。另，执行费用既不是普通债权，又有别于优先受偿债权，复议申请人主张其债权应在执行费用扣除前优先受偿缺乏法律依据。而康某房地产公司是本案及另案执行依据载明应承担执行费用的主体，增城法院强制执行康某房地产公司的财产后在本案中先行扣除本案及另案所涉执行费用，并无不当。案涉分配方案仅将鉴定费列为应先行扣除的执行费用，并未认定其归属。有关鉴定费退回问题可在后续执行程序中解决。广州中院因增城法院未对本案进行审查而指令增城法院进行审查，并非指令增城法院重新审查，故增城法院未另组合议庭进行审查，并未违反法律规定。

综上所述，增城法院对本案处理结果应予维持。广州中院裁定驳回林某杰、王某蓉的复议申请，维持增城法院的执行异议裁定。

【法官后语】

在执行程序中，执行法院对被执行人为法人的执行案件能否制作分配方案、哪些针对分配方案的异议属于执行异议的审查范围这两个问题是一直困扰法院、当事人的实务问题。对此，本文作如下分析：

一、关于执行法院对被执行人是法人的执行案件能否制作分配方案的问题

民诉法解释第五百零八条第一款仅规定了被执行人为公民或者其他组织的债权人可以依法申请参与分配。该解释第五百一十三条至第五百一十六条明确了对被执行人为法人的执行案件的“执转破”处理以及“执转破”不能是对执行所得价款的清偿顺序。但现行法律并未明确规定被执行人是法人的执行案件，债权人可以启动参与分配程序。

而在司法实务中，存在大量被执行人为法人的执行案件，且这类案件中相当一部分同时存在多个债权需要清偿。基于保障当事人合法权益和执行工作需要，被执行人是法人的，执行法院需要对多个债权进行分配时，也需要制作分配方案。因制作分配方案时案件本身处于执行阶段，故其中分配方案适用的规

则，并非针对公民、其他组织的参与分配规则，也并非“执转破”的分配规则，而是适用执行程序的规则，按照法律规定的顺序和比例清偿各类债权。具体而言，应适用民诉法解释第五百一十六条确定执行款分配顺序和分配比例。

二、关于对分配方案提出异议的救济程序问题

民诉法解释第五百一十二条仅规定了提起执行分配方案异议之诉这一种救济路径，未明确规定对分配方案的异议可以进入执行异议审查程序。但实务中常见的对于分配方案的异议可分为两种，一种是程序性异议，一种是实体性异议。从保障当事人诉权和司法资源合理分配的角度，应明确对分配方案提出分配方案异议、执行分配方案异议之诉是当事人、利害关系人、案外人不服分配方案的两种不同的救济程序。

具体实践中，对程序性异议适用《中华人民共和国民事诉讼法》第二百三十二条的规定，通过执行异议、执行复议路径救济，对实体性异议按照《民诉法解释》第五百一十二条的规定，通过提出执行分配方案异议之诉的诉讼程序解决。这种区分处理有利于当事人及时、准确适用正确的救济程序救济其合法权益。

三、关于分配方案异议救济程序的具体适用范围问题

司法实务中，按照《人民法院办理执行案件规范》第四百八十三条的规定，分配方案一般应当记载下列事项：(1) 当事人姓名或者名称、地址；(2) 可供分配款项总额；(3) 债权总额、各债权人的债权额及各债权的性质、参与分配的依据；(4) 分配顺序及各债权受分配的比例和数额；(5) 分配方案制作及实施分配的日期；(6) 不服分配方案的救济途径。

由此可见，在分配环节，法院的执行行为主要包括：参加分配主体资格的认定、可供分配款项总额的认定、待分配债权总额的确定、待分配的各债权人的债权数额的确定、待分配的债权的性质的确定、分配的依据的确定、各债权的分配顺序、各债权受分配的比例和数额的确定、分配方案的送达、救济途径的通知等。

上述执行行为中，参加分配主体资格的认定、可供分配款项总额的认定、

分配方案的送达与救济途径的通知等行为，涉及分配程序的推进与当事人的程序权利，对此类行为提出的异议属程序性异议，其救济程序应为执行异议、执行复议程序。而待分配债权总额的确定、待分配的各债权人的债权数额的确定、待分配债权的性质的确定、分配的依据的确定、分配顺序及各债权可分配的比例和数额的确定等，均涉及债权人和被执行人的实体权利，需要通过诉讼程序厘清债权人及被执行人之间的权利义务关系，故对此类行为提出的异议属于实体性异议，其救济路径应为提起执行分配方案异议之诉。

编写人：广东省广州市中级人民法院　苏扬

51

被执行人有权就已过申请执行时效的债权在执行程序中主张抵销

——蒋某容申请执行冯某明、刘某成强制清算执行案

【案件基本信息】

1. 裁判书字号

四川省广安市中级人民法院（2022）川16执复13号执行裁定书

2. 事由：强制清算执行案

3. 当事人

申请执行人：蒋某容

被执行人：冯某明、刘某成

【基本案情】

冯某明、刘某成、蒋某容系四川佳某皮具有限责任公司（以下简称佳某皮具）股东。佳某皮具强制清算一案的（2018）川1603强清1号之一民事裁定

已经发生法律效力，该裁定确认，刘某成、冯某明分别应向蒋某容支付清算所得474272.87元、185266.40元。该案进入执行程序后，被执行人刘某成、冯某明持2012年11月12日四川省广安市广安区人民法院作出的（2012）广安民初字第2574号、2575号民事判决，提出执行异议，请求与该案执行标的予以抵销。经审查，上述两份判决确认蒋某容应向冯某明、刘某成分别偿还本金45万元及利息。在异议审查过程中，申请执行人蒋某容认为上述两份判决已过申请执行时效，不能抵销。

【案件焦点】

被执行人能否依据已过申请执行期限的生效法律文书在执行程序中主张债务抵销。

【法院裁判要旨】

四川省广安市中级人民法院认为：申请执行是当事人实现生效法律文书确定的实体权利，请求法院强制执行的司法程序。《中华人民共和国民事诉讼法》明确了申请执行期限为二年，目的在于督促当事人及时行使权利。当事人未在法定期限内申请执行，丧失的仅仅是请求人民法院强制执行的权利，并不意味着当事人实体权利的消灭。蒋某容享有的债权是客观存在且经生效判决确认的，其虽不能申请法院强制执行，但不影响其主张债务抵销的权利。在对方当事人申请强制执行时，以此抵销对方当事人所欠其种类、品质相同的债务，不为法律所禁止。

【法官后语】

该案例涉及被执行人能否以已过申请执行时效的债权在执行程序中主张抵销的问题。除了案例中的观点外，实践中还存在截然相反的另一种观点，该种观点认为，已过申请执行时效的债务不能在执行程序中进行抵销。理由是申请执行时效制度设置的目的就是督促权利人尽快行使权利，从而维护交易秩序的稳定性。如果允许被执行人以已过申请执行期限的债务行使抵销权，则无异于强迫对方履行自然债务，此时被执行人不仅通过抵销实现了债权，而且优先实现了债权，使法律规定的申请执行时效制度形同虚设，事实上保护了“躺在权利上睡觉的人”，损害对方当事人的时效利益。

两种观点背后实质上是对不同法律价值的倾斜。执行时效是诉讼时效的一种，诉讼时效制度的本质是通过对权利人的权利行使的期限进行限定，督促权利行使、防止权利睡眠和证据灭失，从而实现社会和经济稳定、均衡发展的目的。诉讼时效的主要价值目标是效率，维护效率价值的前提是以一定程序地牺牲权利人的实体权利为代价。抵销权制度在追求效率的同时，更关注债权人实质利益的实现，该制度设置的目的是允许债权人在未经法院判决的情况下通过己方对对方的债务抵销己方的清偿义务，避免债权安全困境，实质上是法律对债权人自行救济的权利赋予。两者发生冲突时，究竟选择效率还是实质正义？我们认为，应当允许被执行人以已过执行时效的债权进行抵销。理由如下：

第一，从权利性质来看，债权权能除请求权外，还包括“选择、解除、终止”等权能。已过执行时效的债权，丧失的仅仅是请求法院强制执行的权利，该债权上的其他实体权利仍然存在，债务人的义务并不因过申请执行时效而消失，此时应当允许债权人通过自行救济的方式实现债权。同时，抵销权本质上是形成权，本身不受诉讼时效制度的限制。

第二，从社会效果来看，双方当事人互负债务时，如一方当事人只行使自己的债权而不履行自己的债务，就会损害对方当事人的债权利益，即便该债权利益丧失公力救济权，仍然不符合公平正义和诚实信用原则。

第三，从现实的角度来看，我国现有法律制度对于债权人的保护并非面面俱到，应当允许债权人在法律框架范围内对债权利益的自行救济，若对申请执行期限过分强调，将会导致大量债权人为了不丧失期限利益，放弃自行和解、协调等方式，寻求公力救济。

因此，从申请执行时效、抵销权制度本身以及制度背后价值层面考量，允许当事人对超过诉讼时效的债权在不违背现有法律规定的情况下行使抵销权的权利，更有利于促进双方的利益均衡，防止一方当事人因此而过分损失，而另一方当事人过分得利，更符合诚实信用原则与公平正义的价值原则。

编写人：四川省广安市中级人民法院　贺毳

52

执行程序中抵销时点的认定

——魏某某与邱某某执行异议案

【案件基本信息】

1. 裁判书字号

福建省福州市鼓楼区人民法院（2021）闽0102执异85号执行裁定书

2. 事由：执行异议

3. 当事人

申请执行人：魏某某

被执行人（异议人）：邱某某

【基本案情】

福建省福州市鼓楼区人民法院于2019年7月2日作出（2019）闽0102民初1815号民事判决书，确定了申请执行人魏某某向被执行人邱某某支付租金、物业费、水电费及三个费用的逾期违约金，被执行人邱某某向申请执行人返还保证金。双方不服一审判决，上诉于福建省福州市中级人民法院，福建省福州市中级人民法院经审理作出（2019）闽01民终6693号民事判决，对一审判决予以改判，撤销了一审关于被执行人邱某某向申请执行人返还保证金的判项。后申请执行人在二审判决后于2019年9月29日向被执行人支付了租金、物业费、水电费等共计22万元。申请执行人申请再审，福建省福州市中级人民法院经再审，于2020年8月24日作出（2020）闽01民再94号民事判决书，判决撤销二审判决，维持一审判决。该判决书于2020年9月21日发生法律效力。后魏某某向本院申请执行，本院冻结邱某某银行账户内存款人民币243500元，实际冻结金额为60202.46元。

异议人邱某某于2020年11月10日向本院提出异议请求，认为应按照（2020）闽01民再94号、（2019）闽0102民初1815号民事判决书所确定的义务，将邱某某与魏某某所负义务在2020年11月10日进行抵销。一审判决后邱某某与魏某某系互负义务，魏某某于2019年9月29日向邱某某偿还的22万元，该款项抵充物业费、水电费及违约金，故计算至2019年9月29日，魏某某尚欠邱某某房屋租金179262.89元。判决第四项邱某某应当退还的保证金24万元系无息偿还，而魏某某所欠租金的逾期违约金按月利率2%计至款项还清之日，故自2019年9月29日起，以179262.89元为基数计算至2020年11月10日止，魏某某尚欠房租本息227185.84元，相互抵扣后，邱某某仅余12814.16元退款义务，请求解除冻结邱某某名下除12814.16元外超额查封的部分款项。

【案件焦点】

本案经一审、二审、再审后进入执行程序，被执行人主张抵销，应以何时作为债务抵销时点。

【法院裁判要旨】

福建省福州市鼓楼区人民法院审查认为：本案的争议焦点为双方互负债务能否抵销以及抵销时点的问题。关于被执行人邱某某主张债务抵销的异议请求，根据《最高人民法院关于人民法院办理执行异议和复议案件若干问题的规定》第十九条规定，本案中邱某某与魏某某互负金钱债务，双方债权均有生效法律文书予以确认，异议人邱某某主张抵销，符合法律规定，本院予以支持。

关于抵销时间点的问题。因双方互负债务的执行依据为同一份裁判文书，但根据（2019）闽0102民初1815号民事判决书的判决内容，申请执行人魏某某所负租金、物业费、水电费等债务均有逾期支付利息，而被执行人邱某某对申请执行人魏某某所负合同保证金债务没有逾期利息，若按照被执行人邱某某所称根据（2020）闽01民再94号民事判决书的生效时间作为抵销时间，则对申请执行人魏某某产生实质上的不公，故本院认为，执行中的抵销时间以申请执行人魏某某主张的2019年9月29日较为妥当。

关于抵销后剩余债务数额问题。福建省福州市鼓楼区人民法院认为，根据（2019）闽0102民初1815号民事判决书判决内容及查明的事实，截至2019年9月29日魏某某应支付邱某某租金等款项（扣除已支付22万元）与邱某某应返还魏某某保证金相抵扣，邱某某尚需返还魏某某人民币60894元。综上，本院依法冻结异议人邱某某名下账户内存款的执行行为，符合法律规定。依照《中华人民共和国民事诉讼法》第二百二十五条、《最高人民法院关于人民法院办理执行异议和复议案件若干问题的规定》第十七条的规定，裁定如下：

一、邱某某关于双方债务相互抵销的执行异议请求成立；

二、驳回邱某某的其他执行异议请求。

后邱某某向福建省福州市中级人民法院提出复议，福建省福州市中级人民法院于2021年12月2日作出（2021）闽01执复136号执行裁定书，裁定驳回被执行人的复议申请，维持本院一审执行裁定。

【法官后语】

抵销制度具有简化清偿、公平清偿的功能。抵销使得双方无需实际履行即在一定范围内消灭了互负债务，避免了无谓的互相清偿，使当事人简洁、高效地解决债权债务关系。本案是执行中双方基于同一裁判依据而主张的抵销，根据《最高人民法院关于人民法院办理执行异议和复议案件若干问题的规定》第十九条的规定，当事人互负到期债务，被执行人请求抵销，请求抵销的债务符合下列情形的，除依照法律规定或者按照债务性质不得抵销的以外，人民法院应予支持：（一）已经生效法律文书确定或者经申请执行人认可；（二）与被执行人所负债务的标的物种类、品质相同。本案进入执行程序后，邱某某主张抵销，而申请执行人魏某某表示同意，符合债务法定抵销的规定。本案的争议焦点在于经一审、二审、再审后，进入执行程序，被执行人主张抵销，应以何时作为债务抵销时点？

第一，异议人提出抵销主张时点作为抵销时点是否合理？

异议人于2020年11月10日向福建省福州市鼓楼区人民法院提出异议请求主张抵销，抵销时点是否为2020年11月10日，这就涉及抵销是否具有溯及力的问题。关于抵销有无溯及力的问题，存在不同观点，肯定说认为，一经构成抵销，其效力溯及至抵销条件成就之时。否定说则认为，抵销自通知达到对方之日起生效，并不具有溯及既往的效力。关于抵销时点的问题，《最高人民法院关于人民法院办理执行异议和复议案件若干问题的规定》第十九条没有明确规定。但2019年9月11日，最高人民法院审议通过的《全国法院民商事审判工作会议纪要》载明："抵销权既可以通知的方式行使，也可以提出抗辩或者提起反诉的方式行使。抵销的意思表示自到达对方时生效，抵销一经生效，其效力溯及自抵销条件成就之时，双方互负的债务在同等数额内消灭。双方互负的债务数额，是截至抵销条件成就之时各自负有的包括主债务、利息、违约金、赔偿金等在内的全部债务数额。"纪要采取了肯定说的观点，即认为抵销具有溯及力，抵销的时点应溯及至抵销条件成就之时，即主张抵销的债权到期之时。本案中，邱某某于2020年11月10日作出抵销的意思表示，该意思表示自到达魏某某时生效，抵销一经生效，其效力溯及自抵销条件成就之时即邱某某用于抵销的债权到期之日，而非其提出抵销主张之时。

第二，再审判决生效时点作为抵销时点是否合理？

异议人邱某某主张判决的确定力即判决确定之时，二审判决生效后，一审判决第四项被撤销，此时申请执行人无权要求异议人返还保证金24万元；直到再审判决确定后，申请执行人才有权依据生效的再审判决要求异议人返还保证金，故其要求返还保证金的时间应当为再审判决生效之后，抵销的时点应为本案执行依据生效之日即再审判决生效之日。因本案历经三次审理，再审法院撤销二审法院判决结果，改判维持一审判决，故本案的执行依据为一审判决。因双方互负债务的执行依据为同一份裁判文书，但根据一审判决内容，申请执行人魏某某所负租金、物业费、水电费等债务均有逾期支付利息，而被执行人邱某某对申请执行人魏某某所负返还合同保证金债务没有逾期利息，因二审裁判撤销了邱某某向魏某某返还保证金的判决，若按照被执行人邱某某所称根据（2020）闽01民再94号民事判决书的生效时间作为抵销时间，则相当于申请执行人需要为二审法院的裁判结果多支付一部分金钱利息。因申请执行人对二审法院的裁判结果并无过错，且申请执行人于二审裁判作出后，积极履行付款义务，向被执行人转账22万元，若需让申请执行人为再审判决多支付利息，对申请执行人魏某某将产生实质上的不公，故本案不应采用再审判决生效时间作为抵销时点，以申请执行人主张的2019年9月29日作为抵销时点较为适宜。

本案的处理方式既注重了提升执行效益，也体现了对当事人权益的尊重和保护。执行程序中进行债务抵销，可以节省相应的司法资源，本案以申请执行人魏某某主张的2019年9月29日作为抵销时点，有利于平衡双方当事人之间的权利义务，鼓励当事人积极运用抵销制度，提高执行效益。

编写人：福建省福州市鼓楼区人民法院　李榕

53

执行程序中法院裁定受理主债务人破产申请，债权停止计息的效力应及于保证人

——韩某执行复议案

【案件基本信息】

1. 裁判书字号

北京市第三中级人民法院（2021）京03执复275号执行裁定书

2. 事由：执行复议

3. 当事人

复议申请人（被执行人）：韩某

申请执行人：中国华某资产管理股份有限公司北京市分公司（以下简称华某资产管理北分公司）

【基本案情】

北京银行股份有限公司石园支行（以下简称石园支行）（原债权人）与韩某保证合同纠纷一案，北京市顺义区人民法院（以下简称顺义区人民法院）作出（2019）京0113民初12551号民事判决，判决韩某对2018年2月28日北京联某技术集团有限公司（以下简称联某公司）与石园支行签订的《借款合同》中贷款本金、利息、罚息承担连带保证责任。因韩某未履行生效判决确认的义务，2019年7月，石园支行向顺义区人民法院申请强制执行，案号为（2019）京0113执5624号。具体事实如下：一、执行过程中，申请执行人由石园支行变更为华某资产管理北分公司。二、顺义区人民法院拍卖了被执行人韩某名下房屋一套并划拨了其名下公积金账户内的余额，依华某资产管理北分公司计算，韩某连带保证责任尚未履行完毕。三、2020年2月3日，北京市昌平区人民法院（以下简称昌平区人民法院）作出（2019）京0114破申26号民事裁定，裁定受理联某公司临时管理人对联某公司的破产重整申请。2020年5月9日，昌平区人民法院作出（2020）京0114破1号-3民事裁定，裁定确认珲春梧桐股权投资中心（有限合伙）等83笔无争议债权，其中载明了案涉债权人石园支行的债权数额。

主债务人联某公司的破产重整申请经昌平区人民法院受理后，石园支行作为债权人向昌平区人民法院申报了债权。此时，韩某作为保证人，向顺义区人民法院提出执行异议，主张主债务人联某公司进入破产重整程序后应当停止计算保证人应负担的利息。顺义区人民法院认为债务人进入破产程序后，主债务停止计息的效力不及于保证人，故裁定驳回了韩某的异议请求。韩某不服，持相同理由向北京市第三中级人民法院（以下简称北京三中院）申请复议。

【案件焦点】

执行程序中人民法院裁定受理主债务人破产申请，《中华人民共和国企业破产法》（以下简称《破产法》）规定的债权停止计息的效力是否及于保证债务。

【法院裁判要旨】

《破产法》第四十六条第二款规定："附利息的债权自破产申请受理时起停止计息。"但是，对于该债权停止计息的效果是否及于该债权的保证债务尚存争议。北京三中院认为，首先，保证债务从法律性质而言是主债务的从债务，保证人承担的责任范围不应超出主债务范围。因此，主债务因破产程序而停止计息的效力应及于保证债务。否则，如果主债务停止计息而保证债务不相应地停止计息，将有违保证债务的从属性。其次，2021 年 1 月 1 日起施行的《最高人民法院关于适用〈中华人民共和国民法典〉有关担保制度的解释》（以下简称《民法典担保制度解释》）第二十二条规定："人民法院受理债务人破产案件后，债权人请求担保人承担担保责任，担保人主张担保债务自人民法院受理破产申请之日起停止计息的，人民法院对担保人的主张应予支持。"本案虽不宜直接援引该条规定作为裁判依据，但是该条规定亦从一个角度说明了主债务因破产程序而停止计息的效力应及于保证债务这一法理。因此，关于顺义区人民法院认为联某公司进行破产重整程序后，其对石园支行（现申请执行人华某资产管理北分公司）的债务停止计息的效力不及于作为保证人的韩某一节，北京三中院予以纠正。韩某的异议请求，北京三中院予以支持。

据此，北京三中院作出（2021）京 03 执复 275 号执行裁定书，裁定：一、撤销顺义区人民法院（2021）京 0113 执异 820 号执行裁定；二、异议人韩某的异议请求成立。

【法官后语】

本案的争议焦点在于，执行程序中法院裁定受理主债务人破产申请后，债权停止计息的效力应否及于保证人。进一步讲，由本案可以延伸到"法院受理主债务人破产申请后，债权停止计息的效力应否及于担保债务”的问题。从实践中来看，利息计算问题直接关系到债权数额的确定以及担保人的切身利益和财产权益，其重要性不言而喻，本案的裁判思路对同类案件的裁判具有重要的借鉴意义和参考价值。

关于执行程序中，担保债务是否因债务人破产而停止计息的问题，《民法典担保制度解释》之前的法律和司法解释均未作明确规定，理论界与实务界对此也争论不休，形成了担保债务停止计息说、不停止计息说、暂停计息说三种观点。“停止计息说”认为，《破产法》第四十六条第二款明确规定“附利息的债权自破产申请受理时起停止计息”，基于担保责任的从属性，担保责任范围不应大于主债务范围。既然主债务停止计息，担保债务亦应当停止计息，否则将与其从属性相违背。“不停止计息说”认为，担保责任范围应为基于担保合同产生的担保债权，不应仅限于破产程序中债权人申报的对主债务人的破产债权。《破产法》第四十六条第二款的规定仅适用于进入破产程序的主债务人，其目的在于确定破产债权数额，对担保人并无约束力，停止计息之规定不适用于担保债权。“暂停计息说”认为，主债务人破产时，担保债务应当暂停计息，待主债务人破产程序终结后，再计算主债务人破产受理之日起至债务实际清偿之日止的利息，由担保人对该部分利息承担担保责任。

直到《中华人民共和国民法典》出台后，最高人民法院制定了《民法典担保制度解释》，对长期困扰司法实践的问题作出了回应，亦从法律适用角度作出了选择。该解释第二十二条明确规定：“人民法院受理债务人破产案件后，债权人请求担保人承担担保责任，担保人主张担保债务自人民法院受理破产申请之日起停止计息的，人民法院对担保人的主张应予支持。”自此，“停止计息说”成为主流观点，笔者亦对此表示赞同，主要有如下三点理由：一、从担保责任的属性考量。担保责任具有从属性，且应当是可预见的，其范围不能大于主债务的范围，主债务停止计息，担保债务自然应停止计息。二、从担保责任的范围考量。《中华人民共和国民法典》第三百八十九条规定，担保物权的担保范围包括主债权及其利息、违约金、损害赔偿金、保管担保财产和实现担保物权的费用。第六百九十一条规定，保证责任的范围包括主债权及其利息、违约金、损害赔偿金和实现债权的费用。《破产法》第四十六条第二款规定，附利息的债权自破产申请受理时起停止计息。从体系解释的角度来看，破产申请被受理后，主债权利息停止计算，主债权及其利息的范围因破产受理而发生变化，担保责任的范围自然要进行调整，因此，从担保责任范围的角度考虑，也不应由担保人继续单独承担破产受理后的债权利息。三、从利益衡平角度考量。主债务人破产被法院裁定受理后，破产程序通常会持续几年之久，如担保人无法主张停止计息，长此以往，其自身将无力负担巨额的利息债务。此外，在经济社会效果上，破产受理后主债务停止计息而担保债务不停止计息将会一方面降低担保人提供担保的意愿，另一方面会导致债务风险的扩大和蔓延，将不利于经济社会的良性发展。

总的来看，本案系在《中华人民共和国民法典》实施后北京三中院首次在执行裁决案件中适用《民法典担保制度解释》第二十二条之精神，对执行程序中法院裁定受理主债务人破产申请，担保债务是否停止计息的问题予以认定。此外，需要补充的一点是，本案被执行人在执行过程中已经主动履行了大部分债务，该案的裁判结果既维护了诚实守信方当事人的合法权益，弘扬了社会主义核心价值观，又对后续涉担保债务能否停止计息之类案的办理具有重要的参考意义。

编写人：北京市第三中级人民法院　戴梦依　徐欣

54

执行程序中是否可追加继受股东为被执行人

——嘉某勘察公司与川某科技公司执行异议案

【案件基本信息】

1. 裁判书字号

四川省射洪市人民法院（2021）川0922执异20号执行裁定书

2. 事由：执行异议

3. 当事人

申请执行人：四川嘉某岩土工程勘察有限公司（以下简称嘉某勘察公司）

被执行人：四川川某新材料科技有限公司（以下简称川某科技公司）

被申请人：罗某、卢某为、尹某军、重庆人某房地产经纪有限公司（以下简称人某房产公司）、重庆崧某科技有限公司（以下简称崧某科技公司）、朱某熹、唐某、赵某、许某、黄某

【基本案情】

川某科技公司成立于2019年3月8日，注册资本人民币5000万元。川某科技公司投资人包括弗某蒂公司、罗某、陈某，出资金额分别为2550万元、1450万元、1000万元。2019年7月31日，川某科技公司的投资人变更为罗某、弗某蒂公司，2019年8月15日，川某科技公司的投资人变更为罗某、卢某为、张某俊。2019年9月19日，川某科技公司的投资人变更为罗某、卢某为、赵某。2020年3月23日，川某科技公司的投资人变更为罗某、赵某、尹某军。2020年7月23日，川某科技公司的投资人变更为唐某、赵某。2020年8月17日，川某科技公司的投资人变更为人某房产公司、赵某。2020年9月8日，川

某科技公司的投资人变更为赵某、黄某、朱某熹、崧某科技公司。2020 年 12 月 23 日，川某科技公司的投资人变更为赵某、黄某、许某。嘉某勘察公司与川某科技公司因合同纠纷，嘉某勘察公司向四川省射洪市人民法院（以下简称射洪法院）提起民事诉讼，后双方达成调解协议由川某科技公司向嘉某勘察公司支付 60.06 万元。因川某科技公司未履行生效法律文书确定的义务，嘉某勘察公司向射洪法院申请强制执行，经强制执行，执行到位标的款 3527 元，未发现川某科技公司名下有其他可供执行的财产。申请执行人嘉某勘察公司向射洪法院提起书面申请，请求追加罗某、卢某为、尹某军、人某房产公司、崧某科技公司、朱某熹、唐某、赵某、许某、黄某为被执行人。

【案件焦点】

原始股东和继受股东是否能同时在执行审查程序中被追加为被执行人。

【法院裁判要旨】

四川省射洪法院经审查认为：依照《最高人民法院关于民事执行中变更、追加当事人若干问题的规定》（2020 年修正）第十九条“作为被执行人的公司，财产不足以清偿生效法律文书确定的债务，其股东未依法履行出资义务即转让股权，申请执行人申请变更、追加该原股东或依公司法规定对该出资承担连带责任的发起人为被执行人，在未依法出资的范围内承担责任的，人民法院应予支持”的规定，公司资产不足以清偿所有债务，在追加、变更被执行人的执行审查程序中，人民法院仅能追加该公司原股东或依公司法规定对该出资承担连带责任的发起人为被执行人。若申请执行人申请追加该公司继受股东为被执行人，应当依照《最高人民法院关于适用〈中华人民共和国公司法〉若干问题的规定（三）》（2020 年修正）第十八条第一款“有限责任公司的股东未履行或者未全面履行出资义务即转让股权，受让人对此知道或者应当知道，公司请求该股东履行出资义务、受让人对此承担连带责任的，人民法院应予支持；公司债权人依照本规定第十三条第二款向该股东提起诉讼，同时请求前述受让人对此承担连带责任的，人民法院应予支持”的规定，债权人应向人民法院提起诉讼，而非通过执行审查程序予以解决。本案中，第三人罗某、卢某为、尹某军、人某房产公司、崧某科技公司、朱某熹、唐某、赵某、许某、黄某，仅罗某为川某科技公司的原始股东，卢某为、尹某军、人某房产公司、崧某科技公司、朱某熹、唐某、赵某、许某、黄某均为川某科技公司的继受股东，该院在执行审查程序中仅对罗某能否被追加为被执行人进行审查。因罗某未提交其已履行出资义务的相关证据，应由其自行承担举证不能的后果。

四川省射洪法院依照《最高人民法院关于民事执行中变更、追加当事人若干问题的规定》（2020 年 12 月 29 日修正）第十七条、第十九条、第三十二条的规定，裁定如下：

一、追加罗某为（2019）川 0922 执 988 号案件的被执行人；

二、罗某应在本裁定生效之日起十日内向申请执行人嘉某勘察公司履行（2020）川 0922 民初 2152 号民事调解书确定的义务；

三、驳回异议人嘉某勘察公司的其他异议请求。

【法官后语】

执行程序中变更、追加被执行人属于生效判决文书执行力的扩张，这使得以往实体审理与执行程序区隔被有条件地突破与合并，很大程度上简化了债权人诉讼和执行流程，但《最高人民法院关于民事执行中变更、追加当事人若干问题的规定》（以下简称《执行变更追加规定》）中的相关规定较为原则，如何确保变更、追加执行当事人的实体公正和程序公正，在司法实践仍有一定难度。就本案而言，针对在执行程序是否可以直接追加继受股东为被执行人的问题，在执行实务中，部分基层法院倾向于依据申请执行人的申请，查实存在出资不实的情况后，不区分原始股东和继受股东，而直接引用《执行变更追加规定》第十七条，裁定追加继受股东为被执行人。

笔者认为针对在执行程序中是否追加继受股东为被执行人的问题，应从以下两个角度进行理解。一是从权利义务的角度分析。继受股东主要是指通过股权转让中受让股权而取得股东资格，其受让股权后，并不具有继续缴纳出资的义务，且股权转让是个人契约行为，转让款是出让方与受让方经协商对标的股权所约定的对价，其支付对象是股权出让方，而非公司，因此其权利义务及款项往来只存在于股权出让方和受让方，并不会影响公司资产变化，也不会影响公司本身的债权债务。二是从继受股东主观过错是否具有外观上的明显性分析。由于执行程序对效率的追求，为避免执行程序中对实体权利义务判断与当事人之间的实际法律关系出现明显背离，因此，执行法院在执行程序中追加股东为被执行人，应当以股东承担责任的事实具有外观上的明显性为基础。根据《最高人民法院关于适用〈中华人民共和国公司法〉若干问题的规定（三）》的第十三条和第十八条规定精神，有限责任公司的股东未履行或者全面履行出资义务即转让股权，受让股东对此知道或者应当知道的，受让人与转让人就公司债务不能清偿部分向债权人连带承担补充赔偿责任。但受让人是否知道或者应当知道转让股东未履行或者全面履行出资义务这一事实，通常不具有外观上的明显性。因此，从权利义务和主观过错的明显性两个维度分析，执行程序中不能直接追加继受股东为被执行人。

同时，审查追加股东为被执行人的案件中，人民法院既要保障债权人利益的实现又要保护股东的合法权益，确保执行的公正和效率，因此在审查时应遵循以下两个原则。一是法定原则。执行阶段追加股东为被执行人意味着当事人以外的人承担生效法律文书确定的义务，必须遵循法定注意原则。《执行变更追加规定》主要解决民事执行中变更、追加当事人问题，是执行法院追加变更当事人的程序性法律依据。《执行变更追加规定》第十九条对瑕疵出资的原始股东和发起人承担补充赔偿责任予以了明确，但对追加继受股东并无明确规定，在执行程序中直接追加继受股东为被执行人显然与法定原则相悖。与此类似的又例如当事人不得直接以夫妻共同债务为由向法院申请追加配偶为被执行人，或是在非一人有限责任公司案件中直接以股东与公司财产混同为由申请追加股东为被执行人。二是程序性审查原则。执行异议程序的目的是解决执行过程中衍生的程序和实体争议，应坚持效率优先，兼顾公平，要同执行异议之诉的实体审理相区别，在执行异议审查中要避免“诉讼同质化”倾向。本案中，对于继受股东是否应承担公司的债务责任，已涉及实体权利责任的确定，不能简单依据程序性法律和司法解释对责任承担予以判断，执行中直接追加继受股东为被执行人将侵害其诉权，应通过诉讼程序主张权利。

此外，执行实务中还存在原始股东未届出资期限即转让股权，是否应当承担瑕疵出资责任的问题。目前尚无法律和司法解释对股东出资期限未届满而未缴纳出资就转让股权时由谁承担责任进行明确规定。而根据 2021 年 12 月 27 日公布的《中华人民共和国公司法（修订草案）》第八十九条明确了股东转让未届出资期限内的股权，由受让股东承担出资义务，这一规定亦符合商事法律关系中追求经济效益的立法取向和公司法鼓励投资的立法精神。但《中华人民共和国公司法（修订草案）》第八十九条规定属于原则性规定，在执行实务中还应根据案件的情况进行具体分析，如有证据证明原始股东明显恶意转让股权，逃避出资责任或是公司已经符合出资期限加速到期等情形仍转让股权的，笔者认为在此情况下，原始股东仍然应当承担出资责任，否则该规定无疑会成为原始股东逃避债务的工具且会严重损害公司和债权人的利益。

编写人：四川省射洪市人民法院　何鲲

四川省遂宁市中级人民法院　聂倪

ISBN 978-7-5216-3298-9

图书在版编目（CIP）数据

中国法院2023年度案例．执行案例／国家法官学院，最高人民法院司法案例研究院编．—北京：中国法制出版社，2023.5

ISBN 978-7-5216-3298-9

Ⅰ.①中… Ⅱ.①国… ②最… Ⅲ.①案例-汇编-中国 Ⅳ.①D920.5

中国国家版本馆CIP数据核字（2023）第029864号

策划编辑：李小草　韩璐玮（hanluwei666@163.com）
责任编辑：黄会丽　　封面设计：李宁

中国法院2023年度案例．执行案例

ZHONGGUO FAYUAN 2023 NIANDU ANLI. ZHIXING ANLI

编者/国家法官学院，最高人民法院司法案例研究院
经销/新华书店
印刷/三河市紫恒印装有限公司
开本/730毫米×1030毫米　16开　　印张/17.25　字数/209千
版次/2023年5月第1版　　2023年5月第1次印刷

中国法制出版社出版
书号 ISBN 978-7-5216-3298-9　　定价：69.00元

北京市西城区西便门西里甲16号西便门办公区
邮政编码：100053　　传真：010-63141600
网址：http：//www.zgfzs.com　　**编辑部电话：010-63141785**
市场营销部电话：010-63141612　　**印务部电话：010-63141606**

（如有印装质量问题，请与本社印务部联系。）